国際貿易理論の展開

林原 正之 著

追手門学院大学出版会

はじめに

　戦後から20世紀末までに，世界経済は全般的には経済発展を遂げ世界貿易も拡大した。同時にその内容も大きく変化した。産業間貿易に加えて，工業製品を相互に輸出輸入する産業内貿易のウェイトも上昇した。また，商品貿易にとどまらず，資本と労働の国際移動・技術移転・海外直接投資が加わり，国際取引の網の目は一層複雑に絡み合うようになってきた。各国の貿易障壁は，GATT/WTOの国際交渉・地域間の貿易協定・二国間の貿易交渉などを通じて着実に低下してきた。特定の財の輸入急増に関わる貿易摩擦は相変わらず起きているが，グローバル化の流れは確実に深まってきた。このような世界経済の推移に対応する形で，国際貿易論の世界潮流は，この50年間に多くの研究の蓄積を行ってきた。完全競争を前提とした伝統的な新古典派国際貿易論は，2国2財2要素を基本モデルとし，財および要素の数，中間財・非貿易財・公共財・外部経済の導入，貿易政策・国際的要素移動・海外直接投資の要因等を考慮するモデルへと拡充が行われてきた。さらに1980年代以降における，ゲーム理論・産業組織論などの分野における新展開に対応して，不完全競争——特に独占的競争・寡占・規模の経済——を前提とした「新貿易理論」の研究が活発に行われ，議論の幅が拡張されてきた（第1章参照）。こうした状況のなかで本書は筆者の研究分野のなかで特に関心のある内容を中心にまとめたものである。概要は以下のとおりである，なお文献は各章での参考文献等を参照のこと。

　日本国際経済学会における国際貿易論の研究も，上で述べた世界潮流に対応する形で展開されてきた。そしてさらに，日本経済の対外政策的な意味合いを含むオリジナルな議論もなされてきた。第1章では，海外直接投資を含む「国際貿易論」の概観ともに日本国際経済学会での理論的な面での話題を概観する。

　輸入関税を課している小国において宇沢(1969), 浜田(1971), Hamada (1974)

はヘクシャー・オリーン的フレームワークの中で，資本集約財への輸入関税下での資本輸入は輸入国の厚生水準を低下させることを証明した。これは「宇沢・浜田命題」と呼ばれ資本自由化の議論に一石を投じた。他方，三辺 (1974), Minabe (1974) では資本輸入国の厚生水準が低下するのは移動資本量が微小でありかつ資本輸入国が資本集約財を輸入し，関税を課している場合にかぎること，資本輸入国が労働集約財を輸入しているときにはその厚生水準が上昇することを示した。第 2 章では資本輸入の場合に加えて，資本輸出のケースをも統一的に考察し，その資本移動が窮乏化的になるための条件を考察する。

直接投資に関する「小島理論」は，日本の研究者には周知のものである。直接投資が貿易に与える効果を考慮して，直接投資を「順貿易志向型」と「逆貿易志向型」の二つのタイプに区分する。小島清教授は理論的な分析を踏まえて投資国は前者の直接投資を実施するのが望ましいという「小島理論」を展開している。第 3 章は小島理論についてリカード貿易モデルを用いて考察する。リカード貿易モデルを用いて小島理論を批判した大山論文 (1990) とそれのリプライをした小島論文 (1990) をわれわれの枠組で整理する。

第 4 章では第 1 に小国，貿易財・非貿易財，貨幣を含むマクロモデルを用いて固定価格経済での政策効果を分析する。特に一時的均衡に至る調整過程において数量制約と価格に関する動学モデルを作成し，その「安定条件」のもとで，固定相場制での為替レート切下げが貿易収支を改善することを示し，Neary (1980) の分析を補完した。第 2 に，Cuddington 等 (1984) のモデルは特に貨幣以外に非貨幣金融資産である国際間を取引される 1 種類の債権を含んでいる。さらに財・サービスの取引には貨幣が必要とされ，しかもそれが買手国通貨として準備されるとする (B-system)。以上の想定下で，公開市場操作，賃金政策，財政政策が国民所得，為替レート，貿易収支などへ与える比較静学分析がなされる。本章では先の貨幣需要に関する部分を，財・サービスの購入に際し，売手国通貨が必要 (S-system) と変更して比較静学分析を行い，Cuddington 等の結果と比較する。

第 5 章以降は不完全競争の貿易や「戦略的通商政策」に係わるものである。利用するモデルは 2 種類で，第 1 は 1 輸入国と 1 輸出国からなる 2 国モデルで，企業間競争は輸入国内市場でなされる「輸入国市場モデル」である。第 2 は 1

はじめに

輸入国と2輸出国からなる「第3国市場モデル」で，企業間競争は輸入国内市場でなされる。従来の議論の中心は同一国内の企業は同一の費用条件（対称的寡占）と想定し，多くの有用な結果を蓄積してきた。第5章はそれをすすめて，「輸入国市場モデル」を利用し一国内部でも企業間の限界費用で示される生産条件が異なる非対称的寡占で分析する。Collie (1993) は外国政府による輸出補助金の外国厚生への効果を分析し，戦略的輸出補助金の有する追加的要因，すなわち「合理化効果」の存在を示した。本章では自国政府による輸入関税あるいは自国企業への生産補助金の効果を分析して以下の点を示す。生産補助金と関税はともに自国生産を増加し外国生産を減少させる。しかしこれら2政策は国内生産の分布状態には逆の効果を有する。生産補助金（関税）は逆需要関数が凸なら，効率的自国企業の生産を平均より高い（低い）率で拡大する。したがって生産補助金により自国産業の生産分布は効率的企業に集中するため，自国厚生に正の「合理化効果」をもたらす。逆に関税は自国産業の生産分布を非効率企業に集中し，厚生に負の「合理化効果」をもたらす。逆需要関数が凹のとき上記結論は逆転する。

「戦略的通商政策論」の標準的な枠組は企業間競争での戦略変数は所与とし，政策変数の水準を巡って議論されてきた。さらに Eaton and Grossman (1986) による指摘以来，企業の戦略変数が数量であるクールノー競争の均衡と戦略変数が価格であるベルトラン競争での均衡との比較が特に輸出国の政策水準が補助金となるかあるいは課税となるかを巡って議論がなされてきた。第6章では企業間競争での戦略変数を内生的に決定する枠組みを考察し以下の点を示す。「輸入国市場モデル」で国際複占を想定し，外国は不介入とする。もし自国も不介入ならば両国企業が数量契約戦略の競争を展開するクールノー競争均衡に比較して，両国企業が価格契約戦略で競争を展開するベルトラン競争均衡のほうが自国厚生は高い。さらにもし両財が代替財ならばクールノー競争均衡が実現し，逆に補完財ならばベルトラン競争均衡が結果する, Singh and Vives (1984) を参照。そこで代替財の場合に，自国では補助金政策の策定と実行によりその企業に価格契約を選択させるよう誘導し，ベルトラン競争均衡と同水準のより高い厚生水準の獲得が可能となるケースを示した。

第7章では，国内に企業が存在するような1輸入国と，輸出補助金を供与す

る2輸出国からなる「拡張された第3国市場モデル」で，2輸出国は補助金政策を実施し，それに先行して輸入国は企業の参入を自由にする競争政策を行うと想定する。結果は第1に，2輸出国企業数格差に対して輸入国企業の固定費用が相対的に低水準（高水準）のとき，2輸出国補助金政策の手番が同時（逐次）となる均衡が出現する。第2は，輸入国で自由参入の状態のもとでは，各手番の政策均衡および自由貿易均衡で輸入国厚生は同一水準となる。第3に輸入国均衡企業数は，輸入国の総利潤を最大にする観点からは過大となり，逆にその厚生水準を最大にするためには過小である。

輸出国からの輸出の急増や輸出促進策に対抗して，特に産業育成を目指す発展途上国や当該産業の雇用維持を目指す先進国である輸入国政府は国内産業の維持・育成を目的とする貿易政策や産業（競争）政策を作成・遂行する誘因を有する。第8章では輸出補助金を利用する1輸出国と，関税および競争政策を実行する1輸入国からなる2国「輸入国市場モデル」を利用し，特に以下の点を示す。両国の貿易政策，すなわち輸出国の輸出補助金政策と輸入国の関税政策のタイミングが内生的に決定される場合に，輸入国にとって生産者余剰最大化のためには高々3社の企業を設立する競争政策が最適である。

第9章では前章と同様に輸入国政府による競争政策の目的を特定産業の生産者余剰最大化としよう。すべての国内に企業が存在する1輸入国と2輸出国からなる「拡張された第3国市場モデル」で3段階モデルを考察する。最終の第3段階は企業間のクールノー競争の段階である。第2段階では2輸出国政府が輸出補助金政策のタイミングを内生的に決定して実行する。そしてこれに先立つ第1段階では輸入国は貿易には不介入であるが，当該産業で生産者余剰を最大化するように企業数を管理・決定する競争政策を考察する。主要な結果は以下のとおりである。生産者余剰を最大化する輸入国最適企業数は2輸出国企業数格差が比較的小さい（大きい）とき，輸入国は輸出国の政策タイミングが同時手番（第1輸出国先導者逐次手番）となるように企業数を選択することで生産者余剰を高水準とすることが可能となる。しかしながら興味深いことに異なる産業構造（異なる最適企業数や輸出補助金政策のタイミング）が異なる厚生水準をもたらすけれども，同一の生産者余剰水準を可能にすることが示される。

第10章は閉鎖経済の複占企業を想定して，財やサービスの内生的な品質水準

の決定と経済厚生の関連を考察する。財やサービスの品質水準はそれらの数量とともに消費および生産を通じて厚生水準に影響をもたらす。Sutton (1998) 等で展開された対称的な水平的・垂直的差別化財モデルを想定するため，均衡では生産量，品質水準とも両企業間で同一水準となる。クールノー競争を展開するとし，いくつかの品質決定のケースを考察する。複占企業が独立的に財の品質水準を決定する不介入ケースから，政府が両企業に品質水準（の下限）を指定するケースに移行すると，品質水準，生産水準，消費者余剰および経済厚生は高水準となる。よってクールノー競争のもとで経済厚生に関する部分は垂直的差別化モデルの Valletti (2000) とは異なる結果が得られる。

第 11 章では「輸入国市場モデル」を利用し輸入国政府は生産補助金を設定する部門 PSS と関税率を設定する部門 TSS からなるとする。そのうえで両部門間の政策的相互依存性や政策のタイミング（先手・後手関係）などを考察する。このとき以下の主要な結果を得る。第 1 に，輸入国で政策手番が内生的に決定可能なとき，生産者余剰を最大化する PSS が先手を採用し，関税収入を最大化する TSS は後手で対応する均衡が実現する。第 2 に，この均衡では自由貿易に比較して，輸入国厚生はより高水準であるが，輸出国厚生と世界厚生は低水準となる。

目次

はじめに

第1章　国際貿易と直接投資 II … 1

はじめに　2
1　国際分業論　3
　1.1　他国との違いが貿易をもたらす
　1.2　他国との類似性が貿易をもたらす
　1.3　ダイナミックな貿易パターン──雁行形態論──
2　自由貿易論　6
　2.1　完全競争市場での貿易利益
　2.2　外部経済と合意的国際分業論
　2.3　不完全競争市場での貿易利益
3　貿易政策論　10
　3.1　完全競争市場下での貿易政策
　3.2　戦略的貿易政策論
4　国際資本移動と海外直接投資　13
　4.1　国際資本移動
　4.2　海外直接投資
　4.3　順貿易志向型 FDI
おわりに　16

第2章　窮乏化的資本移動について … 19

1　はじめに　20
2　経済モデルの想定　20

    3　二つの基本モデル　23
    4　実質所得への効果分析　27

第3章　直接投資とリカード貿易モデル
　　　　—小島理論について— ……………………………………… 33

    1　はじめに　34
    2　潜在的比較生産費と直接投資　35
    3　交易条件，貿易量および厚生水準の変化　39
    4　小島論文 (1990) と大山論文 (1990) について　43
        4.1　小島論文と小島理論について
        4.2　大山論文について
    5　結び　48

第4章　数量制約理論と変動相場制 ……………………………… 51

    1　はじめに　52
    2　非ワルラス均衡と為替安定分析　54
        2.1　問題
        2.2　基本モデル
        2.3　為替安定分析
    3　国際資本移動を含むマクロモデル　60
        3.1　問題
        3.2　基本モデル
        3.3　比較静学分析
        3.4　要約と結論

第5章　**On the rationalization effects under asymmetric oligopoly: production subsidy versus tariff** …………………………… 77

    1　Introduction　78

  2 Basic Model, outputs, prices and comparative statics 78
  3 Welfare effects 84
  4 Concluding remarks 87

第6章　複占企業の供給契約，生産補助金政策および国民厚生 …………………………………………………………… 89

  1 はじめに 90
  2 基本モデル 92
    2.1 需要
    2.2 生産・供給
    2.3 厚生水準
  3 対称均衡の特徴 95
    3.1 クールノー均衡　QQ 均衡
    3.2 ベルトラン均衡　PP 均衡
  4 非対称均衡の特徴 97
    4.1 非対称均衡1　PQ 均衡
    4.2 非対称均衡2　QP 均衡
  5 不介入での企業の内生的契約選択と経済厚生 99
    5.1 利潤比較
    5.2 厚生比較
  6 自国行政府による最適生産補助金政策 100
    6.1 クールノー均衡
    6.2 ベルトラン均衡
    6.3 非対称均衡1　PQ 均衡
    6.4 非対称均衡2　QP 均衡
  7 立法府の役割：価格競争の場合には補助金提供の法制化 104
  8 おわりに 109

第7章　競争政策，輸出補助金政策および経済厚生 …… 111

1. はじめに　112
2. 基本モデルと第3段階の表示　115
   - 2.1　需要
   - 2.2　生産・供給
   - 2.3　厚生水準
   - 2.4　自由貿易均衡
3. 第2段階の均衡：2輸出国の補助金政策タイミングの内生的決定　119
   - 3.1　可能な3種類の手番均衡
   - 3.2　輸出補助金政策タイミングの内生的決定：単純ケース
4. 第1段階の均衡：輸入国で自由参入を許容する競争政策　122
   - 4.1　各手番での輸入国均衡企業数
   - 4.2　輸入国の均衡企業数と厚生比較
   - 4.3　均衡企業数は過小か過大か
5. おわりに　131

第8章　Industrial and Trade Policies in a Developing Country Under Endogenous Timing of Trade Policy …… 135

1. Introduction　136
2. The Model　137
3. Preliminary Analysis　138
4. Analysis　142
   - 4.1　Feasible Timing of Trade Policies under Cost Difference
   - 4.2　Effects of Market Structure on Tariff and Subsidy Levels
   - 4.3　Effects of Market Structure on Welfare
5. Concluding Remarks　151

Appendix　151

第9章　輸入国の競争政策が経済厚生におよぼす効果分析 ……………………… 157

1　はじめに　158
2　基本モデルと第3段階の表示　161
　2.1　需要
　2.2　生産・供給
　2.3　厚生水準
3　自由貿易均衡：Benchmark　164
4　第2段階の均衡：輸出補助金政策　167
　4.1　可能な3種類の手番均衡
　4.2　輸出補助金政策タイミングの内生的決定
　4.3　所与の企業数のもとで自由貿易と輸出補助金政策の比較
　4.4　企業数の外生的変化が厚生水準へおよぼす影響
5　第1段階：輸入国の競争政策の分析　176
　5.1　同時手番均衡
　5.2　第1輸出国が先導者逐次手番均衡
　5.3　最適産業構造の決定
　5.4　補助金政策均衡の比較
6　おわりに　187

Appendix　188
　A．命題4の証明
　B．命題7の数値例

第10章　品質改善投資補助金，Minimum Quality Standards と経済厚生 …………………………………… 193

1　はじめに　194
2　基本モデル　196

2.1　需要
　　　2.2　生産・供給
　　　2.3　厚生水準
　3　クールノー競争の第3段階：生産量・価格の決定と厚生水準　198
　4　品質改善投資水準の決定1：企業が独立的に決定するケース　199
　　　4.1　不介入のケース
　　　4.2　次善最適補助金のケース
　　　4.3　不介入と補助金ケースの比較
　5　品質改善投資水準の決定2：次善最適 Minimum Quality Standards の導入ケース　207
　6　結論と展望　210
　Appendix　211
　　　Appnedix I.　First Best 解ケース
　　　Appnedix II.　正値解の存在例
　　　Appnedix III.　［命題1］の証明

第11章　輸入国政府部門間の政策決定に関する分析 …… 217

　1　はじめに　218
　2　基本モデル　219
　　　2.1　セットアップ
　　　2.2　輸入国の最適政策の再解釈
　　　2.3　自由貿易均衡
　3　輸入国政府2部門の目的関数の変更と明示：D-均衡　223
　　　3.1　DS均衡：両部門の同時手番ゲーム
　　　3.2　DP均衡：PSSが先手，TSSが後手を選択する逐次手番ゲーム
　　　3.3　DT均衡：TSSが先手，PSSが後手を選択する逐次手番ゲーム
　　　3.4　2部門間の政策タイミングの内生的決定
　　　3.5　自由貿易との比較
　4　要約と展望　231

あとがき

索引 ……………………………………………………………… 237

第1章

国際貿易と直接投資 II

はじめに

　戦後から20世紀末までに，世界経済は順調な発展を遂げ世界貿易も拡大した。特に商品貿易の拡大は顕著であり，その内容も大きく変化した。産業間貿易に加えて，工業製品を相互に輸出輸入する産業内貿易も大きなウェイトを占めるようになった。また，商品貿易にとどまらず，資本と労働の国際移動・技術移転・海外直接投資が加わり，国際取引の網の目は一層複雑に絡み合うようになってきた。各国の貿易障壁は，GATT/WTOの国際交渉・地域間の貿易協定・二国間の貿易交渉などを通じて着実に低下してきた。特定の財の輸入急増に関わる貿易摩擦は相変わらず起きているが，グローバル化の流れは確実に深まってきた。

　このような世界経済の推移に対応する形で，国際貿易論の世界潮流は，この50年間に多くの成果をあげてきた。代表的なテキストであるWong (1995), Bhagwati et al. (1998) にその蓄積をみることができる。完全競争を前提とした伝統的な新古典派国際貿易論は，2国2財2要素を基本モデルとし，財および要素の数，中間財・非貿易財・公共財・外部経済の導入，貿易政策・国際的要素移動・海外直接投資の要因等を考慮するモデルへと拡充が行われてきた。さらに1980年代以降における，ゲーム理論・産業組織論などの分野における新展開に対応して，不完全競争――特に独占的競争・寡占・規模の経済――を前提とした「新貿易理論」の研究が活発に行われ，議論の幅が拡張されてきた[1]。

　日本国際経済学会における国際貿易論の研究も，この世界潮流に対応する形で展開されてきた。そしてさらに，日本経済の対外政策的な意味合いを含むオリジナルな議論も試みられた。例えば，雁行形態論・合意的国際分業論・順貿易志向的海外直接投資論などがあげられる。

　本章では，海外直接投資を含む「国際貿易論」を概観するとともに日本国際経済学会での理論的な面での話題を概観することを目的としている。以下において，国際分業論（第1節），自由貿易論（第2節），貿易政策論（第3節），国

---

[1] 池間 (1985) は国際貿易論の世界潮流についてサーヴェイを行っている。そこでは不完全競争を前提とした議論についての言及は見られない。このことは関連の議論が短期間に急激に増加してきたことをうかがわせる。

際資本移動を含む海外直接投資論（第4節）といった4つの領域に分類して議論をまとめることとしたい[2]。

1 国際分業論

1.1 他国との違いが貿易をもたらす

なぜ貿易が行われるのか。それは各国には他国と比較して違いがあり、その違いが財相対価格差に反映し、各国は比較優位の財を輸出し比較劣位の財を輸入するからである。完全競争市場を想定する伝統的な貿易理論では、他国との違いを何に求めるかによって、リカード貿易モデルとヘクシャー＝オリーン・モデル（HO モデル）という代表的な理論がある。リカード貿易モデルでは、各財の労働生産性の相対的な違いにその原因を求める。労働生産性が相対的に高い産業では、他国よりも割安な生産費でその財を生産することが可能になるからである。他方、HO モデルでは、生産技術は同じとして生産要素の賦存比率の違いに貿易発生の原因を求める。ある生産要素が相対的に豊富な国では、その要素の報酬率が割安であることから、その要素を集約的に投入する産業において、生産費が割安となるからである。

後者の HO モデルの理論は、2国2財2要素の一般均衡モデルを基本モデルとして国際貿易論のベンチマークの役割を果たしてきた。Dixit and Norman (1980) 以来しばしば用いられてきた、2国を統合した2財2要素の「統合経済」を想定した図からは、財に体化した Factor Content に注目し、貿易を通じて、資本豊富国は資本サービスを、労働豊富国は労働サービスを純流出するという考え方が定着した。

HO モデルによる要素賦存比率の考え方が現実経済をどの程度説明できるかについて、Leontief による1947年のアメリカ経済の貿易構造に対する実証分析が試みられた。結果は、HO 理論とは逆に、アメリカは資本豊富国であると考えられるにもかかわらず、資本集約財を輸入し労働集約財を輸出するというものであった。レオンチェフ逆説といわれ、その後の貿易パターン決定につい

---

[2] なお、参考文献は紙幅の関係で最小限にとどめた。関連する文献は日本国際経済学会が出版した大山編 (2001) 所収の各論文に掲載されている参考文献を参照されたい。

て実証面および理論面に活発な議論が展開されてきた[3]。実証面では，Leamer (1980) は，Leontief が計算したデータを利用しながら何ら逆説でないことを示し，現在でも生産的な議論が続いている（Bhagwati et al. (1998) の 8.4）。理論面では，平均的に見て，他国と比較して生産要素の報酬率が安い国は，その生産要素を商品に体化して輸出し，その報酬率が高い国は，その生産要素を商品に体化して輸入することがより一般的な形で明らかにされた（Helpman (1984)，Wong (1995) の第 3 章）。

1.2　他国との類似性が貿易をもたらす

外国との貿易には，各国によって程度の差はあるが，大きく分けて産業間貿易と産業内貿易によって構成される。前者の産業間貿易は 1.1 で述べた，異なる産業に分類された商品間の輸出入を表す。例えば，農産物と工業製品の貿易，繊維製品と機械機器の貿易である。他方，同じ産業に分類される製品が輸出されると同時に輸入もされるという産業内貿易がある。統計上の産業の分類を細かくするほど，産業内貿易は少なくなるという問題もあるが，産業内貿易は，他国との違いによる貿易と他国との類似性による貿易とに分かれる。前者は，比較優位を反映した貿易である。例えば，同じ産業に分類される部品生産と組立て生産がそれぞれ割安な国で行われる。後者は，他国との類似性による貿易であり，差別化財の貿易と寡占企業による国際的な相互貿易（3.2 参照）が該当する。以下では差別化財（同質財ではない）の貿易について述べる[4]。

自動車・電気製品・コンピュータのように，デザイン・品質・ブランドなど他社製品と区別された同種のバラエティ（銘柄製品）が市場に出回っている。製品差別化の現象である。これらバラエティは，ある程度の生産設備を確保して規模の経済を実現し平均費用を逓減させる生産方法をもつ企業によって生産される。さらに，市場は独占的競争市場という不完全競争を想定する。バラエティを販売する企業は，一方では他社のバラエティとは異なることから独自の顧客をもつという意味では「独占企業」であり，他方では他社のバラエティと

---

[3] Jones (1979)，天野 (1981) の第 2 章，鈴木 (1987) の第 1 章と第 3 章を参照のこと。
[4] Helpman and Krugman (1985)，大山編 (2001) の鈴木克彦論文（第 17 章）を参照のこと。

は代替的であるという意味では「競争的」である。各企業は複数の競争相手の価格を所与として，自企業が直面する需要をもとに限界収入と限界費用が等しいところで生産量と価格を決める。既存企業の超過利潤がゼロになるまで，市場への自由参入と退出が行われ，平均費用と価格が等しくなるまで，既存企業の需要曲線が左方にシフトする。平均費用が逓減しているので，新規企業は既存企業と同じバラエティを生産して同じ市場をシェアすることは，別のバラエティを供給するよりは不利益になる。よって，1バラエティを1企業が供給することになる。企業にとって内部的な規模の経済が実現し，完全競争と違って限られた企業数による生産が独占的競争市場において実現する。いま貿易前において，自国ではn企業数，外国ではn^*企業数が同じ産業において生産していたとする。さらに，生産技術および需要条件は2国において同じであるとする。このとき，貿易後においては，各国の差別化財の価格は等しくなり，各国はそれぞれバラエティをn個あるいはn^*個を生産するが，自国のバラエティを輸出し外国のバラエティを輸入することによって，お互いに$n+n^*$個のバラエティを消費することが可能になる[5]。差別化財による産業内貿易である。

Helpman and Krugman (1985)では，産業間貿易と産業内貿易が並存する議論を上述の統合経済の図を用いて一般均衡的な分析を行っている。

1.3 ダイナミックな貿易パターン——雁行形態論——

貿易パターンは時間の経過とともに変化する。自国だけでなく外国の経済成長によっても貿易パターンは変化する。新古典派経済成長論の議論を用いて貿易と経済成長の相互関連の分析が行われた（鬼木・宇沢モデル）。また，比較静学分析を用いて順・逆貿易偏向的な経済成長による交易条件の変化についても議論された。

一方，VernonはProduct Life Cycle論を提示し，ある工業品の新製品段階・成長段階・成熟段階のそれぞれにおいて，企業の競争状態・需要構造などがど

---

[5] 差別化製品の消費については，2つのアプローチ——Spence-Dixit-StiglitzアプローチとLancasterアプローチ——による説明が行われている。前者はバラエティ数の増加が効用を高めるとするのに対して，後者は理想とするバラエティに一層接近したバラエティを消費可能にするほど効用を高めるとする。ここでは立ち入った説明は他の文献にゆずる。

のような特徴をもつかについて明らかにするとともに，その製品が貿易・企業の海外直接投資・技術移転・模倣を通じて他の工業国・発展途上国へ時間の経過とともに伝播されていくプロセスを明らかにした。この議論は，実証面の研究だけでなく，新製品開発国の技術が後発国に移転されていく経済的メカニズムについての理論的研究として続けられている。

他方，1930 年代に初めて発表され，追い上げ国日本の立場から，輸入・生産・輸出という 3 段階の産業発展と産業構造の高度化，それに世界経済の異質化と同質化を内容とする「雁行形態論」が赤松 (1956, 1960) によって提示され，その後，小島 (1973 の第 3 章，2000)・山澤 (1984 の第 4 章と第 5 章) などによって拡張された。

追い上げ国はそれぞれの時点に要素賦存比率に適した産業の移植を考え，技術導入そして輸入代替をはじめる。政府の保護貿易政策も実施される。国内生産の成長が軌道に乗り，国内需要にも支えられて生産増加が実現し，規模の経済も作用する。やがて追い上げに成功して輸出産業へと成長していく。このプロセスは輸入・国内生産・輸出の時系列のグラフとして「雁行の形」を描く。特定産業の発展は経済が発展するにつれて，労働集約財産業から資本集約財産業・知識集約財産業へとシフトしていく。輸出成長産業はやがて成熟産業へ，さらには輸入競争産業へと推移していく。その背景には，後発追い上げ国の雁行形態的産業発展の国際的伝播がある。最近では技術移転だけでなく，海外直接投資・企業内貿易という一層効果的な手段が加わり，追い上げの時間が短縮されるようになってきた。このように雁行形態論は，貿易パターン決定の議論を加味しながら，追い上げ的な経済発展を進める現在の東アジア諸国に政策的ビジョンの示唆を与えている。最近の内生的経済成長論の研究に影響されて，産業構造の高度化と国際的波及についての理論分析が新たに試みられている。

2　自由貿易論

2.1　完全競争市場での貿易利益

アダムスミスの『国富論』(初版 1776 年) 以来，自由貿易が主張されてきたが，自由貿易論は無条件で支持されてきたわけではない。Irwin (1996) にみるように，自由貿易論はこれまで慎重な議論が重ねられ，例外的なケースを除け

ば，保護貿易よりも自由貿易を優先するというものであった。

完全競争市場での自由貿易論について見てみよう。貿易が開始され，貿易障壁・政府介入のない自由貿易均衡の状態が達成されるとき，貿易前の商品の入手可能領域に比べて，貿易後の商品の入手可能領域は拡大する。これを貿易から利益（貿易利益）を得るための十分条件として表すことができる。すなわち，自由貿易均衡での生産量ベクトルと財価格ベクトルを X, P とし，貿易前の生産量ベクトルを X^A とするとき，貿易利益のための十分条件は：

条件 [*]　　$PX \geq PX^A$

となる。

しかしながら，ここでいう貿易利益は潜在的貿易利益を意味している。自由貿易均衡では条件 [*] を満たしているが，貿易前後では所得分配に変化があり，所得が上昇した人は厚生水準を高め，所得が低下した人の厚生水準は低下する。これでは，自由貿易により貿易利益が得られ，この国の厚生水準が高まると単純に主張することはできない。厚生水準が高まることを示すためには，厚生経済学の補償原理の考え方を導入する必要がある。自由貿易により損失をこうむる人と利益を受ける人に対して，所得移転スキームによって，貿易前に比べて貿易後においてどの人の厚生水準も悪化させないで，ある人の厚生水準を改善することができるとき，はじめて自由貿易は貿易利益があるということができる。すべての人々の厚生水準を所得移転スキームによって改善するとき，その経済には「潜在的貿易利益」があるという。自由貿易は望ましいと理論的に言えるのは，潜在的貿易利益の存在を証明することにおいてのみ可能となるのである[6]。

2.2　外部経済と合意的国際分業論

マーシャル的な外部経済下の収穫逓増産業と外部経済がない収穫一定の産業の2産業をもつ完全競争市場の各国で，2産業の生産技術が同一であるとする。しかし，自由貿易の結果，外部経済の程度・需要の偏りの程度・要素賦存量の

---

[6] 大山 (1972)，大山編 (2001) の下村耕嗣論文（第13章）を参照のこと。

大きさによっては，条件 [*] を満たさないで，貿易不利益を経験する国が存在しうる。このような収穫逓増産業を含む貿易については，新貿易理論の重要な一つの柱として，1980年代以降活発な議論が行われてきた[7]。

1960年の日本国際経済学会において「合意的国際分業論」が，小島 (1960) によって提示され，それ以降多くの研究者が議論に加わった[8]。小島は生産および消費の構造が類似している国々でも，相互に規模の経済をもつ産業に合意的に特化することによって，相互に貿易利益を実現することができると主張した。理論分析としては，要素賦存量・消費嗜好・2産業の収穫逓増的な生産技術が2国において同一の完全競争市場を想定し，原点に対して凸型の生産可能フロンティアを考える。貿易前の市場均衡では両国の2財相対価格は同一となり比較優位は存在しない。しかしながら，マーシャル的な外部経済をもつ2産業にそれぞれ特化し国際分業をすることによって，両国とも貿易利益を享受することができるというのである。1980年代になり，産業内貿易・差別化財の貿易・規模の経済に関連する議論が脚光を浴びるようになってきたが，合意的国際分業論は，それ以前に，生産および消費の構造が類似した国相互間での貿易の重要性を指摘したという点で特筆に値する。最近の合意的国際分業論は，外部経済をもつ産業に関わる国際分業の議論に限定せず，差別化財の貿易もその範疇に取り込んで議論されている。合意的国際分業論のコアは，比較優位の理論では説明できない類似した国の間での貿易が，差別化財であろうと同質財であろうと規模の経済効果によって可能であることを示した点にある。しかし理論的には，相互に特化した両国が必ず貿易利益を得るとは限らず，場合によっては不利益を被ることもある。そのような可能性は，類似国の場合少ないとして排除することもできるが，他方，貿易不利益国に対する国際的な所得移転スキームの議論を導入することもできる。

---

[7] 大山編 (2001) の多和田眞論文 (第18章) の第1節を参照のこと。
[8] 小島 (1960) を参照のこと。1960年以降の文献として，小島 (1973) 第1章，小島 (1982)，池間・池本編 (1990) の三邊信夫論文 (第7章) を参照のこと。

2.3 不完全競争市場での貿易利益

ここでは独占・寡占・独占的競争の順に，貿易利益に関する議論をする[9]。先ず前提として，条件 [*] が成立して貿易利益が得られる場合を中心に考える。2国は，生産要素である資本と労働を投入して2財を生産し，また生産技術・要素賦存比率およびホモセティックな需要構造について同一であるとし，第1財産業は不完全競争市場にあり，第2財産業は完全競争市場にあるとする。

最初，第1財産業が独占企業の場合を考える。両産業とも規模に関して収穫一定であるとする。貿易前において，第1財産業が完全競争市場にある場合と比較すると，独占企業は，生産量を制限し当該財の相対価格は高いので，厚生水準は低い。独占の存在および経済規模（要素賦存量の大小でみる）を含めてまったく同一の構造を有する2国の場合，貿易後には，各国の第1財産業は統合された一つの世界市場で複占的に行動して財を供給することになる。各複占企業はクールノー的であるとすると，各国企業の第1財生産は拡大し，第1財価格の低下によりその相対価格は低下する。すなわち統合した世界市場では，企業数は1から2に増加し，第1財の生産量は増加し，各国に貿易利益をもたらす。他方，2国で経済規模だけが異なるとき，貿易開始により小規模な国は貿易利益を得るが，第1財を輸入する大規模な国は貿易不利益となる可能性がある。もちろんその場合でも，大規模な国の第1財産業の生産量が貿易開始前よりも増大するならば，貿易から利益を得ることができる。

次に，2国において第1財産業が，所与の数の企業からなるクールノー的寡占産業である場合を考える。もし各国の第1財産業の企業数が，各国の経済規模に比例するならば，両国とも貿易利益を得ることができる。さらに，これまでの規模に関して収穫一定の仮定を外して，内部的な規模の経済をもつ企業からなる寡占的な第1財産業を仮定するとき，自由参入・退出の結果，企業数が内生的に決まり，長期均衡の利潤はゼロであり，両国は貿易により利益を得る。さらに条件を緩めた場合について，貿易利益が得られることが議論されている。

最後に，第1財産業が 2.2 で述べた独占的競争の場合を考える[10]。貿易利益

---

[9] Wong (1995) の第9章，大山編 (2001) の下村耕嗣論文（第13章）を参考のこと。
[10] 独占的競争モデルでの貿易利益の議論については，特に Helpman and Krugman (1985) の第9章および Wong (1995) の第9章を参考のこと。

は，各消費者が消費可能なバラエティ数の増加や自らの理想とするバラエティにより接近したバラエティを消費可能となることによって，また生産における規模の経済が実現して価格低下の効果が存在ことによって得られる。形式的には条件［*］および貿易開始後に消費可能なバラエティ数が増加するという条件が成立するならば，貿易利益が存在することが明らかにされている。

3 貿易政策論

3.1 完全競争市場下での貿易政策

各国は自由貿易政策に総論では賛成するが，各論では消極的になる。国際貿易論では，小国における輸入関税・輸入数量制限・各種補助金などの貿易政策は，輸入競争産業の生産者に利益を与えるが，他産業の生産者および消費者には経済損失を与え，さらに「貿易利益」を減少させるとしてこれら貿易政策の正当性を認めない。加えて輸入関税の賦課によって自国の交易条件が有利化して，自由貿易のときの厚生水準よりもさらに高い厚生水準を実現する可能性があるという議論（最適関税論）がなされてきたが，貿易相手国の厚生水準の低下という犠牲をともなうこと，および貿易相手国の報復関税によって有利化の可能性が相殺されることなどが明らかにされている。また，財あるいは生産要素市場において，市場の失敗による「歪み」が存在するとき，パレート最適性が満たされないために，自由貿易政策がその国にとってベストな政策でないことが起きる。その場合，自由貿易よりも保護貿易が選択される傾向がみられたが，Distortion論が解答を与えてきた。その議論から得られることは，市場の「歪み」が存在するとき，保護貿易のために関税などの貿易政策に訴えるのではなく，市場の失敗をもたらしている歪みそれ自身を是正する政府介入が望ましいという結果が得られている。

戦後から1970年代まで，GATTにおける中心課題の一つは，輸入関税であった。そのこともあって輸入関税に関する理論分析が多く行われてきた。その中で日本の研究者が積極的に関わったものに「有効保護理論」がある。いま，国内の生産要素に加えて輸入中間財も投入して最終消費財を生産する輸入競争産業の保護効果についてみてみよう。当該最終消費財に輸入関税を課したとしても，輸入中間財にも輸入関税が課されているならば，最終消費財の生産コスト

を押し上げることから，保護効果が実現しないかもしれない。このような問題提起のもとに，課税前後における「最終消費財1単位あたりの付加価値の変化率」すなわち「有効保護率」が求められ，一般均衡分析の枠組で議論の拡充がなされた[11]。

最後に，完全競争市場における異時点間の市場の失敗に関連する議論の一つに「幼稚産業保護論」がある。学説史的には，Mill, Bastable, Kemp によって検討が加えられ，動学的外部経済性が存在する（Kemp 基準）ときに限り生産補助金政策の実施が必要であるという結果を導いてきた。しかし，その後動学的外部経済だけでなく動学的内部経済も含む根岸基準が新たに加えられ，産業のセットアップの議論に応用されてきた[12]。

3.2　戦略的貿易政策論[13]

寡占といった歪みを有する産業を対象として，伝統的な国際貿易論および政策論とは趣を異にする戦略的貿易政策論が 1980 年代後半以降より脚光を浴びてきた。ここではその背景やそれを可能にした理論的基礎および想定などを概観してその意義を考える。

米国クリントン政権時代に，国としての「国際競争力」の強化が課題とされた。当時，米国の「国際競争力」の相対的低下への危機感があり，その克服のために外部経済や規模の経済をもち独占利潤を獲得すると思われる「戦略的」産業を選択し，その拡大・強化のための通商政策が実施された。他方，経済理論面でも進展があった。企業相互間の戦略的関係を意識した企業間競争の分析にゲームの理論が用いられ，産業組織論および国際貿易論の分野における議論を拡大させた。

なぜ各国は輸出（生産）補助金政策などを行うのであろうか？　それは直接的には外国企業から自国企業へ利潤を移転するという利潤移転効果があり，その

[11) 有効保護理論については大山編 (2001) の岡本久之論文（第 16 章）を参照のこと。また，ここでは立ち入らなかったが，1980 年代以降，輸出自主規制，アンチダンピング措置，輸入自主拡大などの貿易政策の手段が実施され，それに関する分析が不完全競争市場も想定して行われた。
[12) 根岸基準については根岸 (1971) の第 7 章を参照のこと。
[13) 大山編 (2001) の石川城太論文（第 19 章）を参照のこと。

結果，当該国の厚生水準を引き上げることができると考えるためである。この利潤移転効果に焦点を当てるため，第3国市場でクールノー的複占競争を行っている自国企業と外国企業を想定したのが，Brander-Spencer (1985) モデルと称されるものである。そこでは自国政府による自国企業への一方的補助金提供が，企業間競争で自国企業に先導者均衡の達成を可能にさせ，その利潤を増加させる。自国政府が自国企業から補助金を回収しても，自国企業の利潤は以前より多くなり，厚生水準が上昇する。すなわち1国政府が単独でその企業に補助金を提供する場合には，当該国は利益を得る。しかし，両国政府が共に補助金を提供すると，両国とも不利益となる可能性がある。

寡占的競争を行っている自国企業と外国企業を想定しよう。それらが競争している市場の種類により，各国企業の利潤に加えて各国の厚生水準の構成要素が異なってくる。企業間の利潤移転効果に注意を集中するならば「第3国市場モデル」が，国内輸入競争市場に焦点を当てるならば「自国市場モデル」が利用可能である。同質財の産業内貿易や相互ダンピングの現象を分析するならば「分割された世界市場モデル」が，両国市場間で十分な裁定が可能ならば「世界統合市場モデル」が役立つ。政策介入により各国企業の利潤，消費者の効用，各国政府の純収入などが変化して，各国の厚生水準や世界の厚生水準も変化する。このとき戦略的貿易政策は，（たとえ他国を犠牲にしても）当該国の厚生水準を最大化することを目標としていることに留意する必要がある。

戦略的貿易政策論の意義と限界はどのようなものであろうか。戦略的貿易政策論は，政府の積極的介入政策が当該国の厚生水準を引き上げる可能性を示すことにより，完全競争に立脚する伝統的な貿易理論や貿易政策論の限界を指摘する上で貢献した。しかしながら戦略的貿易政策論から導出され推奨される政策介入の手段や水準などは，市場構造や企業の行動様式などに大きく依存するという事実が，Eaton and Grossman (1986) をはじめとする諸研究によって明らかにされた。したがって，分析から得られる結論は限定付きで受け入れる必要がある。他方，伝統的な国際貿易論の延長線上に不完全競争や規模の経済を取り込んだ一般均衡分析や政策論の展開が進行中である。

4 国際資本移動と海外直接投資

4.1 国際資本移動

　国際資本移動とは，主に預金・債券・株式などを通じた資金の国際移動（間接投資）によって，投資国の実物資本の減少・受入国の実物資本の増加となって現れることをいう。実物資本に結実するには時間を要することから長期を想定した議論が適している。本節では，国際資本移動と海外直接投資（以下，FDIと記述）を区別し，FDIについては4.2で扱う。なお，ここでは国際労働移動は扱わず，完全競争市場を前提にした国際資本移動に限って議論する。

　国際間に資本報酬率差があり，資本が国際間を自由に移動できるならば，その格差がなくなるまで国際資本移動が起きる。世界レベルでの効率的な資源配分の視点から，国際資本移動は一般的に投資国および受入国の経済厚生を改善する。

　国際資本移動は貿易とどのような関係をもつであろうか。HO モデルである2国2財2要素モデルにおいて，要素賦存比率は異なるが，生産技術および消費嗜好は2国で同じであるとき，Mundell は，国際資本移動と貿易が完全代替的な関係となることを示した。しかし，2財2要素から2財3要素（資本・労働・土地）に拡張し，3要素のうち資本は国際間を自由に移動するとき，2国間の貿易パターンは，国際間を移動しない労働・土地の要素賦存比率によって決まり，国際資本移動と貿易は補完的な関係となる。また2国2財2要素モデルで，2国の違いを要素賦存比率に加えて，生産技術においても違いがあるとき，国際資本移動と貿易の関係は，国際資本移動の増加が貿易量の減少をもたらすか増加をもたらすかによって，それぞれ代替的・補完的となる[14]。

　1960年代に資本自由化の議論が行われたとき，輸入関税下にある小国の資本流入は，厚生水準を悪化させるという宇沢・浜田命題が話題になった[15]。資本集約的な輸入競争産業が貿易政策（輸入関税あるいは輸入割当）によって保護されているとき，外生的あるいは自由な国際資本流入よる貿易量および厚生水準に与える効果などが議論された。さらに，輸出自主規制下の資本移動の分析も行われた。

---

[14] Wong (1995) の第4章および伊藤・大山 (1985) の第5章を参照のこと。
[15] 小宮・天野 (1972) の第16章3を参照のこと。

4.2　海外直接投資

　FDIとは，多国籍企業が外国企業の株式を取得して経営権を確保するとともに，製品開発・生産技術・生産管理・人事管理・販売方法・企業情報など企業特殊的な経営資源のパッケージを企業内部で国際間移転することをいい，証券投資など間接投資と区別される。FDI は，1980 年代以降の国際取引の中で，各国の生産活動・貿易などに大きな影響を与えてきている。これまで企業の国際事業展開や多国籍企業は，国際経営学の分野で取り扱われてきたが，最近では，産業あるいはマクロ・レベルまで積み上げて国際貿易論の枠組で議論されるようになっており，今後さらに議論の拡充が行われる分野といえる。

　FDI の決定因が議論されてきたが，それまでの議論を整理したとして「折衷理論」と呼ばれる，Dunning の OLI 理論がある。FDI と選択的な企業行動として輸出・ライセンシングがあるが，企業はこれらを選択しないで FDI を行うのは，次の 3 つの優位性がそろうときである。①ユニークな無形資産である経営資源の所有（Ownership の O）によって他国企業より優位であること，②受入国において，生産要素・技術基盤・インフラ・輸送費など供給面，大きな市場の存在など需要面，輸出を抑制する貿易政策の存在あるいは輸出増加による貿易摩擦可能性など，立地（Location の L）に関わることで FDI を実施することが優位であること，③取引費用の節約のためあるいは市場支配力を強めるために，FDI によって他企業との取引を自企業内の取引へ内部化（Internalization の I）することが優位であることがあげられる。これら優位性に関わる理論化の試みが今後も進められるであろう[16]。一つの代表的な例として Helpman and Krugman (1985) がある。彼らは，企業の生産活動を本社サービスと工場生産の 2 つで構成するとして，企業の経営資源にあたる本社サービスは投資国で生産し，それを受入国に移転して，受入国の工場ラインに組み込んで製品を完成するという形で，企業の FDI の理論化を試みている。Dunning がいう所有と立地の優位性を取り入れた議論と見ることができる[17]。

　FDI はまた受入国の政策の影響を受ける。例えば受入国は輸入を抑えるため

---

[16]　Markusen (1995)，大山編 (2001) の馬田啓一論文（第 3 章），木村 (2000) の第 14 章を参照のこと。

[17]　この考え方をリカード・モデルに適用した出井 (1991) の第 2 章と第 3 章を参照のこと。

第 1 章　国際貿易と直接投資 II

に輸入関税政策を実施する。そのため投資国の輸出が抑えられるので受入国へのFDIが促進される。また，投資国企業に対して，受入国で一定割合以上の原材料・中間財を現地で調達することを義務付ける政策（ローカルコンテンツ規制）の効果について議論がなされている[18]。さらに，貿易代替的FDIと貿易補完的FDIのモデル化，FDIによる投資国と受入国への厚生効果，貿易における産業内分業に対応して先進工業国間での相互的なFDIのメカニズム，FDIによる投資国の輸入増加に対応する産業調整問題の議論などの理論分析が試みられている。

4.3　順貿易志向型FDI

FDIが貿易に与える効果として，順貿易志向型FDIと逆貿易志向型FDIに分類することができる。順貿易志向型FDIは，投資国の比較劣位産業から受入国の比較優位産業に直接投資が行われることにより，投資国の輸入・受入国の輸出を補完することになる。これに対して，逆貿易志向型FDIは，投資国の比較優位産業から受入国の比較劣位産業に直接投資が行われることにより，投資国の輸出・受入国の輸入を代替することになる。小島は[19]，FDIを実施する投資国は前者のFDIを行うべきであると提言する。

いまFDIの投資国と受入国の2国はそれぞれ2財を生産しているとする。貿易前に投資国は受入国の比較優位産業と比較劣位産業の両産業にFDIを行うとき，投資国では比較生産費に変化を与えないが，受入国の比較生産費には変化を与えて「潜在的比較生産費」が得られる。そして，FDIのみが行われたときの比較生産費には，2国の比較優位を強める具体的な数値が示される。他方，FDI前の比較生産費から比較利潤率が得られるとして，各国が比較優位もつ産業において，各国の比較利潤率が高くなるという具体的な数値が示される。さらに，潜在的比較生産費と比較利潤率の具体的数値から，投資国の比較劣位産業は，受入国の比較優位産業に対してFDIを行うことが望ましいと結論する。

渡辺（1974）・大山（池間・池本（1990）の第2章）などによってコメントが出されたが，まだ議論は収束を見せていない。それは，潜在的比較生産費および

---

[18] 大山編（2001）の原正行・中西訓嗣論文（第4章）を参照のこと。
[19] 小島（1973）の第5章，小島（1975），池間・池本編（1990）の第13章第3節を参照のこと。

比較利潤率の導出から結論に至る過程に議論の余地があることによる。貿易とFDIとの相互関係として順貿易志向型FDIの理論的説明が可能になれば，比較優位の理論の拡充となるかもしれない。

おわりに

1970年代に入って展開された特殊要素モデルについて述べておく必要がある[20]。その主なものは，①各産業にとって特殊な要素が存在することを前提にした比較優位の理論や交易条件効果の分析，②財価格の変化により，産業間をflexibleに移動する要素と移動しない要素を区別した分析，③FDIは特定産業に属する企業によって行われることから，特定産業の資本と経営資源をパッケージとした特殊要素の国際移動を考慮したFDIの分析などである。

直接投資を含む国際貿易論は，多くの研究課題を提示している。とりわけ，グローバル化による新たな経済現象および経済問題に挑戦していくとともに，伝統的な国際貿易論に「新貿易論」を取り込む方向で，国際貿易論を拡充する必要がある。

以上，直接投資を含む国際貿易論について日本国際経済学会での議論も踏まえて述べてきた。本章で扱わなかった事項として，地域統合，貿易摩擦，GATT/WTOの経済分析，地球環境の経済分析など最近のトピカル・イシューがある。これらは，日本国際経済学会による大山編 (2001) で取り扱われているし，日本国際経済学会編『IT時代と国際経済システム：日本国際経済学会の成果を踏まえて』有斐閣（2002年12月）の他の章でも取り上げられているという理由で触れなかった。

参考文献

[1] 赤松要 (1956),「わが国産業発展の雁行形態——機械器具工業について——」『一橋論叢』11月, pp.68-80.
[2] 赤松要 (1960),「世界経済の構造的矛盾」『国際経済』11号, pp.1-20.
[3] 天野明弘 (1981),『貿易と対外投資の基礎理論』有斐閣
[4] Bhagwati, J. N., A. Panagariya and T. N. Srinivasan (1998), *Lectures on International Trade*, MIT Press, 2nd edition.

---

20) 特殊要素モデルの説明については Jones (1979) の第6章と池本 (1973) を参照のこと。

[5] Brander, J.A. and B.J. Spencer (1985), Export Subsidies and International Market Share Rivalry, *Journal of International Economics*, Vol.18, pp.83-100.
[6] 出井文男 (1991),『多国籍企業と国際投資』東洋経済新報社
[7] Dixit, A. and V. Norman (1980), *Theory of International Trade: A Dual, General Equilibrium Approach*, Cambridge University Press
[8] Eaton J. and G.M. Grossman (1986), Optimal Trade and Industrial Policy Under Oligopoly, *Quarterly Journal of Economics*, Vol.101, pp.383-406.
[9] Helpman, E. (1984), Factor Content of Foreign Trade, *Economic Journal*, Vol.94, pp.84-94.
[10] Helpman, E. and P. Krugman (1985), *Market Structure and Foreign Trade: Increasing Returns, Imperfect Competition and the International Economy*, MIT Press.
[11] 池間誠 (1985),「国際経済論の新展開」『国際経済』(日本国際経済学会) 第 36 号, pp.281-286.
[12] 池間誠・池本清編 (1990),『国際貿易・生産論の新展開』文眞堂
[13] 池本清 (1973),「国際貿易と特殊的生産要素モデル」『国民経済雑誌』第 127 巻第 2 号, pp.56-70.
[14] Irwin, D.A. (1996), *Against the Tide: An Intellectual History of Free Trade*, Princeton University Press (小島清監修・麻田四郎訳 (1999),『自由貿易理論史——潮流に抗して——』文眞堂)
[15] 伊藤元重・大山道広 (1985),『国際貿易』岩波書店
[16] 小島清 (1960),「世界経済の新展開とその理論——共同市場的運動の必然性と論理」『国際経済』(日本国際経済学会) 第 12 号, pp.1-26.
[17] Jones, R.W. (1979), *International Trade: Essays in Theory*, North-Holland.
[18] 木村福成 (2000),『国際経済学入門』日本評論社
[19] 小島清 (1973),『世界貿易と多国籍企業』創文社
[20] 小島清 (1982),「合意的国際分業・国際合業・企業内貿易上・下」『世界経済評論』11 月・12 月号
[21] 小島清 (1975),「比較生産費と比較利潤率——日本型対アメリカ型直接投資の基礎モデル」『世界経済評論』7 月号, pp.11-22.
[22] 小島清 (2000),「雁行型経済発展論・赤松オリジナル」『世界経済評論』3 月号, pp.8-20.
[23] 小宮隆太郎・天野明弘 (1972),『国際経済学』岩波書店
[24] Markusen, J.R. (1995), The Boundaries of Multinational Enterprises and the Theory of International Trade, *Journal of Economic Perspectives*, Vol.9, pp.169-189.
[25] Leamer, E.E. (1980), The Leontief Paradox, Reconsidered, *Journal of Political Economy*, Vol.88, pp.495-503.
[26] 根岸隆 (1971),『貿易利益と国際収支』創文社
[27] Ohyama, M. (1972), Trade and Welfare in General Equilibrium, *Keio Economic Studies*, Vol.9, No.2, pp.37-73.

[28] 大山道広（編）(2001),『国際経済理論の地平』東洋経済新報社
[29] 鈴木克彦 (1987),『貿易と資源配分』有斐閣
[30] 渡辺太郎 (1974),「小島教授の直接投資理論」『大阪大学経済学』Vol.24, pp.1-11.
[31] Wong, Kar-Yu (1995), *International Trade in Goods and Factor Mobility*, MIT Press（下村耕嗣・太田博史・大川昌幸・小田正雄訳 (1999),『現代国際貿易論』多賀出版）
[32] 山澤逸平 (1984),『日本の経済発展と国際分業』東洋経済新報社

第 2 章

窮乏化的資本移動について

1 はじめに

輸入関税を課している小国において輸入財産業での経済成長が窮乏化的となる可能性の存在を示したのは Johnson[5] であるが、類似のモデルで資本輸入の厚生効果を分析したものとして、例えば以下のようなものがある。Bhagwati[2] は資本輸入が窮乏化的となるには Johnson のケースより緩い条件が必要であることを示唆した。また宇沢 [10]、浜田 [3] はヘクシャー・オリーン的フレームワークの中で、資本集約財への輸入関税下での資本輸入は輸入国の厚生水準を低下させることを証明した。これは「宇沢・浜田命題」と呼ばれている。他方三辺 [7], [8] では資本輸入国の厚生水準が低下するのは移動資本量が微小でありかつ資本輸入国が資本集約財が輸入し、関税を課している場合にかぎること、資本輸入国が労働集約財を輸入しているときにはその厚生水準が上昇することを示した。さらに小田 [9] では以上の「宇沢・浜田命題」、および「三辺命題」を部門間での賃金格差が存在するとの前提の下で検討している。

本章では、以上の資本蓄積、資本輸入の分析に加えて、資本輸出の効果を分析する。すなわち資本集約財への輸入関税下での資本輸出は当該国の所得水準を必ず上昇すること、および資本輸出が窮乏化的になるための条件を示すことを目的としている。以下第 2 節では基本モデル、第 3 節では Johnson のケースの分析、第 4 節では資本移動の所得水準への効果を考察する。

2 経済モデルの想定

次のような経済モデルを想定する。経済には 2 国（自国と外国）が存在し、それぞれ資本財 v_1 と労働力 v_2 投入により 2 財（第 1 財と第 2 財）を生産し貿易を行なっている。各財の産出量 x_j は、生産関数 f_j により i 投入量 v_{ij} と関連づけられ

$$x_j = f_j(v_{1j}, v_{2j}) = f_j(v_{\cdot j}) \tag{2.1}$$

さらに生産関数は一次同次として

$$1 = f_j(a_{1j}, a_{2j}) = f_j(a_{\cdot j}) \tag{2.2}$$

である。ここで $a_{ij} = v_{ij}/x_j$ と表示し j 産業での i 要素投入係数を示している。各企業は利潤最大化，したがって単位費用を最小化するが，それは形式的に，(2.2) の制約下で $\sum_i w_i a_{ij}$ を最小化することである。なお w_i は i 投入要素価格を示している。λ_j をラグランジュ乗数とし

$$L_j = \sum_i w_i a_{ij} + \lambda_j [1 - f_j(a_{1j}, a_{2j})] = L_j(a \cdot j, \lambda_j)$$

を形成し必要条件を求めると

$$w_i - \lambda_j \frac{\partial f_j}{\partial a_{ij}} = 0 \tag{2.3}$$

これより

$$\sum_i w_i da_{ij} = \sum_i \lambda_j \frac{\partial f_j}{\partial a_{ij}} da_{ij} = 0 \tag{2.4}$$

が成立する。さらに不完全特化 $x_j > 0$ を想定すると，生産物価格を p_j として

$$\sum_i w_i a_{ij} = \lambda_j \sum_i a_{ij} \frac{\partial f_j}{\partial a_{ij}} = \lambda_j = p_j \tag{2.5}$$

が成立する。他方投入量の制約条件は

$$\sum_j a_{ij} x_j = v_i \tag{2.6}$$

で表示される。さて一般性を失うことなく自国は第1財を輸出し第2財を輸入しているとしよう。自国において輸入財に一定率 τ の関税が課されていると想定すれば，第2財価格は以下の関係を満たす。

$$p_2 = (1+\tau)p_2^* = (1+\tau)p_2^0 \tag{2.7}$$

ここで*印の変数は外国での対応した変数を，p_j^0 は世界市場価格を表示している。$p_1 = p_1^* = p_1^0$ より相対価格は，

$$p = \frac{p_1}{p_2} = \frac{p_1^*}{(1+\tau)p_2^*} = \frac{1}{(1+\tau)}p^* = \frac{1}{(1+\tau)}p^0 \tag{2.8}$$

である。$\tau > 0$ であるから $p < p^* = p^0$。

さて生産物価格および第2投入量 v_2 が一定であるとの条件下で，資本存在量 v_1 の変化の効果は次の式で示される。

$$dx_1 = \frac{1}{|A|}a_{22}dv_1, \quad dx_2 = \frac{-1}{|A|}a_{21}dv_1 \tag{2.9}$$

ただしここで

$$|A| = a_{11}a_{22} - a_{12}a_{21}$$

で，$|A| > 0(< 0)$ のとき第1財（第2財）が資本集約財である。同様にして外国での対応した変数は

$$dx_1^* = \frac{1}{|A^*|}a_{22}^*dv_1^* \quad dx_2^* = \frac{-1}{|A^*|}a_{21}^*dv_1^* \tag{2.10}$$
$$|A^*| = a_{11}^*a_{22}^* - a_{12}^*a_{21}^*$$

で示される。以下 a_{ij} は p に対応したもの，a_{ij}^* は p^* に対応したものである。(2.9) より

$$\left.\frac{dx_2}{dx_1}\right|_{dv_2=0} = -\frac{a_{21}(\omega)}{a_{22}(\omega)} = -R(\omega) = -R\left[\omega(p)\right]$$

となり，リプチンスキー線の傾きを示している。ここで $\omega = w_2/w_1$ は要素価格比率である。次に (2.5) より

$$\begin{aligned}p - R &= \frac{\sum w_i a_{i1}}{\sum w_i a_{i2}} - \frac{a_{21}}{a_{22}} \\ &= \frac{(\sum w_i a_{i1})a_{22} - (\sum w_i a_{i2})a_{21}}{p_2 a_{22}} = \frac{w_i|A|}{p_2 a_{22}}\end{aligned} \tag{2.11}$$

同様にして

$$p^* - R^* = p^* - \frac{a_{21}^*}{a_{22}^*} = \frac{w_1^*|A^*|}{p_2^* a_{22}^*} \tag{2.12}$$

が成立する。よって第1財（第2財）が資本集約財であれば $p > R(p < R)$ となる。以上の関係式は本章の残り部分で共通に利用する。

3 二つの基本モデル

Johnson[5] は 2 投入物 2 生産物の小国モデルにおいて輸入関税下での経済成長を分析し, それが窮乏化的になる可能性を示した. すなわち輸入財産業における技術進歩あるいは輸入財生産において集約的に利用されている投入量の増大は経済成長国の実質所得を低下させることがあることを示した. さらに Betrand-Flatters[1] は自由貿易下から比較し, どの程度の率の関税が課されたならば窮乏化成長が生ずるかという条件を導出している. この節では第 2 節の基本モデルを用いて以上のことを考えてみる.

v_1 増大という経済成長による実質所得への効果を考えよう. 以下需要において下級財は存在しないと仮定する. 世界市場価格で評価し第 2 財で表示した自国所得 y は

$$y = \frac{1}{p_2^*} \sum_j p_j^* x_j = p^* x_1 + x_2 \tag{2.13}$$

したがって p^*, p を一定として v_1 の変化の y への効果は (2.9) を利用し

$$\frac{dy}{dv_1} = p^* \frac{dx_1}{dv_1} + \frac{dx_2}{dv_1} = p^* \frac{a_{22}}{|A|} - \frac{a_{21}}{|A|} = \frac{a_{22}}{|A|}(p^* - R) \tag{2.14}$$

これより $|A| > 0$ のとき $p^* - R \gtreqless 0$ に応じて $\frac{dy}{dv_1} \gtreqless 0$ である. ところが (2.8) により $p^* - p > 0$ であり, さらに $|A| > 0$ のとき (2.11) によって $p - R > 0$ となるから常に $p^* - R > 0$ が成立する. したがって第 1 財生産において資本集約的な生産方法が採用されているときには常に $\frac{dy}{dv_1} > 0$ である. 他方 $|A| < 0$ のとき $p^* - R \lesseqgtr 0$ に応じて $\frac{dy}{dv_1} \gtreqless 0$. したがって $R - p > 0$ と $p^* - p > 0$ より $p^* - R > 0$ は成立する可能性があるため次のことが成立する.

資本投入が輸入財 (第 2 財) 生産において集約的に利用されているならば, リプチンスキー線の傾きの絶対値 R が世界価格比率より小のとき窮乏化的成長が発生する (Bhagwati[2]p.51).

なお (2.11), (2.14) より

$$\frac{dy}{dv_1} = \frac{a_{22}}{|A|}(p^* - p + p - R) = \frac{a_{22}}{|A|}(p^* - p) + \frac{w_1}{p_2} \tag{2.14'}$$

であり $p^* > p$ であるため窮乏化成長の必要条件は $|A| < 0$ である。また関税が課されていないならば $p^* - p = 0$ であるから常に $\frac{dy}{dv_1} > 0$ となる。

さて今度は $|A| < 0$ のときどの程度の率の関税が存在すれば $R < p^*$ となり，したがって $\frac{dy}{dv_1} < 0$ となるための条件を考える。

$$R < p^* \Leftrightarrow \frac{R - R^0}{R^0} < \frac{p^* - R^0}{R^0} < 0 \tag{2.15}$$

ここで R^0 は関税が存在しないときのリプチンスキー線の傾きの絶対値を示し

$$R^0 = R(\omega^0) = R(\omega(p^0))$$

で $|A| < 0$ のときには $p^* < R^0$ である。他方

$$R = R(\omega) = R(\omega(p))$$

であるのはこれまでと同様である。すなわち関税が存在しないとき $|A| < 0$ であれば $p = p^* < R^0$ であるが，関税により p が低下し，その結果 R も低下して $R < p^*$ となる条件を求めるのである。(2.15) の左辺は関税が存在しない状態から関税を課すことによって生ずるリプチンスキー線の傾きの絶対値の百分比変化を示している。

以下ではこの変化を微小なものと想定して $\hat{R} = \frac{dR}{R^0}$ と考え，この $\hat{R}$ の表現を順次考察する。まず第一段階は a_{ij} から $\hat{R}$ を考える。初期に $\tau = 0$ として定義より $R = \frac{a_{21}}{a_{22}}$ であるから $\hat{R} = \hat{a}_{21} - \hat{a}_{22}$ である。一般に $\hat{x} = \frac{dx}{x}$ と定義する。第二段階は w_i から a_{ij}。先の (2.4) より

$$\sum_j \theta_{ij} \hat{a}_{ij} = 0 \tag{2.16}$$

ここで $\theta_{ij} = w_i a_{ij}/p_j$ を示し $\sum_i \theta_{ij} = 1$ となる[1]。次に σ_j を j 産業における

---
[1] (2.4) より $\sum_i w_i da_{ij} = 0$ であるから

$$\frac{1}{p_j} \sum w_i a_{ij} \frac{da_{ij}}{a_{ij}} = \sum \theta_{ij} a_{ij} = 0$$

また $\sum \theta_{ij} = \frac{\sum w_i a_{ij}}{p_j} = 1$ である。

代替弾力性とすれば完全競争下では[2])

$$\sigma_j = -\frac{\hat{a}_{1j} - \hat{a}_{2j}}{\hat{w}_1 - \hat{w}_2}$$

よって

$$\sigma_j(\hat{w}_1 - \hat{w}_2) = -(\hat{a}_{1j} - \hat{a}_{2j}) \tag{2.17}$$

この (2.17), (2.16) より

$$\hat{a}_{2j} = \theta_{1j}\sigma_j(\hat{w}_1 - \hat{w}_2) = -\theta_{1j}\sigma_j(\hat{w}_2 - \hat{w}_1) \tag{2.18}$$

が成立する[3])。最後に第三段階は p_j から w_i への関係であるが (2.4), (2.5), (2.16) より

$$\sum_i \hat{w}_i \theta_{ij} = \hat{p}_j \tag{2.19}$$

したがって

$$\hat{w}_1 = \frac{1}{|\theta|}(\theta_{22}\hat{p}_1 - \theta_{21}\hat{p}_2), \qquad \hat{w}_2 = \frac{1}{|\theta|}(-\theta_{12}\hat{p}_1 + \theta_{11}\hat{p}_2) \tag{2.20}$$

であるから

---

[2]) 資本—労働比率を

$$k_j = \frac{v_{1j}}{v_{2j}} = \frac{a_{1j}}{a_{2j}}$$

限界代替率を

$$M_j = \frac{\partial f_j}{\partial a_{2j}} \bigg/ \frac{\partial f_j}{\partial a_{1j}}$$

とする。完全競争下では (2.3) により $M_j = \frac{w_2}{w_1}$ となるが,代替の弾力性の定義から

$$\sigma_j = \frac{\hat{k}_j}{\hat{M}_j} = \frac{\hat{a}_{1j} - \hat{a}_{2j}}{\hat{w}_2 - \hat{w}_1}$$

である。

[3]) $\sigma_j(\hat{w}_1 - \hat{w}_2) = \hat{a}_{2j} - \hat{a}_{1j}$ より $\theta_{1j}\hat{a}_{1j} = \theta_{1j}(\hat{a}_{2j} - \sigma_j)(\hat{w}_1 - \hat{w}_2) = (1 - \theta_{2j})\hat{a}_{2j} - \theta_{1j}\sigma_j(\hat{w}_1 - \hat{w}_2)$ したがって $-\hat{a}_{2j} = -\theta_{1j}\sigma_j(\hat{w}_1 - \hat{w}_2)$ となり (2.18) が成立する。

$$\hat{w}_1 - \hat{w}_2 = \frac{1}{|\theta|}(\hat{p}_1 - \hat{p}_2) \tag{2.21}$$

となる。ここで $|\theta| = \theta_{11}\theta_{22} - \theta_{12}\theta_{21}$ であり $|\theta|$ の符号は $|A|$ の符号と同一である。ところで生産物価格は $p_1 = p_1^* = p_1^0$, $p_2 = (1+\tau)p_2^* = (1+\tau)p_2^0$ を満たすのであるから初期 $\tau = 0$ として $\hat{p}_1 = 0$ および $dp_2 = p_2 - p_2^0 = \tau p_2^0$ より $\hat{p}_2 = \tau$ となる。以上から

$$\begin{aligned}
\hat{R} = \hat{a}_{21} - \hat{a}_{22} &= -\theta_{11}\sigma_1(\hat{w}_2 - \hat{w}_1) + \theta_{12}\sigma_2(\hat{w}_2 - \hat{w}_1) \\
&= (\theta_{12}\sigma_2 - \theta_{11}\sigma_1)(\hat{w}_2 - \hat{w}_1) \\
&= -\frac{(\theta_{12}\sigma_2 - \theta_{11}\sigma_1)}{|\theta|}(\hat{p}_1 - \hat{p}_2) \\
&= \frac{(\theta_{12}\sigma_2 - \theta_{11}\sigma_1)}{|\theta|}\tau
\end{aligned} \tag{2.22}$$

が成立する。他方先の不等式 (2.15) の右辺は

$$\frac{p^* - R^0}{R^0} = \frac{p_1^*/w_2 a_{21}}{p_2^*/w_2 a_{22}} - 1 = \frac{\theta_{22}}{\theta_{21}} - 1 = \frac{|\theta|}{\theta_{21}}$$

であるから[4]、窮乏化成長を生ぜしめる関税率は

$$\hat{R} < \frac{|\theta|}{\theta_{21}} < 0$$

したがって

$$\frac{\theta_{12}\sigma_2 - \theta_{11}\sigma_1}{|\theta|}\tau < \frac{|\theta|}{\theta_{21}} < 0$$

を満足するものでなくてはならない。まず $\tau > 0$, $|\theta| < 0$ であるから

窮乏化成長が生ずるための必要条件は $\theta_{12}\sigma_2 - \theta_{11}\sigma_1 > 0$ である (Bertrand-Flatters[1]p.457)。さらに必要かつ十分条件が成立するための関税率は

---

[4] $|\theta|$ の定義および $\sum_i \theta_{ij} = 1$ より

$$|\theta| = a_{11}a_{22} - a_{12}a_{21} = (1 - \theta_{21})\theta_{22} - \theta_{21}(1 - \theta_{22}) = \theta_{22} - \theta_{21}$$

である。

$$\tau > \frac{|\theta|^2}{(\theta_{12}\sigma_2 - \theta_{11}\sigma_1)\theta_{21}} > 0 \qquad (2.23)$$

を満足しなければならない（Bertrand-Flatters[1]p.458）。

ところで (2.14′) より $\frac{dy}{dv_1} < 0$ の必要十分条件

$$\frac{a_{22}}{|A|}(p^* - p) + \frac{w_1}{p_2} < 0$$

を変形して

$$\frac{a_{22}}{|A|}p^*\left(1 - \frac{1}{1+\tau}\right) + \frac{w_1}{p_2} = \frac{a_{22}}{|A|}p^*\frac{\tau}{1+\tau} + \frac{w_1}{p_2} < 0$$

したがって $p_2 = (1+\tau)p_2^*$ より

$$\frac{a_{22}}{|A|}p_1^*\tau < -w_1$$

ところが $|A| < 0$ であるから

$$\tau > -\frac{|A|w_1}{a_{22}p_1^*} > 0 \qquad (2.14'')$$

が成立する。この条件と (2.23) との関連はどのようであろうか。明らかに (2.14″) は $|A| < 0$ のとき $R < p^*$ が成立しているとすれば関税率はどのような値をとらねばならないかを示しており，a_{ij} は p に対応した値である。他方 (2.23) は関税の存在しない状態を出発とし，したがって，a_{ij} は p^0 に対応しており，そこに関税を課した結果 p が低下し R が低下して $p < R^*$ となる条件を求めているのである。

4 実質所得への効果分析

この節では小国である自国が輸入財に関税を課した条件下で資本輸入および資本輸出を行った場合の実質所得への効果を分析する。

まず自国が資本を輸入する場合であり

$$w_1 > w_1^* \qquad (2.24)$$

と仮定しよう。Johnson のケースでは窮乏化成長が生ずるための必要十分条件は $R < p^*$, $|A| < 0$ であり, 必要条件は $|A| < 0$ すなわち成長により輸出財生産量が下落することであった。他方関税に誘発された資本流入の場合には以下の 4 種の要因が作用する (Bhagwati[2]pp.51-52)。

(i) 関税は生産者（企業）が直面する価格に歪みを生ずることにより実質所得を減ずるような費用を含んでいる。

(ii) 資本流入は関税を含む価格の下で成長要因となり, 実質所得の増加, 減少を意味する。

(iii) 関税は消費者が直面する価格に歪みを生ずることにより実質所得を減ずるような費用を含んでいる。

(iv) 資本流入の結果, 資本に対する報酬が海外へ流出する事態が生じ得る。これは関税を課した国にとって実質所得の減少となるような費用を含んでいる。

以上から関税に誘発された資本流入は Johnson のケースと比較してより緩い条件下で窮乏化的となろう。

さて先と同様に世界市場価格で評価し第 2 財で表示した自国の所得水準を y で表現すると

$$y = \frac{1}{p_2^*}(\sum_j p_j^* x_j - \hat{\pi}) \tag{2.25}$$

ここで $\hat{\pi}$ は自国に投下された外国資本が稼得する報酬を示している。これより

$$dy = p^* dx_1 + dx_2 - \frac{p_2}{p_2^*}(p dx_1 + dx_2)$$
$$= p^* dx_1 + dx_2 - (1+\tau)(p dx_1 + dx_2) = -\tau dx_2$$

初期に資本輸入はゼロとすれば $\hat{\pi} = d\hat{\pi} = \sum_j p_j dx_j$ は輸入資本の限界生産物価値であり, $w_1 dv_1$ に等しいと仮定する。したがって (2.9) より

$$\frac{dy}{dv_1} = \tau \frac{a_{21}}{|A|} \tag{2.26}$$

が成立する。資本の流入により $dv_1 > 0$, さらに $\tau > 0$ であるから $|A| \gtreqless 0$ にしたがって $\frac{dy}{dv_1} \gtreqless 0$ である。まず $|A| < 0$ したがって自国輸入財である第 2 財

が資本集約財であり，この意味で自国が労働豊富国とした場合，輸入関税下での微小な資本輸入は自国の実質所得を必ず低下させるのである。この条件は $|A|<0$ かつ $R<p^*$ の条件より緩いものである。この命題は，宇沢 [10]，浜田 [3]，[4] により示されたもので「宇沢・浜田命題」と呼ばれている。なお関税により $p<p^*$ でかつ $w_1<w_1^*$ は自国と外国の生産関数が同一と想定しても $|A|<0$ と両立し得ることに注意しよう。実際「宇沢・浜田命題」はヘクシャー・オリーン的モデルで生産関数の国際間同一性を仮定している。

他方 $|A|>0$ のケースでは輸入財が労働集約財でありこの意味で自国は資本豊富国である。このとき自国への資本輸入は自国の実質所得を増加させることとなるが，これは三辺 [7]，[8] により考察されている。なお $p<p^*$, $w_1>w_1^*$ でしかも $|A|>0$ と自国および外国での同一の生産関数の仮定は両立し得ない。したがって $|A|>0$ のケースでは国際間での生産関数の相違を前提としていることになる[5]。故に $|A|>0$ を扱った三辺ケースは厳密な意味ではヘクシャー・オリーンモデルではない。なお移動する資本量が微小でなく十分に大きな量の場合には $|A|<0$ であっても自国実質所得が増加することも示されている。

今度は自国が資本輸出国であると仮定する。このとき両国の資本報酬率は

$$w_1 < w_1^* \tag{2.27}$$

の関係を満たすものとしよう。まず先と同様に世界市場価格で評価し第2財で表示した自国所得水準を定義する。それは対外投資された自国資本が稼得する報酬を π として

$$y = \frac{1}{p_2^*}\left(\sum_j p_j^* x_j + \pi\right) \tag{2.28}$$

でありこの所得の変化は

$$dy = (p^* dx_1 + dx_2) + (p^* dx_1^* + dx_2^*) \tag{2.29}$$

で表現可能である。初期に資本輸出がゼロとすれば $\pi = d\pi = \sum_j p_j^* dx_j^*$ は輸出

---
[5] 小田 [9] をも参照。

された資本の限界生産物価値であり，$w_1^* dv_1^*$ に等しいとする。以下ではこの dy の符号を考察する。この式の右辺第一括弧は自国資本存在量の変化によって生ずる産出量変化に伴う所得への効果，第二括弧は資本が外国で稼得する報酬の所得への効果である。なお資本輸出のための正確な条件は

$$\frac{w_1}{p_2} < p\frac{dx_1^*}{dv_1^*} + \frac{dx_2^*}{dv_1^*} < p^* \frac{dx_1^*}{dv_1^*} + \frac{dx_2^*}{dv_1^*} = \frac{w_1^*}{p_2^*} \tquad (2.30)$$

である[6]。さて資本輸出の純効果を考えるのであるから $dv_1 + dv_1^* = 0$, $dv_1 < 0$ として (2.29) に (2.9)，(2.10) を代入したものが次の (2.31) である。すなわち

$$\begin{aligned} dy &= \left(p^* \frac{a_{22}}{|A|} - \frac{a_{21}}{|A|} \right) dv_1 + \left(p^* \frac{a_{22}^*}{|A^*|} - \frac{a_{21}^*}{|A^*|} \right) dv_1^* \\ &= \left\{ p^* - R - \frac{|A|}{|A^*|} \frac{a_{22}^*}{a_{22}} (p^* - R^*) \right\} \frac{a_{22}}{|A|} dv_1 \\ &= \frac{a_{22}}{|A|} \left\{ p^* - R - \frac{|A|}{a_{22}} \frac{w_1^*}{p_2^*} \right\} dv_1 \end{aligned} \tquad (2.31)$$

資本輸出国にとっては $dv_1 < 0$ であるから $|A| \gtreqless 0$ にしたがって

$$dy < 0 \Leftrightarrow \{\ \} \gtreqless 0 \Leftrightarrow p^* \gtreqless R + \frac{|A| w_1^*}{a_{22} p_2^*} \gtreqless R \tquad (2.32)$$

となる。ところが後に示すように $|A| < 0$ のケースは $dy < 0$ と両立し得ない。したがって窮乏化的資本輸出が生ずるための必要条件は，$|A| > 0$ でしかも国際価格 p^* がリプチンスキー線の傾きの絶対値 R より大であることである。

さて (2.11)，(2.12) を利用して (2.31) を変形すれば

$$\begin{aligned} dy &= \left\{ \frac{a_{22}}{|A|}(p^* - p + p - R) - \frac{a_{22}^*}{|A^*|}(p^* - R^*) \right\} dv_1 \\ &= \left\{ \frac{a_{22}}{|A|}(p^* - p) + \frac{w_1}{p_2} - \frac{w_1^*}{p_2^*} \right\} dv_1 \end{aligned}$$

---

[6] 正確には輸出資本の外国での限界生産物を自国価格で評価した価値

$$\sum_j p_j \frac{dx_j^*}{dv_1^*}$$

が自国での報酬 w_1 を超えることであろう。(2.30) より $(1+\tau)w_1^* - w_1 > 0$ が成立するが，これは $w_1 > w_1^*$ と両立し得る。なお Jones[6]pp.12-13 をも参照。

$$= \left\{ \frac{a_{22}}{|A|} p^* (1 - \frac{1}{1+\tau}) + \frac{1}{p_2^*} \left(\frac{w_1}{1+\tau} - w_1^* \right) \right\} dv_1$$

$$= \left\{ \frac{a_{22}}{|A|} p^* \frac{\tau}{1+\tau} + \frac{w_1 - (1+\tau)w_1^*}{p_2^*(1+\tau)} \right\} dv_1 \tag{2.33}$$

となる。ここで仮定により $w_1 < w_1^*$ より

$$w_1 - (1+\tau)w_1^* < 0 \tag{2.34}$$

であるため[7]$|A|<0$ であれば必ず $dy>0$ が成立する。なお $|A|<0$ でかつ両国生産関数の同一性を仮定すれば $p<p^*$ から $w_1 > w_1^*$ となって仮定の $w_1 < w_1^*$ と矛盾する。よって $|A|<0$ のケースでは両国生産関数が異なっていることを前提にしなければならない。以上要約すれば次のようになる。

〔命題1〕資本集約財を輸入している国が輸入財に関税を課している場合，この国が資本輸出を行えば，国際価格で評価し第2財で表示した当該国の所得水準は必ず上昇する。

さらに一般 (2.33) より

$$dy \gtreqless 0 \Leftrightarrow \frac{a_{22}}{|A|} p^* \frac{\tau}{1+\tau} \lesseqgtr -\frac{1}{(1+\tau)p_2^*}(w_1 - (1+\tau)w_1^*)$$

$$\Leftrightarrow \frac{1}{|A|} \gtreqless \frac{(1+\tau)w_1^* - w_1}{a_{22}p_1^*\tau} \equiv 1/q > 0 \tag{2.35}$$

が成立する。これより $|A|<0$ であれば $1/|A|<0<1/q$ であり，したがって常に $dy>0$ である。他方 $|A|>0$ のとき $|A| \gtreqless q \equiv \frac{a_{22}p_1^*\tau}{(1+\tau)w_1^*-w_1}$ にしたがって $dy \gtreqless 0$ が成立する。よって $0<|A|<q$ のとき $dy<0$，逆に $|A|<0$ および $q<|A|$ のとき $dy>0$ が成立する。以上を要約して

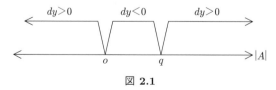

図 2.1

---
[7] 本節の注6を参照。

〔命題 2〕輸入関税を課している国の資本輸出が窮乏化的となるのは，資本輸出国が労働集約財を輸入しており，かつ両産業での資本労働比率が $0 < |A| < q \equiv \frac{p_1^* \tau a_{22}}{(1+\tau)w_1^* - w_1}$ を満たすときである。

以上資本輸入と資本輸出の実質所得への効果分析を要約したものが次表である。

集約性	$\|A\| > 0$ 輸入財が労働集約財	$\|A\| < 0$ 輸入財が資本集約財
資本輸入	生産関数が国際間で異なる $dy > 0$	$dy < 0$
資本輸出	$dy \gtreqless 0$	生産関数が国際間で異なる $dy > 0$

参考文献

[1] Bertrand, T. J. and F. Flatters, "Tariffs, Capital Accumulation and Immiserizing Growth," *Journal of International Economics*, Vol.1, No.4 (1971 Nov.) pp.453-460.
[2] Bhagwati, J. N., "The Theory of Immiserizing Growth; Further Application," in M. B. Connolly and A. K. Swoboda, eds, *International Trade and Money*, Gerge Allen & Unwin LTD, 1973, pp.45-54.
[3] 浜田宏一「国際貿易と直接投資の理論」『東洋経済』1971 年 2 月 5 日号，東洋経済新報社
[4] Hamada, K., "An Economic Analysis of the duty-free zone," *Journal of International Economics*, Vol.4, No.3 (1974 Aug.) pp.225-241.
[5] Johnson, H. G., "The Possibility of income losses from increased efficiency or factor accumulation in the presence of tariffs," *Economic Journal*, Vol.77, No.305 (1967 March) pp.151-154.
[6] Jones, R. W., "International Capital Movements and the Theory of Tariffs, and Trade," *Quarterly Journal of Economics*, Vol.81, No.1 (1967 Feb.) pp.1-38.
[7] 三辺信夫「資本および技術移動と経済厚生」『国際経済』日本国際経済学会，1974 年
[8] Minabe, N., "Capital and Technology Movement and Economic Welfare," *American Economic Review*, Vol.64, No.6 (1974 Dec.) pp.1088-1100.
[9] 小田正雄「窮乏化的資本輸入について」『経済論集』第 27 巻第 2 号，関西大学，昭和 52 年 6 月，pp.1-8.
[10] 宇沢弘文「資本自由化と国民経済」『エコノミスト』1969 年 12 月 23 日号，毎日新聞社，pp.106-122.

第 3 章

直接投資と
リカード貿易モデル
―小島理論について―

1　はじめに

　中国を含む東アジア諸国は，日本・米国・EU など投資国からの直接投資を受け入れており，直接投資が貿易に与える効果は，投資国および受入国にとって重要な関心事の一つである。この問題に対して，すでに 1970 年代より小島清教授により「小島理論」として積極的に議論がなされてきた。小島教授は，投資国から受入国への直接投資には，貿易への効果の違いにより「順貿易志向型直接投資」と「逆貿易志向型直接投資」の二つがあるとされ，投資国は前者の直接投資を行うことが望ましいと提言されている。本章は，直接投資に関する小島理論について，リカード貿易モデルの枠組みで検討を試みたものである。

　小島教授は，リカード貿易モデルを想定した次のような数値例 (1990, p.258) を用いる。直接投資前の 2 国の第 1 財と第 2 財の労働投入係数が，A 国と B 国でそれぞれ $(10l_a, 10l_a)$，$(30l_b, 20l_b)$ とする。この数字から各国の比較生産費は $(10/10 = 1 < 1.5 = 30/20)$ となり，A 国は第 1 財に B 国は第 2 財に比較優位をもつ。次に，A 国両産業が B 国への直接投資を自由化され，B 国内で潜在的な労働投入係数は $(24l_b, 6l_b)$ となったとする。B 国においては，直接投資前の産業より直接投資後の方が，絶対優位の状態になるとしているのである。この数字から得られる B 国の比較生産費 $(24/6 = 4)$ を「潜在的比較生産費」とよび，A 国の比較生産費 $(10/10 = 1)$ と比較することができる。よって，改めて，直接投資の投資国である A 国は第 1 財に比較優位を，直接投資の受入国である B 国は第 2 財に比較優位をもつことになる。以上の数値から，直接投資の受入によって受入国は比較生産費を一層強めることになり，直接投資は投資国の比較劣位産業で行われることが望ましいと小島理論は結論する。なぜならば，直接投資前の比較優位による貿易の流れを一層促進するからである。すなわち，投資国は順貿易志向型直接投資を実施することが望ましいというのである。もちろん小島教授は数値例に加えて理論的な議論を踏まえて小島理論を展開しておられる。

　われわれは，先ず第 2 節において，小島 (1990) と大山 (1990) の議論を参考にしながら，小島理論についてリカード貿易モデルを利用したより一般的な議論をする。すなわち，2 国 2 財のリカード貿易モデルを用いて，小島理論の核

第3章 直接投資とリカード貿易モデル—小島理論について—

心である「潜在的比較生産費」を導入し，直接投資の実現する産業と貿易の新しい比較優位構造を連動して決定することを明らかにする。第3節では，直接投資前後で比較優位は変わらない場合と逆になる場合，直接投資後で完全特化状態あるいは不完全特化状態になる場合と組み合わせて4つの可能性に分類し，2国2財1労働のリカード貿易モデルを用いて，交易条件，貿易量および厚生水準への影響について検討する。そして第4節では，小島理論をリカード貿易モデルを用いて批判した大山 (1990) とそれのリプライをした小島 (1990) について前述の議論を踏まえて整理する。そして第5節では，本章の要約と残された課題について述べる。

2 潜在的比較生産費と直接投資

2国（A国とB国）・2財（第1財と第2財）・1要素の完全競争市場を想定したリカード貿易モデルを考える。貿易前の各国は2財を生産し需給している。A国の各財の労働投入係数を $a_j(j=1,2)$，B国の各財の労働投入係数を $b_j(j=1,2)$ とするとき[1]，2国の比較生産費の関係は，A国が第1財にB国は第2財に比較優位をもつとして，

$$a_1/a_2 < b_1/b_2 \tag{3.1}$$

が成立していると仮定する。

直接投資とは，投資国におけるある産業の企業が，受入国の同じ産業の地元企業にはない経営資源をもっていることにより，投資国企業が受入国の地元企業を企業組織として組み込み，現地生産および販売を行うことによって企業利潤をもたらそうとすることをいう。これをモデル分析にどのように組み込むかは大きな課題とされてきた。出井 (1991a, b) は，リカード貿易モデルの枠組みで生産技術を表す労働投入係数を，Helpman and Krugman (1985) にならって本社サービスと工場プラントの2種類のタイプに区分し，直接投資は本社サービスの輸出ととらえ直接投資の分析を行った。本章では，大山教授も述べてお

---

[1] 労働投入係数は固定的と仮定する。なお，大山 (1990) で議論されているように (p.28)，同一国の企業は各財について固定費用的な労働投入も考慮した同一の生産関数をもち，平均費用が最低となる労働量から導出された労働投入係数であると考えることもできる。

れるように (1990),直接投資が稀少な経営資源の国際的再配分を伴うことなく実現すると考える.すなわち,投資国企業の生産効率が受入国地元企業の生産効率より高いときには,受入国へ企業進出することが利潤面で有利であるから,投資国企業は生産技術を含む技術を受入国に移転する.その結果,受入国の労働投入係数は従来の値より低くなる.直接投資を扱うのに別の方法もあると思われるが,直接投資の一次接近として有効と思われる.また,小島理論との関連で本章ではこのようなモデル化を採用することとする.よって,完全競争市場を仮定していることにより,投資国企業の生産技術を含む技術を導入しなかった地元企業は競争市場において淘汰され,投資国企業および生産効率を高めた地元企業のみが長期均衡を達成している.この場合,超過利潤はゼロとなり利潤の海外送金も存在しない.また,直接投資と述べているが,投資国企業がもつ技術が受入国企業に何らかの方法により技術移転され,受入国企業の労働投入係数が以前に比べて低くなったとする,いわゆる開発輸入などに見られる技術移転のケースもここに含めて考えることも本章では許されるであろう.

ここで,A 国の j 産業の企業が B 国の同じ産業に直接投資をして生産をしたときの潜在的な労働投入係数を a_j^* とし,B 国の従来の j 産業の地元企業の労働投入係数を b_j とするとき,

$$a_j^* \leq b_j \quad (j=1,2) \tag{3.2}$$

が成立し,直接投資前の従来の j 産業より,直接投資後の j 産業の方が絶対優位の状態にあるとする.なお,本章では,各国の労働は同質ではなく,各国の国内の労働投入係数 (a_j^* と b_j) は比較可能であるが,A 国と B 国の労働投入係数 (a_j と b_j,および a_j と a_j^*) の比較は不可能と仮定する.(3.2) 式の等号のときには,B 国の j 産業への直接投資が制度的な理由あるいは/および政策的な理由により,直接投資が行われないと考えることができよう.これについては (3.2) 式を議論するときに説明を加える.

(3.1),(3.2) 式を考慮するとき,図 3.1 を描くことができる.横軸には B 国の第 2 産業の労働投入係数 b_2 と a_2^* の値をとり,縦軸には B 国の第 1 産業の労働投入係数 b_1 と a_1^* の値をとる.なお,以下では,当該産業に属する企業の労働投入係数はすべて同じであるとして,産業の労働投入係数として述べること

第 3 章 直接投資とリカード貿易モデル—小島理論について—

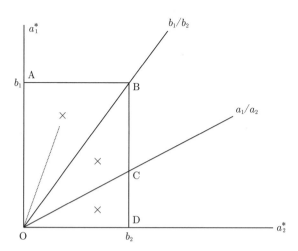

図 3.1 潜在的労働投入係数の点 (a_1^*, a_2^*) の位置に対応する潜在的比較生産費

とする。(3.1) 式の仮定より，原点から (b_1/b_2) と (a_1/a_2) の傾きをもつ直線を引くことができる。さらに，図 3.1 には，(3.2) 式を満たす点 (a_2^*, a_1^*) を示すことができる。1 産業のみ直接投資が自由化された場合には，点 (a_2^*, b_1) あるいは点 (b_2, a_1^*) によって示すことができる。

投資国 A から受入国 B への直接投資が自由化され，B 国における潜在的労働投入係数 a_j^* が図 3.1 の三角形 OAB の領域の点であるとき（ただし，線分 OA を除く），図 3.1 の点 O とその該当する点を結ぶ直線の傾きの値として，「潜在的比較生産費」(a_1^*/a_2^*) を求めることができる。このとき，潜在的比較生産費と (3.1) 式との関係は，

$$a_1/a_2 < b_1/b_2 < a_1^*/a_2^* \tag{3.3}$$

のようになる。また，点 a_j^* が図 3.1 の三角形 OBC の領域の内点であるとき，潜在的比較生産費を含む (3.1) 式との関係は，

$$a_1/a_2 < a_1^*/a_2^* < b_1/b_2 \tag{3.4}$$

となる。ここでの「潜在的比較生産費」は，小島教授がはじめて導入された概

念であり，そのまま採用している。

(3.3) 式および (3.4) 式より，投資国 A から受入国 B への直接投資が可能なとき，A 国は第 1 財に B 国は第 2 財に比較優位をもち，直接投資前と同じ比較優位構造が成立する。しかし，(3.2) 式にしたがって投資国 A の 2 産業の直接投資が潜在的に可能であっても，(3.3) あるいは (3.4) のいずれかによって，直接投資受入国 B において，国内生産が実現するのは比較優位産業である第 2 産業のみとなる[2]。これは，直接投資前の受入国の比較優位にしたがう貿易の流れを促進する直接投資という意味において，小島理論でいう「順貿易志向型直接投資」の実現ということができよう。

なお，図 3.1 の点 B と点 C を含まない線分 BC 上に点 (b_2, a_1^*) があるとき，(3.4) の関係が成立する。受入国 B は相変わらず第 2 産業に比較優位をもつが，$a_2^* = b_2$ であることから，投資国 A から受入国 B への第 2 産業への直接投資のインセンティブは起きない。すなわち，受入国が完全特化状態のときには，直接投資がない場合と同じ国内生産の実現となることが確認できる[3]。

次に，投資国 A から受入国 B への直接投資が行われて，点 (a_2^*, a_1^*) が図 3.1 の三角形 OCD の領域の内点であるとき（ただし，点 C および点 D を除く線分 CD を含む），潜在的比較生産費と (3.1) 式との関係は，

$$a_1^*/a_2^* < a_1/a_2 < b_1/b_2 \tag{3.5}$$

となる。投資国 A から受入国 B への直接投資は，2 国間の比較優位構造を逆転させ，A 国は第 2 財に B 国は第 1 財に比較優位をもつようになる。よって，(3.2) 式にしたがって投資国 A の 2 産業の直接投資が潜在的に可能であっても，直接投資受入国 B において，直接投資による国内生産が実現するのは新しく比較優位産業となる第 1 産業のみである。これは，直接投資前の比較優位にしたがう貿易の流れを促進しない直接投資であることから，小島理論でいう「逆貿易志向型直接投資」の実現ということができよう。

---

[2] (3.3) あるいは (3.4) 式の場合，受入国 B が直接投資により不完全特化状態になるとき，2 産業への直接投資が実現するが，受入国の比較優位構造は不変である。
[3] ただし，受入国が不完全特化状態にあるときには，第 1 産業の直接投資受入れのみが可能な場合もある。

第 3 章 直接投資とリカード貿易モデル—小島理論について—

最後に，潜在的比較生産費 (a_1^*/a_2^*) が (a_1/a_2) に等しくなる場合には，

$$a_1^*/a_2^* = a_1/a_2 \tag{3.6}$$

となり，比較優位は消滅し，貿易パターンは不決定となる。(3.2) 式が成立することから，投資国 A から受入国 B への 2 産業の直接投資のインセンティブは存在する。その結果，受入国 B の潜在的比較生産費は投資国 A の比較生産費と同一となり，両国は不完全特化状態となり，貿易は需給バランスを調整する形で行われる。

(3.1) 式と (3.2) 式を仮定し，点 (a_2^*, a_1^*) が図 3.1 のどの領域に位置するかによって，実現する直接投資および新たな比較優位構造にもとづく貿易の流れが決まることが以上の議論から明らかになる。すなわち，直接投資の実現する産業と貿易の新しい比較優位構造との連動が示された。しかしながら，その結果は方向のみを示すにとどまっており，さらに直接投資後に受入国が完全特化状態にあるときに主に対応するが，受入国が不完全特化状態になるときには別の結果が追加されることになる。そのため，次節においては，2 国 2 財 1 労働のリカード貿易モデルを explicitly に用いることにより，完全特化状態と不完全特化状態の区別をし，直接投資前後の自由貿易均衡の交易条件・貿易量・厚生水準の変化について，さらに詳しくみてゆく必要がある。

3 交易条件，貿易量および厚生水準の変化

直接投資前に両国は (3.1) 式の制約の中にあり，A 国と B 国の労働賦存量は (L, L^*) であり，A 国 (B 国) の 1 労働所得稼得者は，第 1 財に対して所得 $w(w^*)$ の $c(c^*)$ $(0 < c, c^* < 1)$ の一定割合で支出すると仮定する。よって，労働者の厚生水準を表す効用関数はコブダグラス型で表すことができる[4]。

池間 (1979) の議論にあるように，(3.1) 式が満たされているとしても，両国とも完全特化の状態になるとは限らず，一方国が不完全特化の状態で他方国が完全特化の状態になる貿易均衡が成立することもありうる。ここでは，直接投資

---
[4] ここでのリカード貿易モデルでのヌーメレールは投資国 A の労働とする。よって，$w = 1$ となっている。コブダグラス型の効用関数から，$U = K(w/p_1)P^{1-c} = K(w/p_2)P^{-c}$，ところで $K = c^c(1-c)^{1-c}$，そして $P = p_1/p_2$，である。

がない場合の貿易均衡では，両国は完全特化の状態にあると仮定する．よって，

$$a_1/b_1 < \{(1-c)/c^*\}(L/L^*) < a_2/b_2 \tag{3.7}$$

が成立する．この貿易均衡における各財の国際価格を (p_{10}, p_{20}) と表し，第2財で表した第1財の国際相対価格 $P_0 = p_{10}/p_{20}$ は

$$P_0 = \{c^*/(1-c)\}(a_1/b_2)(L^*/L) = (c^*L^*/b_2)/\{(1-c)L/a_1\} \tag{3.8}$$

となる．

次に，投資国 A から受入国 B への直接投資の可能性を考慮した貿易均衡を見る．そのときの各財の国際価格を (p_{11}, p_{21}) と表し，第2財で表した第1財の国際相対価格を P_1 とする．直接投資の自由化により受入国の生産フロンティアは外側に拡大するが，投資国 A および受入国 B への経済効果には異なった結果 (A)〜(D) が得られる．

表 3.1 は，本節での結果を予めまとめて示したものである．表の (A)〜(D) は以下の議論の (A)〜(D) に対応している．また (・・・) の各項目の符号は，直接投資前に比べて直接投資後の方が大きいときには (+)，小さいときには (−)，大小が確定しないときには (?) でもって表している．(・・・) の各項目の順は，投資国 A の厚生水準・受入国 B の厚生水準・第2財で表した第1財の国際相対価格・投資国 A の輸入量である．

(A) $a_1/a_2 < a_1^*/a_2^*$ で，貿易均衡が両国とも完全特化の状態を保つとき：直接

表 3.1 直接投資前に両国が完全特化状態にあるときの効果

	$a_1/a_2 < a_1^*/a_2^*$	$a_1^*/a_2^* < a_1/a_2$
両国完全特化の状態	(A)	(C)
$P_1 > P_0$ のとき	(＋＋＋＋)	なし
$P_1 < P_0$ のとき	なし	(？＋−？)
	$a_1/a_2 < a_1^*/a_2^*$	$a_1^*/a_2^* < a_1/a_2$
受入国 B が不完全特化状態	(B)	(D)
$P_1 > P_0$ のとき	(＋＋＋＋)	なし
$P_1 < P_0$ のとき	(−＋−−)	(？＋−？)

投資後の A 国は第 1 財に B 国は第 2 財に比較優位をもち，かつ $(1-c)L/a_1 > c^*L^*/a_1^*$ を満たすとき，貿易が行われれば両国は完全特化の状態で，投資国 A の比較劣位産業である第 2 産業のみ直接投資を実現する。$P_1 = \{c^*/(1-c)\}(a_1/a_2^*)(L^*/L) = (c^*L^*/a_2^*)/\{(1-c)L/a_1\} > P_0$，となり，投資国 A の交易条件は有利化し，受入国 B の交易条件は不利化する。このとき，投資国 A の第 1 財の輸出量はコブダグラス型効用関数の性質から不変であるが，受入国 B の第 2 財の輸出量すなわち投資国 A の第 2 財輸入量は増加する。さらに，添え字の 0 は直接投資前の貿易均衡のときの厚生水準 U_0 を，添え字の 1 は直接投資後の貿易均衡のときの厚生水準 U_1 を表し，受入国 B の厚生水準には星印 * を付けて投資国 A にはそれを付けず区別する。このとき，

$$U_1/U_0 = (b_2/a_2^*)^{1-c} > 1, \qquad U_1^*/U_0^* = (b_2/a_2^*)^{1-c^*} > 1$$

が得られて，直接投資は両国の厚生水準を高めることになる。

(B) $a_1/a_2 < a_1^*/a_2^*$ で，貿易均衡が受入国 B で不完全特化の状態になるとき：$(1-c)L/a_1 \leq c^*L^*/a_1^*$ を満たすとき，受入国 B は不完全特化の状態になり，投資国 A の比較優位産業である第 1 産業の直接投資も第 2 産業の直接投資とともに実現する。そのときの国際相対価格 P_1 は，$P_1 = a_1^*/a_2^*$ であり，P_0 との大小関係は確定しない。$P_1 > P_0$ であれば，投資国 A の交易条件は有利化し，受入国 B の交易条件は不利化する。投資国 A の第 1 財の輸出量は不変であるので第 2 財の輸入量は増加する。厚生水準は同様の手続きで計算をすると，

$$U_1/U_0 = (P_1/P_0)^{1-c}$$
$$U_1^*/U_0^* = (b_2/a_2^*)^{1-c^*}[(c^*L^*/a_1^*)/\{(1-c)L/a_1\}]^{c^*} > 1$$

が得られ，投資国 A では厚生水準は高まる。逆に，$P_1 < P_0$ であれば，交易条件は投資国 A で不利化し，受入国 B で有利化する。投資国 A の第 1 財の輸出量は不変であるが第 2 財の輸入量は減少する。さらに投資国 A の厚生水準は低くなる。他方受入国 B では，交易条件に関係なく厚生水準を高める。以上 (A) (B) の議論より，受入国 B は直接投資によって特化状態に関係なく，潜在的比較生産費 (a_1^*/a_2^*) が投資国 A の比較生産費 (a_1/a_2) より大である限り，厚生水

準を高めることになる。他方，投資国 A にとっては，直接投資前の交易条件に比べて交易条件の有利化不利化に依存して厚生水準が高くなったり低くなったりする。

(C) $a_1^*/a_2^* < a_1/a_2$ で，貿易均衡が両国とも完全特化の状態にあるとき：貿易パターンは逆転する。しかも直接投資後も両国は完全特化の状態ならば，$(1-c^*)L^*/a_1^* > cL/a_1$ でかつ $(1-c^*)L^*/a_2^* < cL/a_2$ を満たし，第 1 産業の直接投資が受入国 B で実現する。第 2 財で表した第 1 財の国際相対価格 P_1 に関して，

$$a_1^*/b_2 < a_1^*/a_2^* < P_1 = (cL/a_2)/\{(1-c^*)L^*/a_1^*\} < a_1/a_2 < P_0 < b_1/b_2$$

が得られる。貿易パターンが逆転するため，交易条件の議論は不可能になる。また，直接投資前後の貿易量の変化方向も確定しない。さらに，厚生水準については，

$$U_1/U_0 = (a_1/a_2)[P_1^{-c}]/[P_0^{1-c}]$$
$$U_1^*/U_0^* = (b_2/a_1^*)[P_1^{1-c^*}]/[P_0^{-c^*}] = (b_2/a_1^*)P_1(P_0/P_1)^{c^*} > 1$$

で，投資国 A の厚生水準の変化方向は確定しないが，受入国 B の厚生水準は高まる。

(D) $a_1^*/a_2^* < a_1/a_2$ で，受入国 B は不完全特化の状態になるとき：(C) と同様に貿易パターンは逆転している。第 2 財で表した第 1 財の国際価格 P_1 は $P_1 = a_1^*/a_2^* < a_1/a_2 < P_0 < b_1/b_2$ であり，直接投資前の完全特化の条件と直接投資後の不完全特化の条件として，$c^*L^*/b_2 > (1-c)L/a_2$ と $(1-c^*)L^*/a_2^* > cL/a_2$ が得られるが，貿易量および厚生水準の変化は (C) と同様に，受入国 B の厚生水準以外は明確な変化方向を確定することはできない。厚生水準についてみてみると，

$$U_1/U_0 = (a_1/a_2)[P_1^{-c}]/[P_0^{1-c}], \quad U_1^*/U_0^* = (b_2/a_2^*)(P_0/P_1)^{c^*} > 1$$

である。以上，(C)(D) のように貿易パターンが逆転するほどに，投資国 A か

ら受入国Bへの第1産業の直接投資のインパクトが相対的に大きいとき,受入国Bが完全特化の状態になろうが不完全特化の状態になろうが,第1財の世界生産量は増加するから,第1財の国際相対価格は一層の下落をもたらし ($P_1 < P_0$),受入国Bの厚生水準は上昇するという明確な結果が得られる。しかしながら,投資国Aの厚生水準の変化については明確な変化を確認することはできない。

さて,直接投資は貿易に与える効果によって2つのタイプに分類される。

[定義:直接投資の分類] もし投資国の貿易の流れを促進するように直接投資が実現するならば,それを「順貿易志向型」といい,投資国の貿易の流れを促進しないように直接投資が実現するならば,それを「逆貿易志向型」という。

この定義にしたがえば,(A) および (B) の $P_1 > P_0$ の場合には,投資国Aの直接投資は「順貿易指向型」ということができる。他方,(B) の $P_1 < P_0$ の場合および (C),(D) の場合には投資国Aの直接投資は「逆貿易指向型」ということができる。(C),(D) についてであるが投資国の貿易の流れが逆の流れになるということで「逆貿易指向型」として扱うのが妥当である。

4 小島論文 (1990) と大山論文 (1990) について

4.1 小島論文と小島理論について

直接投資に関する小島理論には,比較生産費と比較利潤率の対応原理の議論が登場してくるが,ここでは完全競争下のリカード貿易モデルを扱っていることもあり,比較利潤率に関する議論はない。その意味では,小島理論といってもリカード貿易モデルの枠組の中という限定的な範囲にとどまっている[5]。さて,ここでは,1990年の大山論文へのコメントとして書かれた小島教授の議論の中で,これまでの議論の展開で関係する点について議論する。

小島 (1990) では,直接投資前のA国とB国の比較生産費と直接投資後のB国の潜在的比較生産費は第1節に引用した数値で示され,これを小島ケースとし,順貿易志向型直接投資の例示としておられる。確かに小島ケースは (3.3) の

---

[5] リカード貿易モデルに直接投資の議論を積極的に持ち込んだ論文に,出井 (1991a, b) 論文,Itaki (1992) がある。

ケースであり，表3.1 にみるように，両国の厚生水準を一般に上昇させる。投資国 A の輸入量は増加することから順貿易志向型直接投資といえる。他方，小島教授が数値例で大山ケースとしているケースは，(3.6) のケースに該当する。大山教授は「国際的な技術移転が何の障害もなく完全に実現可能なとき」と述べておられる。小島教授はこのケースはむしろ特殊なケースと考えておられるようである。われわれの議論では，2 つのケースはいずれも起こりうる可能性のうちの一部にすぎないと位置付けている。

さらに，「小島基準」と「直接投資の分類」の関係について述べる。投資国 A の比較生産費と受入国 B の潜在的比較生産費の大小による直接投資の選別は，「小島基準」という名称を付けることも許されよう。この基準によれば，投資国 A の比較生産費に比べて受入国 B の潜在的比較生産費が小さい産業への直接投資が同時に受入国の輸出産業として実現する。完全特化の場合にはその産業のみの国内生産が，不完全特化の場合には輸入競争産業の国内生産も実現する。これに関して，本章では直接投資が順貿易志向型か逆貿易志向型かを，直接投資前の比較優位にしたがう投資国 A の貿易の流れが，直接投資によりに促進されるか否かによって定義した。

そこで，直接投資後の受入国 B が完全特化状態にある場合には，受入国 B で比較優位産業となる輸出産業への直接投資のみが実現する。貿易パターンが逆転しないときには順貿易志向型，貿易パターンが逆転するときには逆貿易志向型の直接投資ということができ，小島基準と直接投資の分類は対応している。しかしながら，直接投資によって受入国 B の経済規模が拡大して不完全特化状態にある場合には，受入国 B で比較優位産業となる輸出産業への直接投資のみでなく，比較劣位産業となる輸入競争産業への直接投資も実現する。貿易パターンが逆転するときには，逆貿易志向型となるが，貿易パターンが逆転しないときには，場合によって順貿易志向型あるいは逆貿易志向型の直接投資が起きることになる。小島基準と直接投資の分類はうまく対応しないケースがでてくることが指摘できる。

最後に，「直接投資の小島理論」は，投資国の直接投資後の比較劣位産業から，受入国の比較優位産業への受け入れによる順貿易志向型直接投資が望ましいこ

第3章　直接投資とリカード貿易モデル—小島理論について—

とを結論としてもっている[6]。なぜ順貿易志向型直接投資が望ましいのか。直接投資がどの産業で自由化されようと世界の生産フロンテイアは拡大する。順貿易志向型直接投資の場合には表3.1が示すように，投資国Aの厚生水準は高まるが，逆貿易志向型直接投資の場合には投資国Aの厚生水準は減少するか不明になる。このことから，「小島理論」は投資国Aの立場からの主張と理解することもできる。しかしながら，順貿易志向型直接投資の場合には受入国Bの厚生水準も高くなるので，一概に投資国Aの立場からの主張だと決め付けることはできない。両国とも厚生水準が高くなるならば，順貿易志向型直接投資は両国にとって推奨されるということもできる。他方，逆貿易志向型直接投資の場合には，投資国Aにとっては良い結果は得られないが，受入国Bの厚生水準は高まる結果がえられる。このことから，逆貿易志向型直接投資は，投資国Aにとっては推奨される直接投資ではないが，受入国Bにとっては順貿易志向型とともに推奨される直接投資であるということができる。われわれは以上の議論から順貿易志向型と逆貿易志向型のうちどちらが望ましいかという議論はあまり実り多い議論とはいえないと考える。どういうタイプの直接投資が実現するかは，直接投資による受入国へのインパクトの程度と市場のメカニズムによって決定されるものと理解すべきである。ただし，順貿易志向型直接投資が望ましいとする小島理論の主張点を批判することよりは，直接投資の実現する産業と新しい貿易の比較優位構造が潜在的比較生産費を通じて連動して決定されるところに小島理論の核心を見出すことの方が重要であると考える。

---

[6] 厳密にいえば，順貿易志向型直接投資といった場合，第2産業のみの直接投資が望ましいという結論が得られるのではなく，不完全特化状態の場合には受入国の比較劣位産業への直接投資も同時に行われていることも無視できない。小島教授は，論文の「結び」(p.272)の最後に，「貿易を拡大する方向に，一産業にのみ対外企業進出するのが，投資国，受入国双方にとって有利だということになるはずである。これが私の順貿易志向的DFIなのである。」と述べておられるが，表3.1のように，両産業を受け入れる不完全特化状態においても両国の厚生水準は高まると同時に，順貿易志向型直接投資というケースがありうる。よって，直接投資を実現するのは1産業のみと限定する必要はない。もちろん，この場合には直接投資後の輸出産業は第2産業のままである。

4.2 大山論文について

　大山論文は小島理論についてリカード貿易モデルを用いて議論を展開し，順貿易志向型直接投資が望ましいという小島理論の主張点を批判した．小島理論の核心について，順貿易志向型直接投資は投資国にとって厚生増大的であり，逆貿易志向型直接投資は投資国にとって厚生減少的であるとし，投資国の国益を基準とすれば，小島理論の妥当性は高いが，受入国の国益や世界全体の資源配分を基準とすれば一般に成立しないと大山教授はコメントをしておられる．順貿易志向型直接投資はわれわれの結果では投資国と受入国双方の厚生水準を高めるという結果を得ている．これに対して，大山教授は，窮乏化成長のケースをあげ，受入国が直接投資によって経済拡張したとしても厚生水準を低下させる場合があることを理由に，順貿易志向型は投資国にとっては望ましいが，受入国にとっては望ましいとは限らないとして順貿易志向型に消極的な見解を示された．われわれが用いたコブダグラス型効用関数ではこのケースは排除されているからというわけではないが，窮乏化成長のケースは special case であると考える．よって順貿易志向型は一般には両国の厚生水準を高めることから，世界全体からみても望ましいといえよう．さらに，逆貿易志向型直接投資は，受入国の厚生水準を高めるが，投資国の厚生水準を常に低めるとはいえず，貿易パターンが逆転するときには不明という結果を得ている．よって，逆貿易志向型直接投資も投資国にとって厚生減少的と断定するのはきつ過ぎるように思われる．

　大山教授が順貿易志向型直接投資として図例で示しているケースは，$a_1^* = b_1$, $a_2^* < b_2$ の場合である．われわれの図3.1では，点Aと点Bを除く線分AB上の点 (b_1, a_2^*) であり，投資国Aの比較劣位産業であり，受入国Bの比較優位財産業である第2産業のみの直接投資が自由化されかつ実現していると理解でき，(3.3)式に対応し，受入国は第2財に完全特化するケースとなる．

　他方，大山教授が逆貿易志向型直接投資として図例で示しているケースは，$a_1^* < b_1$, $a_2^* = b_2$ の場合である．われわれの図3.1では，点Bと点Cを除く線分BC上の点 (a_1^*, b_2) であり，しかも直接投資後では受入国Bは不完全特

第 3 章　直接投資とリカード貿易モデル—小島理論について—

化状態にあり，第 1 産業のみの直接投資が実現しているケースとなる[7]。この
ケースはわれわれの (3.4) に対応するケースである。しかし，(3.4) を満たす図
3.1 の三角形 OBC の内点の場合には，受入国 B の 2 つの産業への直接投資も
可能であるけれども，潜在的比較生産費を介することによって，受入国 B が完
全特化の状態になるときには，第 2 産業への直接投資のみ実現し，受入国 B が
不完全特化の状態になるときには，両産業の直接投資が実現することになる。
したがって，大山教授が例示するケースは，本来なら第 2 産業への直接投資も
実現するはずであるが，制度的および政策的な事情で第 2 産業の直接投資は実
現できず，不完全特化の状態で輸入競争産業である第 1 産業のみが直接投資を
実現できたという special case であるといえる[8]。この場合には，(3.4) と不完
全特化の条件が成立し，$P_0 > P_1$ となり，直接投資後の第 1 財国際相対価格は
低下することがわかる。各国の厚生水準の変化は，$U_1/U_0 = (P_1/P_0)^{1-c} < 1$，
$U_1^*/U_0^* = (P_0/P_1)^{c^*} > 1$ より，投資国 A で低下し受入国 B では上昇すること
がわかり，表 3.1 の結果と一致する。交易条件の不利化を通じて投資国 A の第
2 財輸入量は減少することからも逆貿易志向型直接投資であることに間違いな
い。これに関連して，小島教授のコメント (1990, pp.267-270) に触れておきた
い。① $a_1/a_2 < P_0 < a_1^*/b_2 < b_1/b_2$ で完全特化の場合には，第 1 産業の直接
投資は実現しない。よって直接投資前の貿易均衡がそのまま実現する。②第 1

---

[7] もちろん，労働投入係数 a_1^* が十分に小さいときには，図 3.1 の点 C と点 D を除く線分
CD 上の点となり，貿易パターンが逆転する可能性もあるが，ここではこれについては言
及しない。

[8] 大山教授は，直接投資前の自由貿易均衡を出発点として投資国 A の進出企業が直接投資の可
能性を予想すると論文 (1990) で想定しておられる。そして，逆貿易志向型直接投資の議論
において投資国 A の第 1 産業の進出企業が受入国 B で正の利潤が得られる条件から，(3.15)
式を導いておられる (1990, p.32)。この式をわれわれの記号で表せば，$P_0(1/a_1^*) > 1/b_2$
であり，次式の P_0 の右辺を代入して式を整理すると，同じく次式にある受入国 B の不
完全特化の条件式が得られる。すなわち，われわれの (3.2) 式にあたる (3.14) 式に加えて
(3.15) 式が自由貿易均衡において充たされているとして示されているのは，逆貿易志向型
直接投資として第 2 財産業ではなく第 1 産業のみの直接投資を実現するためには受入国 B
が不完全特化の状態になっていることが必要であり，その条件として (3.15) 式が関係して
いると理解できる。なお，両産業の直接投資の可能性を考えるならば，大山教授より一般
的な議論が可能となる。

産業のみの直接投資が実現するには，上述したように不完全特化の状態にならねばならない。その場合には，$P_0 > P_1$ が成立する。$P_0 = P_1$ の状態はありえない。③ $a_1^*/b_2 < a_1/a_2$ の可能性もあるので，$a_1^*/b_2 = a_1/a_2$ であることが，技術移転に何の障害もない場合かどうかは不明である。

最後に，$a_1/a_2 = a_1^*/a_2^*$ のケースについて議論をする。この状態にあるとき，受入国 B の生産フロンティアは両財において外側に拡大する。図 3.1 では，点 O と点 C を除く，線分 OC 上の点において実現していると理解できる。われわれは，各国における労働投入係数の比較は可能であるが，相手国の労働投入係数との比較はできないと仮定している。よって，投資国 A の技術移転に何の障害もない場合には，大山教授のように，$a_j^* = a_j$ となることを想定することはできない。よって，このケースは企業進出が可能な場合の直接投資の収束先としてみることはできない。むしろ例外的に起きるにすぎないケースとみることができる。

5　結び

本章のまとめと残された課題について述べて結びとしたい。直接投資は投資国による順貿易志向型直接投資が望ましいという「小島理論」についてリカード貿易モデルを用いて検討した。

(1) 従来の直接投資理論の議論は，投資国のある産業の企業が受入国の同じ産業の企業よりも絶対優位であることを条件に，直接投資が実施されるとして議論が展開され，それが投資国と受入国の貿易パターンにどのような影響を及ぼすかについては，二次的な議論として追加されるにすぎなかった。これに対して，小島理論は，直接投資がなされたときの「潜在的比較生産費」という概念を導入することによって，潜在的比較生産費の値から直接投資が実現可能な産業の選別が行われ，それと同時に新しい貿易の比較優位構造が連動して決定されることを明らかにしてくれる。これは，小島理論の核心であり重要な貢献である。さて，直接投資の自由化により，世界の生産フロンティアは拡大する。

(2) その場合に，直接投資前後で比較優位は変わらず，完全特化状態も維持されるとき，直接投資は順貿易志向型となる。この場合には，両国にとって厚生水準が高まることを意味し，投資国は直接投資前の比較劣位産業を直

接投資することが望ましいという「小島理論」をサポートする結果を得る。
(3) しかしながら，直接投資前後の比較優位は変わらないが，直接投資後には受入国が不完全特化状態になる場合には，(2) の結果は得られない場合がある。
(4) 潜在的比較生産費の値によっては，貿易パターンは逆転し，受入国Bの直接投資受入産業の主力が第1産業に変更されることが起きる。これも逆貿易志向型直接投資とみることができる。

さて，「直接投資の小島理論」といっても，本章はリカード貿易モデルの範囲の議論に限っている。これを，2国2財2要素モデルに拡張し，より一般的な議論が可能かについて検討を加える仕事が残されている。その場合には，潜在的比較生産費に加えて比較利潤率との関係も加わってくることが予想される。

参考文献
[1] 出井文男 (1991a),「技術格差と多国籍企業——絶対優位が対称な場合——」『多国籍企業と国際投資』第2章，東洋経済新報社
[2] 出井文男 (1991b),「全般的技術優位と多国籍企業」『多国籍企業と国際投資』第3章，東洋経済新報社
[3] Helpman, E. and P. A. Krugman (1985), *Market Structure and Foreign Trade: Increasing Returns*, Imperfect Competition, and the International Economy, The MIT Press.
[4] 池間誠 (1979),『国際貿易の理論』ダイヤモンド社
[5] Itaki, M. (1992), "The International Rent & the Comparative Advantage Theory of Foreign Direct Investment in a Simple Ricardian Model,"『立命館国際研究』第4巻第3号，立命館大学
[6] 小島清 (1985),『日本の海外直接投資——経済学的接近——』文眞堂
[7] 小島清 (1990),「海外直接投資のマクロ効果——大山教授の批判に答う——」池間・池本編『国際貿易・生産論の新展開』第13章第3節，文眞堂
[8] 小島清 (2003),「貿易・直接投資の小島命題——PROT-FDI 対 ANT-FDI——」『駿河台経済論集』第12巻第2号，駿河台大学
[9] 大山道広 (1990),「直接投資と経済厚生——小島理論をめぐって——」池間・池本編『国際貿易・生産論の新展開』第2章，文眞堂
[10] 寺町信雄・林原正之 (2002),「直接投資とリカード貿易モデル——小島理論について——」DISCUSSION PAPER SERIES, No.CHINA-03, 京都産業大学大学院オープンリサーチセンター

第4章

数量制約理論と変動相場制

1 はじめに

　市場における不均衡が価格による調整によって速やかに解消されて均衡が達成されると想定したワルラス的モデルを一般化し，価格調整が種々の理由により緩慢であると想定しよう。その場合には主体は取引において数量制約を被り，それが需要・供給関数に独立変数として現われるならば，非ワルラス均衡，あるいは数量制約を伴う一時均衡が出現し得る。この種の理論の封鎖経済における，合成財，労働，貨幣を含むマクロモデルは Barro and Grossman (1971), Malinvaud (1977) などによって展開された。そのモデルはワルラス的均衡と同時にそれとは異なる特徴を有する複数種類の非ワルラス均衡（有効均衡）を統一的に分析可能な枠組みを提供した。また政策的観点から興味深いことは，政策決定者は政策目標の達成に際し，有効均衡がどの領域に属しているかの情報を得る必要があり，さらに各領域での適切な政策手段を選択しなければならない。先のモデルはこの場合にも参照基準のいくつかを提供可能である。以上の類のモデルを開政経消に拡張したものとして，小国ケースでは Cuddington (1980), Dixit (1978), Johansson and Lofgren (1980), Liviatan (1979), Neary (1980), Steigum (1980) など，2 国モデルとしては Dixit and Norman (1980), Laussel and Montet (1983), Schittko and Eckwert (1983) などがある[1]。

　本章では，国際マクロ経済学における以下のものと関連する論点の分析を行うものである。すなわち

(1) 国際収支・為替レート調整における非貿易財の役割
(2) 数量制約下での主体の行動と市場での均衡
(3) 国際収支・為替レート決定に関する異時点間での選択分析，あるいは一時均衡の方法
(4) 貨幣に対する取引制約による需要の重視
(5) 変動為替レート制度下での国際資本移動の重視

　さて本章の目的は次の二つである。第一は，非貿易財，貿易財，貨幣を含む小国経済モデルにおいて，非ワルラス均衡（数量制約を伴う一時均衡）領域で

---

[1] これらの文献に関しては次の拙稿を参照。「非貿易財と貿易収支—非ワルラス均衡分析—」『経済と経営』15 巻 3 号，1984 年 12 月

の平価変更が貿易収支にもたらす効果分析を行った Neary モデルを拡張することである。そこでは，古典的失業領域を除いて一般的に平価切下げの貿易収支への比較静学分析の結果は，その定性的方向が不確定であるとの結論が得られている[2]。そこで本章では伝統的な「為替安定分析」，「為替切下げ分析」の議論に拠りながら，仮に，Neary モデルを変動為替レート制度モデルに変更し，そこでの均衡がある種の市場調整メカニズムを想定して安定的であるならば，平価変更の貿易収支への効果分析において確定した結論が得られるか否かを検討する。変動為替レート制度下で，外国為替市場では価格調整機能が，非貿易財，労働市場では数量（制約）調整機能が作用するとして，均衡が安定的であるならば，固定為替レート制度下での平価切下げが貿易収支を改善することが示される。

第二に，Cuddington 等の分析の検討である[3]。彼らのモデルは Neary モデルの一拡張であり，特に貨幣以外に非貨幣金融資産である国際間を取引される1種類の債券を含む。さらに財・サービスの期間内取引に際し貨幣が必要とされ，しかもそれが買手国通貨として準備されねばならないと想定される (B-System)[4]。取引動機により貨幣が需要され，価値貯蔵手段として債券が需要され，金融資産市場が期首に開設され瞬時にそこでの取引が実行されるとする。以上の想定下で，公開市場操作，賃金政策，2種の財政政策が国民所得水準，為替レート水準，貿易収支などへ与える比較静学分析がなされる。しかも比較静学分析の結果が，支払通貨の種類には依存しないと主張されている。

---

[2] Neary, J.P., "Non-Traded Goods and Balance of Trade in a Neo-Keynsian Temporary Equilibrium," *Quarterly Journal of Economics*, Vol.95, No.3, 1980 November, pp.403-429.

[3] Cuddington, J.T., *A Fixed-Price Trade Model with Perfect Capital Mobility: Fixed versus Flexible Exchange Rates*, Seminar Paper No.239, Institute for International Economic Studies, University of Stockholm, 1983. および Cuddington, J.T., P.O. Johanson and K.G. Löfgren, *Disequilibrium Macroeconomics in Open Economies*, Oxford, Basil Blackwell 1984, ch.5.

[4] B-System および S-System に関しては，Helpman, E. and A. Razin, *The Role of Saving and Investment in Exchange Rate Determinantion Under Alternative Monetary Mechanism*, Seminar Paper No.181, Institute for International Economic Studies, University of Stocholm, 1981. を参照。

本章では先の想定の中で，特に貨幣需要に関する部分を，財・サービスの期間内での購入に際し，売手国通貨が必要であるとの想定（S-System）に変更した上で変動為替レート制下での比較静学分析を行い，Cuddington 等の結果と比較することである。そのとき定量的のみでなく定性的にも比較静学分析の異なる結論が得られる。したがって B-system（あるいは他の想定）での分析と並んで，特に非基軸通貨国に関して S-System の分析にも十分意義がある。

2　非ワルラス均衡と為替安定分析

2.1　問題

　Neary は非貿易財，貿易財を含む小国貨幣経済モデルを用いて，ワルラス的均衡および非ワルラス均衡（有効均衡，数量制約を伴う一時均衡）領域における平価切下げの貿易収支にもらたす効果を中心に比較静学的考察を行っている。その場合，有効均衡中古典的失業領域を除き，一般に有効均衡領域ではそれの効果が不確定となることを示している[5]。ところで，伝統的分析によれば，固定為替レート制度モデルで平価切下げが貿易収支を改善するための条件と，仮りに変動為替レート制度を採用した場合のモデルで均衡が安定的であるための条件とは相互に密接に関連している[6]。そこで次に，有効均衡に関して Neary の固定為替レート制度モデルを変動為替レート制度の場合に拡張し，その均衡が安定的か否か，そしてこの情報が平価変更の貿易収支への効果分析にて確定した結果を導出することを可能にするか否かを考察の対象としよう。

2.2　基本モデル

　含まれる商品は，非貿易財，貿易財，労働，貨幣の4種類であり，小国の仮定により貿易財市場では数量制約は存在しない。数量制約が出現し得るのは非貿易財市場および労働市場である。ここでは，有効均衡の中で，特に古典的失業（Classical Unemployment）領域，ケインズ的失業（Keynsian Unemployment）領域の2ケースについて考察する。

---

[5] Neary, op.cit., pp.422-427.
[6] 例えば，二国モデルに関して，Takayama, A. *International Trade*, New York, Holt, Rinehartand Winston, Inc, 1972, ch9-10, and 11. を参照。

家計の行動は，将来期間での価格・数量制約に関する予想を所与として現在期間での非貿易財，貿易財の消費量 x_1, x_2，余暇 $H-l$ および期末貨幣残高 M に依存する効用関数

$$u(x_1, x_2, H-l, M)$$

を予算制約式

$$P_1 x_1 + P_2 x_2 + M \leq wl + I \tag{4.1}$$

および数量制約の下で最大化することと想定される。ここで，H，l，P_i，w，I は労働賦存量，労働供給量，自国通貨表示の i 財価格，貨幣賃金率，一括所得（前期から持ち越した貨幣残高，移転所得，前期利潤の合計）をそれぞれ表示している。

ワルラス的（数量制約を被らない）需要・供給関数は，

$$\left. \begin{array}{l} x_i(P_1, P_2, w, I), \quad i=1,2 \\ l(P_1, P_2, w, I), \quad \Delta M(P_1, P_2, w, I) \end{array} \right\} \tag{4.2}$$

と得られ，各財は正常財，それらの自己価格弾力性は負，かつ粗代替と仮定される。次に Dual Decision Hypothesis の下で，労働市場で数量制約 $\bar{l} < l(\cdot)$ に直面したときの有効需要関数は，

$$\tilde{x}_i(\overset{(+)}{\bar{l}}; P_1, P_2, w, I), \quad i=1,2, \quad \Delta \tilde{M}(\bar{l}; P_1, P_2, w, I) \tag{4.3}$$

さらに労働市場と非貿易財市場で同時に数量制約 $\bar{l} < l(\cdot), \bar{x}_1 < \bar{x}_1(\cdot)$ を被るとき，有効需要関数は，

$$\tilde{\tilde{x}}_2(\overset{(+)}{\bar{l}}, \overset{(-)}{\bar{x}_1}; P_1, P_2, w, I), \quad \Delta \tilde{\tilde{M}}(\bar{l}, \bar{x}_1; P_1, P_2, w, I) \tag{4.4}$$

で表現される[7]。

企業に関しては，y_i, e_i を i 財生産企業の生産量，雇用量とし，生産関数

---

[7] 以下，変数上の（ ）内は偏導関数の符号を示す。

表 4.1

領域	非貿易財	労働	貿易財・貿易収支均衡
W	$x_1 + g_1 - y_1 = 0$	$e_1 + e_2 - l = 0$	$s = y_2 - x_2 - g_2 = 0$
C	$\bar{x}_1 + g_1 - y_1 = 0$	$e_1 + e_2 - \bar{l} = 0$	$s = y_2 - \tilde{\tilde{x}}_2 - g_2 = 0$
K	$\tilde{x}_1 + g_1 - \tilde{y}_1 = 0$	$F^{-1} + e_2 - \bar{l} = 0$	$s = y_2 - \tilde{x}_2 - g_2 = 0$

$$y_i = F_i(e_i) \quad i = 1, 2 \tag{4.5}$$

の制約下で利潤

$$\pi_i = P_i y_i - w e_i \quad i = 1, 2 \tag{4.6}$$

の最大化行動が想定される。

ワルラス的供給・需要関数は

$$y_i(\overset{(+)}{P_i}, \overset{(-)}{w}), \quad e_i(\overset{(+)}{P_i}, \overset{(-)}{w}) \quad i = 1, 2 \tag{4.7}$$

である。また非貿易財市場で数量制約を被るときの有効労働需要は

$$F_1^{-1}(\overset{(+)}{y_i}) \tag{4.8}$$

で与えられる。F_1^{-1} は F_1 の逆関数を示す。

政府部門は優先権を持って財の購入 g_i, 移転支払 t を実行するがその財源は貨幣供給量の増加により金融される。

さて，非貿易財市場均衡条件，労働市場均衡条件，貿易財市場均衡条件と貿易収支の均衡などは，ワルラス的均衡（W），古典的失業領域（C），ケインズ的失業領域（K），でそれぞれ表4.1のように示される[8]。

2.3 為替安定分析

均衡の特徴が示されたので次にそれらの動学的安定性を検討しよう。一時均衡の安定性（一時均衡列の収束の問題ではない）を吟味する場合にも何らかの

---

[8] Neary モデルの紹介と検討に関しては次の拙稿を参照。「非貿易財と貿易収支―非ワルラス均衡分析―」『経済と経営』15巻3号，1984年12月

調整過程を想定する必要がある。ワルラス的均衡に関しては，財あるいは労働市場で正（負）の超過需要が存在するとき，当該財価格，あるいは賃金率が上昇（落下）するとの模索過程が想定可能である。しかし有効均衡分析では当該期間内で財価格，賃金率は一定のため，別の種類の調整過程が必要とされる。次にこのことについて考察しよう。

期首において，財価格，賃金率，為替レートの水準が与えられるとする。小国の仮定により貿易財の自国通貨表示価格水準も与えられる。非貿易財価格，賃金率の水準は当該期間内では一定のため，この水準に対応して非貿易財市場，労働市場で一般に需要と供給は一致しない。したがって有効均衡のいずれかが出現し得る。ここでは，古典的失業，ケインズ的失業の2領域のみを扱うので価格，賃金率の水準はこれら領域と両立する水準にあるとする。しかしながら一時均衡は瞬時に達成されず以下の過程を経るものと想定する。労働市場では超過供給の状態にあるから，まず競売人は労働供給量未満の数量制約 $\bar{l}$ を家計に伝達する。他方，非貿易財市場では超過需要が正・負両方の可能性が存在し，前者の場合競売人は家計に需要量未満の数量制約 $\bar{x}_1$ を伝達し，逆に後者の場合，彼は企業に供給量未満の数量制約 $\bar{y}_1$ を伝達する。前者の場合家計は伝達された労働市場，非貿易財市場での数量制約に基づき貿易財需要量を改めて計画する。後者の場合家計は労働市場での制約に基づき貿易財需要量を，企業は非貿易財市場での制約に基づき雇用量を，それぞれ改めて計画する。これら需要量，供給量に関する情報に基づいて競売人は次の調整を行うとしよう。当初の数量制約の値と為替レートの下で，非貿易財，労働に関して超過数量制約が正（負）ならばその数量制約の水準は減少（増加）し，貿易収支が黒字（赤字）ならば為替レートは増加（減価）する。以下，代数的に表現する。

(1) 古典的失業領域

このとき動学体系は

$$\left.\begin{aligned}\dot{\bar{x}}_1 &= \bar{x}_1 - g_1 + y_1(P_1, w) \\ \dot{\bar{l}} &= \sum_i e_i(P_i, w) - \bar{l} \\ \dot{P}_2 &= \tilde{\tilde{x}}_2(\bar{l}, \bar{x}_1; P_1, P_2, w, I) + g_2 - y_2(P_2, w)\end{aligned}\right\} \quad (4.9)$$

で与えられる．変数上の・印は時間に関する微係数を示している[9]．このとき一時均衡は

$$\dot{\bar{x}}_1 = 0, \quad \dot{\bar{l}} = 0, \quad \dot{P}_2 = 0$$

そのときの Jacobian 行列は

$$\begin{pmatrix} -1 & 0 & 0 \\ 0 & -1 & e_{22} \\ \tilde{\tilde{x}}_{2_{\bar{x}_1}} & \tilde{\tilde{x}}_{2\bar{l}} & \tilde{\tilde{x}}_{22} - y_{22} \end{pmatrix}$$

となる．ここで $e_{ij} = \partial e_i / \partial P_j$, $\tilde{\tilde{x}}_{ij} = \partial \tilde{\tilde{x}}_i / \partial P_j$, $y_{ij} = \partial y_i / \partial P_j$, $\tilde{\tilde{x}}_{i_{\bar{x}_i}} = \partial \tilde{\tilde{x}}_i / \partial \bar{x}_1$, $\tilde{\tilde{x}}_{i\bar{l}} = \partial \tilde{\tilde{x}}_i / \partial \bar{l}$, $i,j = 1,2$ などを示す．さらに各次数の主座小行列式から構成される次の値は正となる．

$$k_i = (-1)^i \times [i\text{次主座小行列式和}]$$

$$\left.\begin{array}{l} k_1 = y_{22} - \tilde{\tilde{x}}_{22} + 2 > 0, \quad k_2 = y_{22} - \tilde{\tilde{x}}_{22} + 1 + k_3 > 0 \\ k_3 = y_{22} - \tilde{\tilde{x}}_{22} - \tilde{\tilde{x}}_{2\bar{l}} e_{22} = (1 - \tilde{\tilde{c}}_2')y_{22} - \tilde{\tilde{x}}_{22} > 0 \\ \hspace{5cm} \tilde{\tilde{c}}_2' = P_2 \tilde{\tilde{x}}_{2\bar{l}}/w \end{array}\right\} \quad (4.10)$$

$k_3 > 0$ であるから Jacobian は負となるが，これは比較静学分析に対して有益な情報を提供する[10]．

なお固定為替レート制度を想定した Neary モデルにおいて，平価変更が貿易収支に所期の目的を達成するための必要・十分条件は $k_3 > 0$ である．すなわち，変動為替レート制度下において均衡が安定的ならば（そして以下に示すように実際そうであるが），平価切下げが貿易収支を改善することとなる．最後に

$$k_1 k_2 - k_3 = (y_{22} - \tilde{\tilde{x}}_{22})^2 + (y_{22} - \tilde{\tilde{x}}_{22})(k_3 + 3) + k_3 + 2 > 0 \quad (4.11)$$

が成立するため，$k_i > 0$ と合わせて変動為替レート制度下で古典的失業の一次

---

[9] 当初正確に $\bar{x}_1 = y_1 - g_1$ が伝達されるならば，非貿易市場ではその状態が継続可能である．

[10] 以下，各種の限界消費性向は 1 未満と仮定する．

均衡は局所安定的であることが示された。

(2) ケインズ的失業領域

このとき動学体系は代数的に

$$\left.\begin{aligned}\dot{\bar{y}}_1 &= \tilde{x}_1(\tilde{l}; P_1, P_2, w, I) + g_1 - \bar{y}_1 \\ \dot{\bar{l}} &= F_1^{-1}(\bar{y}_1) + e_2(P_2, w) - \bar{l} \\ \dot{P}_2 &= \tilde{x}_2(\bar{l}; P_1, P_2, w, I) + g_2 - y_2(P_2, w)\end{aligned}\right\} \quad (4.12)$$

で示される。先のケースと同様、一時均衡は

$$\dot{\bar{y}}_1 = 0, \quad \dot{\bar{l}} = 0, \quad \dot{P}_2 = 0$$

で特徴づけられ、そこでの Jacobian 行列は、

$$\begin{pmatrix} -1 & \tilde{x}_{1\bar{l}} & \tilde{x}_{12} \\ F_1^{-1\prime} & -1 & e_{22} \\ 0 & \tilde{x}_{2\bar{l}} & \tilde{x}_{22} - y_{22} \end{pmatrix}$$

となる。ここで $F_1^{-1\prime} = dF_1^{-1}/d\bar{y}_1$ を示す。各次数の主座小行列式から構成された K_3 は以下のとおりである。

$$\left.\begin{aligned} K_1 &= y_{22} - \tilde{\tilde{x}}_{22} + 2 > 0 \\ K_2 &= 1 - \tilde{c}_1' F_1^{-1\prime} w/P_1 + (y_{22} - \tilde{x}_{22}) + y_{22}(1 - \tilde{c}_2') - \tilde{x}_{22} > 0, \\ &\quad \tilde{c}_i' = P_i \tilde{x}_{i\bar{l}}/w \\ K_3 &= y_{22}(1 - \tilde{c}_2' - \tilde{c}_1' F_1^{-1\prime} w/P_1) \\ &\quad -\tilde{x}_{22}(1 - \tilde{c}_1' F_1^{-1\prime} w/P_1) - \tilde{x}_{2\bar{l}} \tilde{x}_{12} F_1^{-1\prime} \end{aligned}\right\} \quad (4.13)$$

K_3 において右辺第一項、第二項は正であるが、第三項は粗代替性の仮定の下では負となる。したがって $K_3 > 0$ の十分条件は $\tilde{x}_{12} > 0$ の程度が相対的に小であることが明らかである。次に

$$0 < v = 1 - \tilde{c}_1' w/P_1 F_1'$$

と定義し $K_1 K_2 - K_3$ を求めると

$$\begin{aligned}
K_1 K_2 - K_3 &= \{(1-\tilde{c}_2')y_{22} - \tilde{x}_{22}\}(y_{22} - \tilde{x}_{22} + 1) \\
&\quad + (y_{22} - \tilde{x}_{22})(y_{22} - \tilde{x}_{22} + 3) + 2v \\
&\quad + \tilde{x}_{2\bar{l}} \tilde{x}_{12} F_1^{-1'} > 0
\end{aligned} \tag{4.14}$$

したがって安定性のための条件は，$K_3 > 0$ を除いて成立している。そこで，変動為替レート制度下の均衡が安定的であると想定しよう。このとき $K_3 > 0$ となる。この $K_3 > 0$ は固定為替レート制度の Neary モデルにおいて平価切下げが貿易収支を改善するための必要・十分条件である[11]。

他の有効均衡領域においても同様であることが示されるので要約すれば次の結論が得られる。

有効均衡領域において，仮に変動為替レート制度を採用しかつ均衡が局所安定的であるとすれば，固定為替レート制度下での平価切下げは貿易収支を改善することになる。

3 国際資本移動を含むマクロモデル

3.1 問題

前節モデルは Neary モデルの変動為替レート制度下への直接的応用であり，特に国際資本移動が考慮の外におかれていた。変動為替レート制度と国際資本移動との関連については特に次の点が重要である。

変動為替レート制度と固定為替レート制度との（特に厚生水準）比較を行う場合，仮に資本移動が存在しないならば，前者では各期ごとの貿易収支均衡（総支出＝総所得）が要請されるが，後者では implicit に中央銀行当局の為替市場介入を経由して異時点間にわたって国際間貸借が許容されている。これは，両為替制度を比較する際に，一方の制度に追加的制約を課すものである。この不統一は国際資本移動が許容されるならば解消可能である[12]。ここでは，国際資本移動を導入した数量制約を伴う一時均衡モデルを展開した，Cuddington 等

---

[11] Neary, op.cit., p.423.

[12] 以上に関しては，Helpman, E., and A. Razin, "Towards a Consistent Comparison of Alternative Exchange Rate Systems," *Canadian Jornal of Economics*, Vol.12, No.3, 1979 Augst, pp.394-409. を参照。

の貢献を検討しよう。

Cuddington等のモデルでは，貨幣需要に関して取引制約により購入国通貨が必要と想定され，したがって貿易財を含めて財・サービス購入に際し当該小国では自国通貨のみが需要される[13]。さらに比較静学の結果は貨幣需要に関するこの想定には依存しないとされる[14]。ここでは，もし取引動機に基づく貨幣需要が財・サービスの売手国通貨でなければならないと想定した場合に，彼らの結果が修正されるか否かを検討する。

3.2 基本モデル

貨幣経済モデルの特徴として，貨幣の取引制約による需要を重視し，また金融資産として貨幣（自国通貨，外国通貨）および国際間を取引される利子付債券の3種類を想定する。当該期間内では不確実性が存在せず，しかも各期首において金融資産相互間の取引が自由であると想定され，貨幣は取引動機により保有され，価値貯蔵手段を利子付債券に専ら限定してモデルが考察される。さらにNearyモデル同様二期間分析であり，将来期間での価格，所得，数量制約等の予想は外生的に所与として，現在期間での期首における計画に関する分析である。また前節同様，考察される数量制約を伴う一時的均衡（有効均衡）は変動為替レート制下の古典的失業，ケインズ的失業の2領域に限定される。

(1) 家計部門

現在期間において数量制約を被らない場合から考察する。期首に保有している富$\bar{W}$と期末に受け取る所得との和の範囲内で消費および期末における富の水準Wを決定する。この決定は期首においてなされ，契約が締結され，期間中に消費x_iが実行される。期首に保有している富の構成は貨幣と債券として所与であるが，小国，完全な資本移動の想定下で，期首に富の構成を費用を伴うことなく変更可能とされる。さらに期間中の消費財購入に際し売手国通貨が必要とされ，富の一部が前もってその形態で準備されなければならない。前節と同じ記号を用いて金融資産市場での期首における総貨幣需要量M_h^Oは

---

[13] Cuddington, *op.cit.*, pp.11-13 および Cuddington, Johanson and Löfgren, *op.cit*, pp.104-107, pp.125-126.

[14] Cuddington, Johanson, and Löfgren, *op.cit.*, p.126.

$$M_h^O = \sum_i P_i x_i \tag{4.15}$$

と表現される[15]。これより期首債券需要は $\bar{W} - M_h^O$ と決定され，利子率 r のもとでこの債券保有によって期末に受け取る利子所得は $(\bar{W} - M_h^O)r$，したがって総所得は，分配利潤を π として

$$Y + (\bar{W} - M_h^O)r, \qquad Y = wl + \pi$$

と与えられる。以上より家計の行動は効用関数

$$u(x_1, x_2, H - l, W)$$

を予算制約式

$$\sum_i P_i x_i + W = wl + \pi + (\bar{W} - M_h^O)r + \bar{W} \tag{4.16}$$

および流動性制約式

$$\sum_i P_i x_i = M_h^O \tag{4.17}$$

の制約下で最大化することとされる。簡単化のため効用が余暇の水準から独立的とすれば[16]。問題は，

$$\max \quad u(x_1, x_2, W)$$
$$\text{subject to} \quad \sum_i P_i x_i + W = Y + (\bar{W} - M_h^O)r + \bar{W}$$
$$\sum_i P_i x_i = M_h^O$$

となる。この結果，P_i，Y，$\bar{W}$，r を所与として x_i，W，M_h^O が決定され同時

---

[15] このような制約は，Clower, R.W., "A Reconsideration of the Microfoundations of Monetary Theory," *Western Economic Journal*, Vol.6, No.1, 1967 December, pp.1-9 による。

[16] Cuddington, *op.cit.*, では分離可能性が想定されている。

に債券に対する期首需要は $\bar{W} - M_h^O(\cdot)$ また貯蓄は $W(\cdot) - \bar{W}$ と決定されるであろう。すなわち

$$\left.\begin{array}{l} x_1(P_1,P_2,Y,\bar{W},r), \quad x_2(P_1,P_2,Y,\bar{W},r) \\ W(P_1,P_2,Y,\bar{W},r), \quad M_h^O(P_1,P_2,Y,\bar{W},r) \end{array}\right\} \tag{4.18}$$

である。以上を繰り返して述べれば次のようになる。現在期間の期首時点に富 $\bar{W}$ を保有し期末に所得 Y を受け取ることが知られており，さらに債券を保有すれば利子所得が獲得可能である[17]。家計が期間中の消費に関する決定を行うことは同時に期首貨幣需要量，債券需要量を決定することであり，また効用最大化行動の結果期末の富の水準も決定される。期首に準備された貨幣 M_h^O は期間内で支出され期末時点にはゼロとなるが富の水準は $W = \bar{W} + Y - \sum_i P_i x_i$ である。期末における富の構成は望ましいそれと異なるかもしれない。しかし次期期首において金融資産市場が開設されて，最適な構成へと取引が実行されるであろう。

なお期首における貨幣需要は自国通貨需要 M_h と外国通貨需要 M_h^* とに分割され

$$M_h^O = M_h + P_2 M_h^* \tag{4.19}$$

であり次の特徴を有する。ただし

$$x_i + P_i x_{il} > 0 \qquad i = 1,2 \tag{4.20}$$

と仮定する。

$x_2 < y_2$ のとき

$$M_h = \sum_i P_i x_i \qquad M_h^* = 0 \tag{4.21}$$

ここで $M_{hj} = \partial M_h / \partial P_j$, $M_{hy} = \partial M_h / \partial Y$ などと定義して

$$M_{hj} = x_j + \sum_i P_i x_{ij} > 0, \quad M_{hy} = \sum_i P_i x_{iy} > 0, \tag{4.22}$$

---

[17] Cuddington, *op.cit.*, p.12. 参照。

$x_2 > y_2$ のとき

$$M_h = P_1 x_1 + P_2 y_2 \quad M_h^* = x_2 - y_2 \tag{4.23}$$

$$\left. \begin{array}{l} M_{h1} = x_1 + P_1 x_{11} > 0, \quad M_{h2} = P_1 x_{12} + y_2 + P_2 y_{22} > 0, \\ M_{hy} = P_1 x_{1y} > 0 \\ M_{h1}^* = x_{21} > 0, \quad M_{h2}^* = x_{22} - y_{22} < 0, \quad M_{hy}^* = x_{2y} > 0. \end{array} \right\} \tag{4.24}$$

最後に $M_h^O = \sum_i P_i x_i$ より

$$M_{hj}^O = x_j + \sum_i P_i x_{ij} > 0, \quad M_{hy}^O = \sum_i P_i x_{iy} > 0, \tag{4.25}$$

である。以上を要約して

$$\left. \begin{array}{l} x_2 < y_2 \text{のとき} \\ M_h(\overset{(+)}{P_1}, \overset{(+)}{P_2}, \overset{(+)}{Y}, \bar{W}, r), \quad M_h^* = 0 \\ x_2 > y_2 \text{のとき} \\ M_h(\overset{(+)}{P_1}, \overset{(+)}{P_2}, \overset{(+)}{Y}, \bar{W}, r), \quad M_h^*(\overset{(+)}{P_1}, \overset{(+)}{P_2}, \overset{(+)}{Y}, \bar{W}, r), \\ M_h^O(\overset{(+)}{P_1}, \overset{(+)}{P_2}, \overset{(+)}{Y} \bar{W}, r), \end{array} \right\} \tag{4.26}$$

次に労働市場,あるいは非貿易財市場で数量制約を被る場合を考察しよう。効用関数は労働市場での数量制約 $\bar{l}$ から直接影響を受けないと仮定され,ケインズ的失業領域では $\bar{Y} = w\bar{l} + \pi$ として予算制約式が

$$\sum_i P_i \hat{x}_i + \hat{W} = \bar{Y} + \bar{W} \tag{4.27}$$

であり[18],需要関数は,

$$\hat{x}_i(P_1, P_2, \bar{Y} + \bar{W}), \quad \hat{W}(P_1, P_2, \bar{Y} + \bar{W}) \tag{4.28}$$

さらに貨幣需要関数は,

---

[18] 以下,利子率,利子所得を捨象する。
　　Cuddington, Johanson, and Löfgren, *op. cit.*, p.103.

第 4 章　数量制約理論と変動相場制

$\hat{x}_2 < y_2$ のとき
$$\left.\begin{aligned}
\hat{M}_h &= \sum_i P_i \hat{x}_i \qquad \hat{M}_h^* = 0 \\
\hat{M}_{hj} &= \hat{x}_j + \sum_i P_i \hat{x}_{ij} > 0, \quad \hat{M}_{hy} = \sum_i P_i \hat{x}_{iy} > 0
\end{aligned}\right\} \tag{4.29}$$

$\hat{x}_2 > y_2$ のとき
$$\left.\begin{aligned}
\hat{M}_h &= P_1 \hat{x}_1 + P_2 y_2, \qquad \hat{M}_h^* = \hat{x}_2 - y_2 \\
\hat{M}_{h1} &= \hat{x}_1 + P_1 \hat{x}_{11} > 0, \\
\hat{M}_{h2} &= P_1 \hat{x}_{12} + y_2 + P_2 \hat{x}_{22} > 0, \quad \hat{M}_{hy} = P_1 \hat{x}_{1y} > 0, \\
\hat{M}_{h1}^* &= \hat{x}_{21} > 0, \quad \hat{M}_{h2}^* = \hat{x}_{22} - y_{22} < 0, \\
\hat{M}_{hy}^* &= \hat{x}_{2y} > 0
\end{aligned}\right\} \tag{4.30}$$

以上より

$$\left.\begin{aligned}
&\hat{x}_2 < y_2 \text{のとき} \\
&\quad \hat{M}_h(\overset{(+)}{P_1}, \overset{(+)}{P_2}, \overset{(+)}{Y} + \bar{W}) \quad M_h^* = 0 \\
&\hat{x}_2 > y_2 \text{のとき} \\
&\quad \hat{M}_h(\overset{(+)}{P_1}, \overset{(+)}{P_2}, \overset{(+)}{Y} + \bar{W}) \quad \hat{M}_h^*(\overset{(+)}{P_1}, \overset{(-)}{P_2}, \overset{(+)}{Y} + \bar{W}) \\
&\quad \hat{M}_h^O = \sum_i P_i \hat{x}_i = \hat{M}_h^O(\overset{(+)}{P_1}, \overset{(+)}{P_2}, \overset{(+)}{Y} + \bar{W})
\end{aligned}\right\} \tag{4.31}$$

となる。

また非貿易財市場でも同時に数量制約を被る，古典的失業領域のとき，予算制約式を

$$P_1 \bar{x}_1 + P_2 \bar{\bar{x}}_2 + \bar{\bar{W}} = Y + \bar{W} \tag{4.32}$$

として需要関数は

$$\bar{\bar{x}}_2(P_2, Y + \bar{W} - P_1 \bar{x}_1), \quad \bar{\bar{W}}(P_2, Y + \bar{W} - P_1 \bar{x}_1) \tag{4.33}$$

また貨幣需要関数は

$\tilde{\tilde{x}}_2 < y_2$ のとき

$$\left.\begin{array}{l} \tilde{\tilde{M}}_h = P_i \bar{x}_i + P_2 \tilde{\tilde{x}}_2 \quad \tilde{\tilde{M}}_2^* = 0 \\ \tilde{\tilde{M}}_{h1} = \bar{x}_1(1 - P_2 \tilde{\tilde{x}}_{2y}) > 0, \quad \tilde{\tilde{M}}_{h2} = \tilde{\tilde{x}}_2 + P_2 \tilde{\tilde{x}}_{2y} > 0, \\ \tilde{\tilde{M}}_{hy} = P_2 \tilde{\tilde{x}}_{2y} > 0, \quad \tilde{\tilde{M}}_{h\bar{x}_1} = P_1(1 - P_2 \tilde{\tilde{x}}_{2y}) > 0, \end{array}\right\} \quad (4.34)$$

$\tilde{\tilde{x}}_2 > y_2$ のとき

$$\left.\begin{array}{l} \tilde{\tilde{M}}_h = P_i \bar{x}_i + P_2 y_2, \quad \tilde{\tilde{M}}_h^* = \tilde{\tilde{x}}_2 - y_2 \\ \tilde{\tilde{M}}_{h1} = \bar{x}_1 > 0, \quad \tilde{\tilde{M}}_{h2} = y_2 + P_2 y_{22} > 0, \\ \tilde{\tilde{M}}_{hy} = 0, \quad \tilde{\tilde{M}}_{h\bar{x}_1} = P_1 > 0, \\ \tilde{\tilde{M}}_{h1}^* = \tilde{\tilde{x}}_{2y}\bar{x}_1 < 0, \quad \tilde{\tilde{M}}_{h2}^* = \tilde{\tilde{x}}_{22} - y_{22} < 0, \\ \tilde{\tilde{M}}_{hy}^* = \tilde{\tilde{x}}_{2y} > 0, \quad \tilde{\tilde{M}}_{h\bar{x}_1}^* = \tilde{\tilde{x}}_{2y} P_1 < 0, \end{array}\right\} \quad (4.35)$$

したがって

$\tilde{\tilde{x}}_2 < y_2$ のとき

$$\left.\begin{array}{l} \tilde{\tilde{M}}_h(\overset{(+)}{P_1}, \overset{(+)}{P_2}, \overset{(+)}{\bar{Y}} + \bar{W}, \overset{(+)}{\bar{x}_1}) \quad \tilde{\tilde{M}}_h^* = 0 \\ \tilde{\tilde{x}}_2 > y_2 \text{ のとき} \\ \tilde{\tilde{M}}_h(\overset{(+)}{P_1}, \overset{(+)}{P_2}, \overset{(0)}{\bar{Y}} + \bar{W}, \overset{(+)}{\bar{x}_1}), \quad \tilde{\tilde{M}}_h^*(\overset{(+)}{P_1}, \overset{(-)}{P_2}, \overset{(+)}{\bar{Y}} + \bar{W}, \overset{(-)}{\bar{x}_1}) \end{array}\right\} \quad (4.36)$$

また

$$\tilde{\tilde{M}}_h^O = P_1 \bar{x}_1 + P_2 \tilde{\tilde{x}}_2 = \tilde{\tilde{M}}_h^O(\overset{(+)}{P_1}, \overset{(+)}{P_2}, \overset{(+)}{\bar{Y}} + \bar{W}, \overset{(+)}{\bar{x}_1}) \quad (4.37)$$

となる。以上が家計の行動を表現する。

(2) 企業部門

　企業行動は前節のそれとほとんど同一であり，異なるのは利潤が当該期間に分配されて家計の所得を構成する点である。改めて述べれば，企業は期首の契約に従って生産・販売を実行し販売収入は期間中企業内部に蓄積されて，期末に賃金，利潤として家計に支払われる。ワルラス的需要・供給関数は，生産量を y_i，雇用量を e_i，生産関数を $F_i(e_i)$ として利潤 π_i が最大となるように決定される。よって

$$y_i(\overset{(+)}{P_i},\overset{(-)}{w}), \quad e_i(\overset{(+)}{P_i},\overset{(-)}{w}), \quad i=1,2 \tag{4.38}$$

である。なお,

$$\pi = \sum_i \pi_i$$

である。仮定により企業は,労働市場,貿易財市場で数量制約を被ることはない。非貿易財市場で販売制約を被る場合(ケインズ的失業領域)では該当企業の労働需要関数は

$$F_1^{-1}(\bar{y}_1) \tag{4.39}$$

で表示される。さらに国民所得水準は,ワルラス的均衡および古典的失業領域では

$$Y = \sum_i P_i y_i(P_i, w) \tag{4.40}$$

ケインズ的失業領域では

$$\bar{Y} = P_1 \bar{y}_1 + P_2 y_2(P_2, w) \tag{4.41}$$

と表示される。

(3) 政府部門

政府部門は期首に非貿易財に対する支出 $P_1 g_1$,外国為替市場への介入の結果貨幣供給量を変更したり,債券の保有量を変更する。ただし,変動為替レート制度下では外国為替市場への介入は存在しない。政府部門の予算制約式は

$$P_1 g_1 - r B_g - (M^s - \bar{M}) + B_g - \bar{B}_g = 0 \tag{4.42}$$

ここで M^s, $\bar{M}$, B_g, $\bar{B}_g$ は期首における貨幣供給量,貨幣存在量,政府部門の債券需要量,債券の保有量を示している。すなわち財源は貨幣の純増加 $M^s - \bar{M}$ あるいは,債券の純販売 $-(B_g - \bar{B}_g)$ を通じて調達される。さらに政府部門が期間中に財を購入する目的で前もって準備する期首通貨需要量は

$$M_g = P_1 g_1 \tag{4.43}$$

で与えられる。

政策として以下4種類を想定する。

(i) 貨幣政策　公開市場操作による債券の購入・販売を通じて自国通貨供給量を拡大・縮小させる（中間的に外国為替に対する需要変化を伴う）。

(ii) 賃金政策　所与の賃金率の変更を行う。

(iii) 政府支出政策　その財源調達方法により Bond Finance と Money Finance とに二分され，前者では財源確保の目的で政府は債券を売却し，外貨を入手して自国通貨と交換する。貨幣供給量は一定であるが政府部門の通貨需要 M_g が存在し

$$dM^s = 0 \qquad dM_g = P_1 dg_1 > 0 \tag{4.44}$$

である。後者では貨幣供給量が増加させられ購入を金融するので民間部門へ割り当てられる通貨量は不変に留まる。この場合

$$dM^s = dM_g = P_1 dg_1 > 0 \tag{4.45}$$

である。

(4) 均衡条件

以上の想定から各市場での均衡条件およびそれら相互間の関連は次のとおりである。

予算制約式の下で，財への支出および期末金融資産残高需要に関してワルラス法則が成立し，財市場での均衡条件の成立は3種の金融資産市場を総体とした均衡を含意する。次に3種類の金融資産市場における期首での資産制約の下で，3市場中2市場が均衡すれば残余の一市場は自動的に均衡する。したがって必要な均衡条件は，自国通貨，外国通貨，非貿易財，貿易財に関するものとなる。ところが小国の仮定により貿易財市場では外国通貨表示の財価格は与件で，その下で常に市場は均衡し貿易財市場均衡条件は貿易財収支を決定するため用いられる。また所与の利子率の下で期首の債券市場も常に均衡するため，自国通貨市場の均衡は同時に外国通貨市場での均衡を含意し，前者のみを考察すれ

表 4.2

領域	ケインズ的失業	古典的失業
非貿易財	$y_1 = \hat{x}_1 + g_1$	$y_1 = \bar{x}_1 + g_1$
貿易財	$s = y_2 - \hat{x}_2$	$s = y_2 - \bar{\bar{x}}_2$
自国通貨 $x_2 < y_2$	$M^s = \sum_i P_i \hat{x}_i + P_1 g_1 + P_2 s$	$M^s = P_1 \bar{x}_1 + P_2 \bar{\bar{x}}_2 + P_1 g_1 + P_2 s$
$x_2 > y_2$	$M^s = P_1 \hat{x}_1 + P_2 y_2 + P_1 g_1$	$M^s = P_1 \bar{x}_1 + P_2 y_2 + P_1 g_1$
国民所得	$\bar{Y} = P_1 \bar{y}_1 + P_2 y_2$	$Y = \sum_i P_i y_i$

ば十分である．そこで，改めて期首における一般均衡を分析するに際し必要な均衡条件式を示せば次の3種類である．

非貿易財　$x_1 + g_1 - y_1 = 0$ (4.46)

貿易財　$x_2 + x_2^* - y_2 - y_2^* = 0$ (4.47)

ここで*印を付した変数は対応する外国でのそれを表示する．第3に M_f を外国による自国通貨需要として
自国通貨

$$\left.\begin{array}{l} x_2 < y_2 \text{のとき} \quad M_h + M_g + M_f - M^s = 0 \\ x_2 > y_2 \text{のとき} \quad M_h + M_g - M^s = 0 \end{array}\right\} \quad (4.48)$$

また必要な定義式として

貿易収支　$s = x_2^* - y_2^*$,　　自国国民所得　$Y = \sum_i P_i y_i$ (4.49)

などである．三均衡条件式により決定される内生変数は，数量制約が存在しないとき財価格，貿易収支である．なお P_i が固定される場合には非貿易財市場での数量制約が決定される．したがって各有効均衡において必要な均衡条件式，定義式は表4.2のとおりである．

3.3　比較静学分析
（1）ケインズ的失業領域

国民所得の定義式と非貿易市場均衡条件より

$$\bar{Y} = P_1\hat{x}_1(P_1, P_2, \bar{Y}+\bar{W}) + P_1g_1 + P_2y_2(P_2, w) \tag{4.50}$$

となり，全微分し

$$(1-\hat{c}_1)d\bar{Y} - (P_1\hat{x}_{12} + a_2)dP_2 = P_1dg_1 + P_2y_{2w}dw$$

を得る，ここで $\hat{c}_i = P_i\hat{x}_iy$　$a_i = y_i + P_iy_{ii}$ と定義している。次に貿易財市場均衡条件より

$$s = y_2(P_2, w) - \hat{x}_2(P_1, P_2, \bar{Y}+\bar{W}) \tag{4.51}$$

全微分した後 P_2 を乗じて

$$\hat{c}_2 d\bar{Y} - P_2(y_{22} - \hat{x}_{22})dP_2 + P_2 ds = P_2 y_{2w} dw$$

となる。第3に自国通貨市場の均衡条件より
$\hat{x}_2 < y_2$ のとき

$$M^s = \sum_i P_i\hat{x}_i(P_1, P_2, \bar{Y}+\bar{W}) + P_1g_1 + P_2s \tag{4.52}$$

を全微分して

$$(\hat{c}_1 + \hat{x}_2)d\bar{Y} + (P_1\hat{x}_{12} + y_2 + P_2\hat{x}_{22})dP_2 + P_2 ds = dM^s - P_1 dg_1$$

となり，$\hat{x}_2 > y_2$ のとき

$$M^s = P_1\hat{x}_1(P_1, P_2, \bar{Y}+\bar{W}) + P_2y_2(P_2, w) + P_1g_1 \tag{4.53}$$

を全微分して

$$\hat{c}_1 d\bar{Y} + (P_1\hat{x}_{12} + y_2 + P_2 y_{22})dP_2 = dM^s - P_1 dg_1 - P_2 y_{2w} dw$$

である。

さて $\hat{x}_2 < y_2$ のとき行列表示して基本体系は

$$\begin{pmatrix} 1 - \hat{c}_1 & -(P_1\hat{x}_{12} + y_2 + P_2 y_{22}) & 0 \\ \hat{c}_2 & -(y_{22} - \hat{x}_{22})P_2 & P_2 \\ \hat{c}_1 + \hat{c}_2 & P_1\hat{x}_{12} + P_2\hat{x}_{22} + y_2 & P_2 \end{pmatrix} \begin{pmatrix} d\bar{Y} \\ dP_2 \\ ds \end{pmatrix}$$

$$= \begin{pmatrix} P_1 dg_1 + P_2 y_{2w} dw \\ P_2 y_{2w} dw \\ dM^s - P_1 dg_1 \end{pmatrix} \tag{4.54}$$

と整理できる．右辺行列式の値は，

$$D_1 = -P_2(P_1 \hat{x}_{12} + a_2) < 0$$

である．他方 $\hat{x}_2 < y_2$ のとき基本体系は次のとおりである．

$$\begin{pmatrix} 1 - \hat{c}_1 & -(P_1\hat{x}_{12} + y_2 + P_2 y_{22}) & 0 \\ \hat{c}_2 & -(y_{22} - \hat{x}_{22})P_2 & P_2 \\ \hat{c}_1 & P_1\hat{x}_{12} + y_2 + P_2\hat{x}_{22} & 0 \end{pmatrix} \begin{pmatrix} d\bar{Y} \\ dP_2 \\ ds \end{pmatrix}$$
$$= \begin{pmatrix} P_1 dg_1 + P_2 y_{2w} dw \\ P_2 y_{2w} dw \\ dM^s - P_1 dg_1 - P_2 y_{2w} dw \end{pmatrix} \tag{4.55}$$

また，左辺行列の行列式の値は，$\hat{x}_2 < y_2$ の場合と同一である．以上から比較静学分析に必要な $d\bar{Y}$, dP_2, ds に関して基本体系を解くと $\hat{x}_2 > y_2$ のとき

$$\left. \begin{aligned} d\bar{Y} &= \tfrac{-P_2}{D_1}(P_1\hat{x}_{12} + a_2)dM^s \\ dP_2 &= \tfrac{P_2}{D_1}\{-(1-\hat{c}_1)dM^s + P_2 y_{2w}dw + P_1 dg_1\} \\ ds &= \tfrac{1}{D_1}[\{-P_2(y_{22}-\hat{x}_{22})(1-\hat{c}_1) + \hat{c}_2(P_1\hat{x}_{12}+a_2)\}dM^s \\ &\quad + \{P_2(y_{22}-\hat{x}_{22}) - (P_1\hat{x}_{12}+a_2)\}P_2 y_{2w}dw\} \\ &\quad + P_2(y_{22}-\hat{x}_{22})P_1 dg_1] \end{aligned} \right\} \tag{4.56}$$

である．他方，$\tilde{x}_2 < y_2$ のときにも簡単な計算により同一の式となる．以上から得られる定性的結果は表 4.3 の S-System のとおりである．

次に貨幣需要に関する Cuddington 等の想定すなわち，財・サービス購入に際して購入国通貨が必要とされる B-System の場合には，比較静学分析に必要な均衡条件中，貨幣需要関数のみが (4.52) から

$$\sum_i P_i \hat{x}_i(P_1, P_2, \bar{Y}+\bar{W}) + P_1 g_1 \tag{4.57}$$

表 4.3

政策	$dM^s > 0$		$dw > 0$		$dg_1 > 0$	$dM^s = 0$	$dM^s = P_1 dg_1 > 0$	
システム	S	B	S	B	S	B	S	B
$\bar{Y}$	+	+	0	−	0	?	+	+
P_2	+	+	+	+	−	−	−	−
s	?	?	?	?	−	?	−	−

に変更され，全微分して体系を行列表示すれば

$$\begin{pmatrix} 1 - \hat{c}_1 & -(P_1\hat{x}_{12} + a_2) & 0 \\ \hat{c}_2 & -(y_{22} - \hat{x}_{22})P_2 & P_2 \\ \hat{c}_1 + \hat{c}_2 & P_1\hat{x}_{12} + P_2\hat{x}_{22} + \hat{x}_2 & 0 \end{pmatrix} \begin{pmatrix} d\bar{Y} \\ dP_2 \\ ds \end{pmatrix}$$
$$= \begin{pmatrix} P_1 dg_1 + P_2 y_{2w} dw \\ P_2 y_{2w} dw \\ dM^s - P_1 dg_1 \end{pmatrix} \tag{4.58}$$

であり左辺行列の行列式の値は，

$$D_c = -P_2\{(\hat{c}_1 + \hat{c}_2)(P_1\hat{x}_{12} + a_2) + (1 - \hat{c}_1)(P_1\hat{x}_{12} + P_2\hat{x}_{22} + \hat{x}_2)\} < 0$$

さらに必要な内生変数（の変化）について解くと次のとおりである。

$$\left.\begin{aligned} d\bar{Y} &= \tfrac{-P_2}{D_c}\{(P_1\hat{x}_{12} + y_2 + P_2 y_{22})(dM^s - P_1 dg_1) \\ &\quad + (P_2\hat{x}_{12} + P_2\hat{x}_{22} + \hat{x}_2)(P_2 y_{2w} dw + P_1 dg_1)\} \\ dP_2 &= \tfrac{-P_2}{D_c}\{(1 - \hat{c}_1)(dM^s - P_1 dg_1) \\ &\quad - (\hat{c}_1 + \hat{c}_2)(P_1 dg_1 + P_2 y_{2w} dw)\} \\ ds &= \tfrac{1}{D_c}[\{\hat{c}_2(P_1\hat{x}_{12} + a_2) - (1 - \hat{c}_1)P_2(\hat{y}_{22} - x_{22})\}dM^s \\ &\quad - \{P_1\hat{x}_{12} + a_2 + (1 - \hat{c}_1)(\hat{x}_{22} - y_{22})\}P_2 y_{2w} dw) \\ &\quad + \{c_2(\hat{x}_2 - y_2) + P_2(y_{22} - \hat{x}_{22})\}(P_1 dg_1 + P_2 y_{2w} dw)] \end{aligned}\right\} \tag{4.59}$$

したがって定性的結果は表 4.3 の B-System のとおりである。

以上から明らかなように，支払通貨に関する想定の差異に依存して比較静学的結果が，定量的のみでなく定性的にも異なる。次にこの内容を具体的に検討しよう。

(i) 基本体系の行列式の値は両 System 間で異なる。ただし両者の大小関係は不明である。

(ii) 貨幣政策の変化は S-System においては通貨供給量の変化と同額の国民所得変化をもたらす。しかし B-System の分析ではその乗数の値は必ずしも 1 ではない。

(iii) 賃金率の上昇は，S-System では国民所得水準に影響を与えないが B-System ではそれを減少させるように作用する。

(iv) Bond Finance による政府支出増加は S-System では国民所得水準に影響を与えないが B-System では一般に不確定である。ただし Cuddington によって指摘されていないけれども貿易収支が黒字のとき国民所得水準は低下する。また貿易収支への効果は，S-System では負であるが B-System では不確定となる。ただし Cuddington で指摘されていないけれども貿易収支が赤字の場合にはその効果は負となる。

(2) 古典的失業領域

S-System では必要な均衡条件式を全微分して行列表示したものが次の体系であって，

$\tilde{\tilde{x}}_2 < y_2$ のとき

$$\begin{pmatrix} 1 & -(y_2 + P_2 y_{22}) & 0 \\ \tilde{\tilde{c}}_2 & -P_2(y_{22} - \tilde{\tilde{x}}_{22}) & P_2 \\ \tilde{\tilde{c}}_2 & -P_2 \tilde{\tilde{x}}_{22} + y_2 & P_2 \end{pmatrix} \begin{pmatrix} dY \\ dP_2 \\ ds \end{pmatrix}$$
$$= \begin{pmatrix} \sum_i P_i y_{iw} dw \\ (P_2 y_{2w} + \tilde{\tilde{c}}_2 P_1 y_{1w}) dw - \tilde{\tilde{c}}_2 P_1 dg_1 \\ -(1 - \tilde{\tilde{c}}_2) P_1 y_{1w} dw + dM^s - \tilde{\tilde{c}}_2 P_1 dg_1 \end{pmatrix} \quad (4.60)$$

$\tilde{\tilde{x}}_2 > y_2$ のとき

$$\begin{pmatrix} 1 & -(y_2 + P_2 y_{22}) & 0 \\ \tilde{\tilde{c}}_2 & -P_2(y_{22} - \tilde{\tilde{x}}_{22}) & P_2 \\ 0 & y_2 + P_2 y_{22} & 0 \end{pmatrix} \begin{pmatrix} dY \\ dP_2 \\ ds \end{pmatrix}$$

表 4.4

政策	$dM^s > 0$		$dw > 0$		$dg_s > 0$		$dM^s = 0$		$dM^s = P_1 dg_1 > 0$	
システム	S	B	S	B	S	B	S	B	S	B
$\bar{Y}$	+	+	0	?	0		−		+	+
P_2	+	+	+	+	0		−		+	+
s	?	?	?	?	−		−		?	?

$$= \begin{pmatrix} \sum_i P_i y_{iw} dw \\ (P_2 y_{2w} + \tilde{\tilde{c}}_2 P_1 y_{1w}) dw - \tilde{\tilde{c}}_2 P_1 dg_1 \\ dM^s - \sum_i P_i y_{iw} dw \end{pmatrix} \tag{4.61}$$

である。右辺行列式の値・および内生変数（の変化）に関して解いたものは，貿易収支の正・負と関係なく同一で，

$$\left.\begin{aligned} &D_2 = -P_2(y_2 + P_2 y_{22}) < 0 \\ &dY = \frac{-P_2}{D_2}(y_2 + P_2 y_{22}) dM^s \\ &dP_2 = \frac{-P_2}{D_2}(dM^s - \sum_i P_i y_{iw} dw) \\ &ds = \frac{1}{D_2}[\{\tilde{\tilde{c}}_2(y_2 + P_2 y_{22}) - P_2(y_{22} - \tilde{\tilde{x}}_{22})\} dM^s \\ &\quad - (y_2 + P_2 y_{22})\{(P_2 y_{2w} + \tilde{\tilde{c}}_2 P_1 y_{1w}) dw - \tilde{\tilde{c}}_2 P_1 dg_1\} \\ &\quad + P_2(y_{22} - \tilde{\tilde{x}}_{22}) \sum_i P_i y_{iw} dw] \end{aligned}\right\} \tag{4.62}$$

であり，定性的結果は表 4.4 のとおりとなる。他方 B-System の場合，体系は

$$\begin{pmatrix} 1 & -(y_2 + P_2 y_{22}) & 0 \\ \tilde{\tilde{c}}_2 & -P_2(y_{22} - \tilde{\tilde{x}}_{22}) & P_2 \\ \tilde{\tilde{c}}_2 & \tilde{\tilde{x}}_2 + P_2 \tilde{\tilde{x}}_{22} & 0 \end{pmatrix} \begin{pmatrix} dY \\ dP_2 \\ ds \end{pmatrix}$$
$$= \begin{pmatrix} \sum_i P_i y_{iw} dw \\ (P_2 y_{2w} + \tilde{\tilde{c}}_2 P_1 y_{1w}) dw - \tilde{\tilde{c}}_2 P_1 dg_1 \\ dM^s - P_1 y_{1w}(1 - \tilde{\tilde{c}}_2) dw - \tilde{\tilde{c}}_2 P_1 dg_1 \end{pmatrix} \tag{4.63}$$

となり左辺行列の値は

$$D'_c = -P_2\{\tilde{\tilde{c}}_2(y_2 + P_2 y_{22}) + (\tilde{\tilde{x}}_2 + P_2 \tilde{\tilde{x}}_2)\} < 0$$

内生変数に関して解けば

第 4 章　数量制約理論と変動相場制

$$\left.\begin{aligned}
dY &= \tfrac{-1}{D'_c}[P_2(y_2 + P_2 y_{22})\{dM^s - P_1 y_{iw}(1 - \tilde{\tilde{c}}_2)dw - \tilde{\tilde{c}}_2 P_1 dg_1\} \\
&\quad + (\tilde{\tilde{x}}_2 + P_2 \tilde{\tilde{x}}_{22})\sum_i P_i y_{iw} dw] \\
dP_2 &= \tfrac{-1}{D'_c}[P_2\{dM^s - P_1 y_{1w}(1 - \tilde{\tilde{c}}_2)dw - \tilde{\tilde{c}}_2 P_1 dg_1\} \\
&\quad - \tilde{\tilde{c}}_2 P_2 \sum_i P_i y_{iw} dw] \\
ds &= \tfrac{-1}{D'_c}[\{(y_{22} - \tilde{\tilde{x}}_{22})P_2 - \tilde{\tilde{c}}_2(y_2 + P_2 y_{22})\}(dM^s - \sum_i P_i y_{iw} dw) \\
&\quad + (\tilde{\tilde{x}}_{22} + P_2 y_{22})\{(P_2 y_{2w} + \tilde{\tilde{c}}_2 P_1 y_{1w})dw - \tilde{\tilde{c}}_2 P_1 dg_1\} \\
&\quad - \tilde{\tilde{c}}_2(\tilde{\tilde{x}}_2 + P_2 y_{22})\sum_i P_i y_{iw} dw]
\end{aligned}\right\}$$

(4.64)

である。これより定性的結果は表 4.4 のとおりとなる。定性的結果の相違に関しては表 4.4 から明らかであるので，特に定量的相違についてのみ一点触れよう。貨幣政策の場合，S-System では乗数の値が 1 となるが B-System の場合には必ずしも 1 ではない。

　以上で示されるように二期間分析・一時均衡モデルにおいて，非貿易財，労働市場に数量制約が出現する小国で国際資本移動を許容する場合，財・サービスの購入に際して用いられるべき通貨の種類に依存して，比較静学分析の結果のいくつかが異なることが示された。比較静学分析の結果が相違するのは以下の点とも関連する。S-System においては自国通貨に対する総需要は均衡において自国生産国民所得水準に等しく，よって後者も通貨供給量に一致する。他方，B-System においては自国通貨に対する総需要は自国総支出に一致し，均衡においては自国生産国民所得と貿易収支との差に等しい。この相違が比較静学分析の結果に差異をもたらす一因と考えられるのである[19]。

---

[19] S-System の分析としては，例えば Persson, T., "Global Effects of National Stabilization Policies under fixed and Floating ExchangeRates," *Scandinavian Journal of Economics*, Vol.84, No.2, 1982, pp.165-292., Persson, T., *Studies of Alternative Exchange Rage Systems: An Intertemporal General Equilibrium Approach*, Monograph Series No.13, Institute for International Economics, University of Stockholm, 1982. あるいは Stockholm, A.C. "A Theory of Exchange Rate Determination," *Journal of Polotical Economy*, Vol.88, No.4, 1980 Augst, pp.673-698 がある。

3.4 要約と結論

　貨幣を含む Neary の固定為替レート制度モデルを変動為替レート制度モデルに変更し，その均衡が安定的であるならば，もとのモデルにおいて平価切下げが貿易収支を改善することが示された。さらに非貨幣金融資産（債券）を導入し貨幣は専ら取引制約より需要されると想定した場合，財・サービスの取引に使用される通貨の種類によって比較静学分析の結果が異なること，したがって Cuddington 等の想定した B-System と同時に特に非基軸通貨国に関しては S-System の分析も（他の分析と並んで）意味があることが示された。

第5章

On the rationalization effects under asymmetric oligopoly: production subsidy versus tariff

1 Introduction

With the symmetry assumption of identical firms within a particular country, the strategic trade and industrial policy literature has established various propositions concerning the effects of alternative policies on outputs, prices and welfare[1]. In particular, changes in national welfare can be decomposed into traditional resource allocation effects, terms of trade effects and volume effects.

Recently, Collie (1993) has shown that under asymmetric oligopoly an export subsidy by a foreign government will have additional (positive or negative) rationalization effects on a foreign country's welfare. Also Long and Soubeyran (1997) analyze the case of a home government's export subsidy, without home consumption of exportable goods, and obtain the condition for a welfare improving subsidy.

We will extend Collie's analysis in the case of a home government policy, that is, a production subsidy to home firms and a tariff. We will show that under convex demand, a uniform production subsidy (tariff) will, by reallocating domestic production toward more (less) efficient firms, have a positive (negative) rationalization effect on domestic welfare. Thus, while both these policies increase home production and decrease foreign production, regarding the rationalization effect, they have opposite effects on national welfare.

2 Basic Model, outputs, prices and comparative statics

We consider a model in which n home firms and m foreign firms compete in the home market in a Cournot fashion. The numbers of firms are fixed. The home government maximizes national welfare through a production

---

[1] See for example, Dixit (1984), Helpman and Krugman (1989) and Markusen and Venables (1988).

第 5 章 On the rationalization effects under asymmetric oligopoly: production subsidy versus tariff

subsidy or tariff, the foreign government, however, is passive.

The game considered here is in two stages and the equilibrium is subgame perfect. In the first stage the home government chooses a production subsidy or tariff to maximize national welfare. Then in the second stage, firms choose outputs in a Cournot fashion, taking the home government policies as given.

The home country household's utility function $U(Q)$ is differentiable and strictly concave in Q,

$$U = U(Q), \quad dU/dQ > 0, \quad d^2U/dQ^2 < 0, \tag{5.1}$$

where Q is total consumption (sales), that is,

$$Q = X + Y = \sum_i x_i + \sum_j y_j \tag{5.2}$$

further, x_i and y_j denote the i th home firm's output and the j th foreign firm's output (export to the home market). Let the price in the home domestic market be P and the definition of consumers' surplus will be

$$CS = U(Q) - PQ. \tag{5.3}$$

Utility maximization by households gives the inverse demand function

$$P = P(Q), \quad \text{with } dU/dQ = P. \tag{5.4}$$

We assume Cournot competition for outputs. The profit of each firm can be written as

$$\pi_{xi} = (P - c_{xi} + s_i)x_i \quad \text{and} \quad \pi_{yj} = (P - c_{yj} - t)y_j, \tag{5.5}$$

where c_{xi}, c_{yj}, s_i, and t denote constant marginal costs of the i th home firm, those of the j th foreign firm, firm specific production subsidies to home firms, and a tariff on imports, respectively. Marginal costs can be different across firms within a country as well as internationally. The first order condition for profit maximization implies the reaction function of each firm that is;

$$x_i P' + P - c_{xi} + s_i = 0, \quad y_j P' + P - c_{yj} - t = 0, \tag{5.6}$$

where $P' = dP/dQ < 0$ and $P'' = d^2P/dQ^2$. Thus we can solve $n + m$ equations in (5.6) for x_i, and y_j. We assume the existence of unique equilibrium solution. Further, the second order condition is $x_i P'' + 2P' < 0$ and $y_j P'' + 2P' < 0$.

Adding equations in (5.6) across firms $i = 1, 2, ..n$, and across $j = 1, 2, ..m$, respectively, yields

$$XP'(Q) + nP(Q) - \sum_i c_{xi} + \sum_i s_i = 0, \quad \text{and}$$
$$YP'(Q) + mP(Q) - \sum_j c_{yj} - mt = 0. \tag{5.7}$$

Further by summing these two equations, we have

$$P'(Q)Q + (n+m)P(Q) = \sum_i (c_{xi} - s_i) + \sum_j c_{yj} + mt \tag{5.8}$$

which states that the equilibrium quantity Q depends upon the sum of marginal costs net of the production subsidy and tariff, and is independent of their distribution[2].

We assume the Hahn Stability Condition which implies

$$x_i P'' + P' < 0 \quad \text{and} \quad y_j P'' + P' < 0. \tag{5.9}[3]$$

The equations in (5.7) will be the reaction functions for home and foreign industries. By total differentiation, we can obtain the slope of the two reaction functions in X-Y plain.

$$[dY/dX]_H = -\{XP'' + (n+1)P'\}/(XP'' + nP') < 0, \quad \text{and}$$

---
[2] See, for example, Bergstrom and Varian (1985), Collie (1993) p.277 or Long and Soubeyran (1997) Lemma 1.
[3] Refer to Dixit (1986) p.118.

第 5 章　On the rationalization effects under asymmetric oligopoly: production subsidy versus tariff

$$[dY/dX]_F = -(YP'' + mP')/\{YP'' + (m+1)P'\} < 0. \tag{5.10}$$

Totally differentiating the first order conditions (5.6) as well as (5.8), we get

$$(x_i P'' + P')dQ + P'dx_i + ds_i = 0$$
$$(y_j P'' + P')dQ + P'dy_j - dt = 0 \tag{5.11}$$
$$\Delta dQ - m\,dt + \sum_i ds_i = 0,$$

where

$$\Delta = QP'' + (n+m+1)P' < 0, \tag{5.12}$$

is negative by the Hahn Stability Condition.

Solving for individual as well as total outputs yields,

$$dx_i = -ds_i/P' - (x_i P'' + P')\Big(m\,dt - \sum_k ds_k\Big)\Big/(P'\Delta)$$
$$dy_j = (dt - ds_i)/P' - (y_j P'' + P')\Big(m\,dt - \sum_k ds_k\Big)\Big/(P'\Delta) \tag{5.13}$$
$$dQ = \Big(m\,dt - \sum_i ds_i\Big)\Big/\Delta,$$

which shows, in particular, the effects of a firm specific subsidy for $s_i > 0$, $s_k = 0$, $k \neq i$

$$\partial x_i/\partial s_i = -\{(Q - x_i)P'' + (n+m)P'\}/(P'\Delta) > 0,$$

and for $s_i = 0$, $s_k > 0$, $k \neq i$

$$\partial x_i/\partial s_k = (x_i P'' + P')/(P'\Delta) < 0.$$

We assume a uniform production subsidy to all home firms $s = s_k$. By summing over domestic and foreign firms first order conditions, and dividing by n and m, respectively, we can get

$$XP' + nP - \sum_i c_{xi} + ns = 0, \quad YP' + mP - \sum_j c_{yj} - mt = 0, \quad \text{and}$$

$$xP' + P - c_x + s = 0, \quad yP' + P - c_y - t = 0, \tag{5.14}$$

where $x = \sum x_i/n = X/n$ and $y = \sum_j y_j/m = Y/m$ denote the national average (per firm) of home and foreign production, and $c_x = \sum_i c_{xi}/n$, and $c_y = \sum_j c_{yj}/m$ indicate the national average of the marginal costs of home firms and foreign firms, respectively. Here we should remark on two facts. First, subtracting the foreign equation from the home one in (5.14) yields,

$$x - y = \{(c_x - s) - (c_y + t)\}/P'$$

which states that if $c_x > c_y$ under free trade, then $x > y$. In other words, if the national average of marginal costs is higher in the home country, then its output per firm will be lower. Secondly, however, by using the first order conditions in (5.6) and (5.14), we can obtain,

$$x_i - x = (c_{xi} - c_x)/P', \quad \text{and} \quad y_j - y = (c_{yj} - c_y)/P'. \tag{5.15}$$

That is, the market share of a firm with a lower marginal cost (net of subsidy) is higher than that of average firms.

Solving for individual as well as total outputs yields,

$$\partial x_i/\partial s = \left[(x_i - x)nP'' - \{YP'' + (m+1)P'\}\right]/(P'\Delta)$$
$$\partial y_j/\partial s = (y_j P'' + P')n/(P'\Delta) < 0 \tag{5.16}$$
$$\partial Q/\partial s = -n/\Delta > 0, \quad \text{and} \quad \partial P/\partial s = -nP'/\Delta < 0.$$

In this comparative statics expression, the sign of $\partial x_i/\partial s$ is ambiguous because of the conflicting effects of $\partial x_i/\partial s_i > 0$ and $\partial x_i/\partial s_k < 0$ for $k \neq i$. In fact, $\partial x_i/\partial s$ can be negative if $(x - x_i)nP''$ is positive and sufficiently large.

And, summing over all domestic firms and foreign firms, respectively, yields the comparative statics effect on (average) home domestic production and foreign production,

第 5 章　On the rationalization effects under asymmetric oligopoly: production subsidy versus tariff

$$\partial X/\partial s = -\{YP'' + (m+1)P'\}n/(P'\Delta) > 0$$
$$\partial x/\partial s = -\{YP'' + (m+1)P'\}/(P'\Delta) > 0, \tag{5.17}$$

and

$$\partial Y/\partial s = (YP'' + mP')n/(P'\Delta) < 0,$$
$$\partial y/\partial s = (yP'' + P')n/(P'\Delta) < 0. \tag{5.18}$$

After some manipulation, we derive the deviation of each firm's output changes relative to the average,

$$\partial(x_i - x)/\partial s = (x_i - x)nP''/(P'\Delta) = (c_{xi} - c_x)nP''/(P'^2\Delta),$$
$$\partial(y_j - y)/\partial s = (y_j - y)nP''/(P'\Delta) = (c_{yj} - c_y)nP''/(P'^2\Delta). \tag{5.19}$$

From this we have obtained,

Proposition 1: A uniform production subsidy to home firms increases home domestic output X and decreases foreign exports Y. Further, the output of a home firm will increase by more than average if demand is convex (concave) and the firm is more (less) efficient in production than average.

That is, when the inverse demand function is concave, a uniform subsidy raises the output of less efficient, smaller home firms more than that of more efficient, larger firms.

Now we turn to a tariff policy. Analogously, we have for a tariff,

$$\partial x_i/\partial t = -(x_i P'' + P')m/(P'\Delta) > 0$$
$$\partial y_j/\partial t = \{(Q - my_j)P'' + (n+1)P'\}/(P'\Delta)$$
$$= -[(y_j - y)mP'' - \{XP'' + (n+1)P'\}]/(P'\Delta)$$
$$\partial Q/\partial t = m/\Delta < 0 \tag{5.20}$$

$\partial P/\partial t = mP'/\Delta > 0,$ and

$\partial(P-t)/\partial t = \partial P/\partial t - 1 = -\{QP'' + (n+1)P'\}/\Delta.$

Summing over all domestic and foreign firms yields the comparative statics effect on domestic (average) production and foreign production, respectively,

$$\partial X/\partial t = -(XP'' + nP')m/(P'\Delta) > 0$$
$$\partial x/\partial t = -(xP'' + P')m/(P'\Delta) > 0$$
$$\partial(x_i - x)/\partial t = -(x_i - x)mP''/(P'\Delta), \tag{5.21}$$

and

$$\partial Y/\partial t = m\{XP'' + (n+1)P'\}/(P'\Delta) < 0. \tag{5.22}$$

Thus we get

Proposition 2: A tariff on imports increases home output X, and decreases foreign exports Y. Output of the home firm will increase by more than average if demand is convex (concave) and the firm is less (more) efficient in production than average.

The above result indicates that the sign of the effect of a tariff on the output of individual firms relative to the national average output is opposite to that of a production subsidy, that is,

$$\text{sign}[\partial(x_i - x)/\partial t] = -\text{sign}[\partial(x_i - x)/\partial s]. \tag{5.23}$$

3 Welfare effects

Home welfare is given by the sum of consumers' surplus, domestic profit and government net revenue,

第5章　On the rationalization effects under asymmetric oligopoly: production subsidy versus tariff

$$SW = CS + \sum_i \pi_{xi} + (tY - sX) = U(Q) - \sum_i c_{xi}x_i - (P-t)Y. \quad (5.24)$$

For an intuitive explanation, take the difference in (5.24), and, using $P = \Delta U/\Delta Q$, so that,

$$\begin{aligned}\Delta SW &= P\Delta(X+Y) - \sum_i c_{xi}\Delta x_i - (\Delta P - \Delta t)Y - (P-t)\Delta Y \\ &= \sum_i (P - c_{xi})\Delta x_i - (\Delta P - \Delta t)Y + t\Delta Y \\ &= \sum_i (P - c_{xi})\Delta(x_i - x) + (P - c_x)\Delta X - (\Delta P - \Delta t)Y + t\Delta Y\end{aligned}$$
(5.25)

the second, the third and the fourth term denotes the traditional resource allocation effect, the terms of trade effect and the volume effect, respectively. The first term can be the rationalization effect under asymmetric oligopoly that is stressed by Collie.

We will derive formally explicit expressions for welfare change with a production subsidy and a tariff. First, partial differentiation with respect to s with $t = 0$, using a consumer's maximizing condition $dU/dQ = P$, gives the effect of a subsidy on domestic welfare,

$$\partial SW/\partial s = \sum_i (P - c_{xi})\partial x_i/\partial s - Y\partial P/\partial s. \quad (5.26)$$

By substituting the derivatives above, the change of welfare will be

$$\partial SW/\partial s = \partial SW/\partial s|_{s=0} + s\{YP'' + (m+1)P'\}n/(P'\Delta) \quad (5.27)$$

where $\partial SW/\partial s|_{s=0}$ means the effect on welfare starting at a zero subsidy. That is,

$$\begin{aligned}&\partial SW/\partial s|_{s=0} \\ &= n\Big[\{(m+1)P' + YP''\}xP' - P'P''\sum_i(x_i-x)^2 + (P')^2 Y\Big]\Big/(P'\Delta).\end{aligned}$$
(5.28)

Notice that the first term $n\{(m+1)P' + YP''\}xP'/(P'\Delta) = -xP'\partial X/\partial s > 0$ can be thought as the traditional allocation effect and the last term shows the terms of trade effect. Thus we have an additional rationalization effect $-nP'P''\sum_i(x_i - x)^2/(P'\Delta)$ under asymmetric oligopoly that may have a positive or negative effect on welfare.

By equating (5.27) to zero, optimum subsidy will be

$$s^O = -\Big[\{(m+1)P' + YP''\}xP' - P'P''\sum_i(x_i - x)^2 + (P')^2 Y\Big] \Big/ \{YP'' + (m+1)P'\}, \tag{5.29}$$

which can be written alternatively as

$$s^O = -\Big[\{(m+1-n)P' + YP''\}xP' - P'P''\sum_i(x_i - x)^2 + (P')^2 Q\Big] \Big/ \{YP'' + (m+1)P'\}. \tag{5.29'}$$

Analogously the effect of a tariff on welfare can be written, with $s = 0$, as

$$\partial SW/\partial t = \sum_i(P - c_{xi})\partial x_i/\partial t - Y(P'\partial Q/\partial t - 1) + t\,\partial Y/\partial t$$
$$= \partial SW/\partial t|_{t=0} + mt\{XP'' + (n+1)P'\}/(P'\Delta)$$
$$= m\Big[(P''X + nP')xP' + P'P''\sum_i(x_i - x)^2$$
$$+ \{QP'' + (n+1)P'\}yP'\Big]\Big/(P'\Delta)$$
$$+ mt\{XP'' + (n+1)P'\}/(P'\Delta), \tag{5.30}$$

where the rationalization effect of a tariff is $mP'P''\sum_i(x_i - x)^2/(P'\Delta)$. The optimum tariff will be obtained as

$$t^O = -\Big[(P''X + nP')xP' + P'P''\sum_i(x_i - x)^2$$
$$+ \{QP'' + (n+1)P'\}yP'\Big]\Big/\{XP'' + (n+1)P'\}. \tag{5.31}$$

Thus we summarize the above results as,

Proposition 3: Let demand be convex $P'' > 0$, then a uniform production subsidy has, by reallocating domestic production towards more efficient firms, a positive rationalization effect on welfare. A tariff that reallocates domestic production towards less efficient firms, however, has a negative rationalization effect. Further, the absolute value of rationalization effect will be larger, the larger is the variance of home outputs or marginal costs.

4 Concluding remarks

Both a uniform production subsidy and tariff increase home production and decrease foreign exports. As this chapter has shown, however, regarding the rationalization effect that is the main feature of asymmetric oligopoly, they have the opposite effect on national welfare.

References
[1] Bergstrom, C. and H.R. Varian (1985), "Two Remarks on Cournot Equilibria," *Economics Letters*, 19, pp.5-8.
[2] Collie, D. (1993), "Strategic Trade Policy under Asymmetric Oligopoly," *European Journal of Political Economy*, 9, pp.275-280.
[3] Dixit, A. (1984), "International Trade Policy for Oligopolistic Industries," *Economic Journal Supplement*, 94, pp.1-16.
[4] Dixit, A. (1986), "Comparative Statics for Oligopoly," *International Economic Review*, 27, pp.107-122.
[5] Helpman E. and P.R. Krugman (1989), *Trade Policy and Market Structure*, (The MIT Press, Cambridge).
[6] Lahiri, S. and Y. Ono (1988), "Helping Minor Firms Reduces Welfare," *Economic Journal*, 98, pp.1199-1202.
[7] Long, N.V. and A. Soubeyran (1997), "Cost Heterogeneity, Industry Concentration and Strategic Trade Policy," *Journal of International Economics*, 43, pp.207-220.
[8] Markusen J.R. and A.J. Venables (1988), "Trade Policy with Increasing Returns and Imperfect Competition: Contradictory Results from Competing Assumptions," *Journal of International Economics*, 23, pp.299-316.
[9] Neary, J.P. (1994), "Cost Asymmetries in International Subsidy Games: Should Governments Help Winners or Losers?," *Journal of International Economics*, 37, pp.197-218.

第6章

複占企業の供給契約，生産補助金政策および国民厚生

1 はじめに

「戦略的通商政策論」の標準的な枠組みは企業間競争での戦略変数は所与とし，政策変数の水準決定段階とそれに続く企業間競争の段階からなる2段階ゲームとして定式化されてきた。さらに Eaton and Grossman (1986) による指摘以来，企業の戦略変数が数量であるクールノー競争の均衡と戦略変数が価格であるベルトラン競争での均衡との比較が特に輸出国の政策水準が補助金となるかあるいは課税となるかを巡って議論されてきた[1]。

本章では企業間競争での戦略変数を内生的に決定する枠組みを考察する。Singh and Vives (1984) の分析は閉鎖経済モデルで差別化財を供給する複占企業を想定し，各企業の可能な戦略を価格契約または数量契約とし，主に以下の点を示している。(1) 両企業が数量契約戦略の競争を展開するクールノー競争均衡（QQ 均衡）に比較して，両企業が価格契約戦略で競争を展開するベルトラン競争均衡（PP 均衡）のほうが国民厚生水準は高い。よって国民的観点からはベルトラン競争が望ましい。(2) 2段階ゲームとして定式化し各企業は生産・供給に先立ち2種類の中から契約方式を選択するとしよう。各企業の観点からは，もし両財が代替財ならば数量契約が支配戦略であるためクールノー競争均衡が実現し，逆に補完財ならば価格契約が支配戦略でベルトラン競争均衡が結果する。したがって契約方式の選択を内生化すると国民的により望ましいベルトラン競争均衡が選択される保証はない[2]。

Singh and Vives (1984) の分析を援用すると補完財の場合には企業の戦略選択と国民的利害とは矛盾はない。よって本章では代替財の場合を中心に考察する。また本章では閉鎖経済ではなく，自国企業と外国企業が自国内の市場で競争する枠組みのモデルを利用し，自国政府（行政府）は国民的厚生を最大化するために生産補助金を提供するが，輸出国である外国は不介入としよう。さらに

---

[1] これらに関しては例えば，Brander (1995), Helpman and Krugman (1989) および Wong (1995) を参照。また，石川 (2001), 伊藤・清野・奥野・鈴村 (1988) などでも解説されている。

[2] なお，より一般的に2つの均衡の比較を行った最近の分析として Amir and Jin (2001) をも参照。

第6章　複占企業の供給契約，生産補助金政策および国民厚生

差別化財ではあるが線型の需要関数をもたらすような効用関数を想定している。

この場合でも，もし自国も不介入ならば両国企業が数量契約戦略の競争を展開するクールノー競争均衡に比較して，両国企業が価格契約戦略で競争を展開するベルトラン競争均衡のほうが自国国民厚生水準は高い。さらにもし両財が代替財ならばクールノー競争均衡が実現し，逆に補完財ならばベルトラン競争均衡が結果する。

では代替財の場合に，自国では補助金政策の策定と実行により企業に価格契約を選択させるように誘導し，ベルトラン競争均衡を実現させてより高い厚生水準の獲得が可能かどうかを検討する。

この場合に自国にとっては，両国企業に価格競争を実行させるよりも，自国企業のみに価格競争を実行させるよう誘導するほうが容易であろう。

そこで自国の立法府は以下のような政策を法制化するとしよう。「自国企業が数量契約を採用する場合には自国企業への生産補助金はゼロ，自国企業が価格契約を採用する場合には最適補助率を供与する」。最適補助金値の値の決定および提供は政府（行政府）が実行する。

このとき一定の条件のもとでは自国企業は価格契約を採用するが，代替財のもとでは外国企業にとっては数量契約が支配戦略である。そのため出現する均衡はベルトラン競争均衡ではなく，自国企業は価格契約・外国企業は数量契約を選択する非対称的な均衡（PQ均衡）となる。

しかし，外国企業が価格契約あるいは数量契約のいずれを採用しようとも，自国企業が価格契約を採用しかつ自国政府が最適補助金を提供するなら，自国厚生はPP均衡とPQ均衡の両均衡で同一水準となる。したがって自国が自国企業にのみ価格契約を実行させることが可能ならば，結果的にベルトラン競争均衡での厚生水準と同じ水準を確保できるのである。

本章の構成は以下のとおりである。第2節で生産，国民厚生に関する基本モデルを提示し，第3節では可能な4種類の均衡のうち両国企業の採用する戦略の種類が互いに同一となる対称均衡であるクールノー均衡とベルトラン均衡を比較検討する。また第4節では両国企業の採用する戦略の種類が互いに異なるような非対称均衡を2種類考察する。第5節は不介入のもとで企業の契約選択の内生的決定およびクールノー均衡とベルトラン均衡での厚生水準の優劣を確

認する。第6節では各均衡での自国政府による最適生産補助金率の提供とそのときの生産や厚生を求める。第7節では,「自国企業が数量契約を採用する場合には自国企業への生産補助金はゼロ,自国企業が価格契約採用の場合には最適補助金率を供与する」との法制化のもとで以下の点を示す。すなわち,(1) 一定の条件のもとで自国企業にとって価格契約の採用が支配戦略となる。よって部分ゲーム完全均衡として自国企業は価格契約を採用し,外国企業は数量契約の採用といった均衡が実現する。(2) この均衡での自国厚生水準は,両国企業が価格契約を選択したならば実現するベルトラン均衡で自国政府が自国企業に最適生産補助金を提供するときの厚生水準と同一である。(3) さらにこのときの自国厚生はクールノー均衡のもとで,もし自国政府が自国企業に最適生産補助金を提供するときの厚生と比較し高水準である。最後に第8節は要約に利用される。

2 基本モデル

輸入国である自国の国内市場にて競争する自国1企業と外国1企業からなる複占形態での不完全競争市場を対象とする。それぞれが生産する財は差別化された不完全な代替財とし,さらに自国企業は当該財を輸出しないと想定する。各企業は競争するに先立ち価格契約または数量契約からそれぞれ1つの方式を選択する。ここで価格契約とは競争相手企業の行動如何に関わらず,既定の価格で消費者に需要される量を供給するという契約である。他方数量契約とは競争相手企業の行動如何に関わらず,既定の数量を消費者に供給する契約を指している[3]。自国政府は自国厚生水準を最大化する目的で自国企業に生産補助金を供与し,他方外国は不介入とする。

多段階ゲームとして考察し,意思決定・実行の順序は以下のとおりである。
　　第0段階:自国の立法府は自国企業の選択する契約方式に従った自国企業
　　　　　　への補助金提供方式を法制化する
　　第1段階:両国企業の契約方式の選択と企業および消費者による公表
　　第2段階:自国政府(行政府)の生産補助金水準の決定
　　第3段階:両国企業の複占競争

---

[3] Singh and Vives (1984), pp.549-550 を参照。

第 6 章　複占企業の供給契約，生産補助金政策および国民厚生

　均衡は部分ゲーム完全均衡であり，後段階から解く．若干の補足を加えよう．Singh and Vives (1984) の分析は閉鎖経済モデルで差別化財を供給する複占企業を想定し，各企業の可能な戦略を価格契約または数量契約とする．それは2段階ゲームからなり最初の段階では各企業が価格契約または数量契約からそれぞれ1つの方式を選択する．次の段階では最初の段階での選択結果を所与として複占競争がなされ，生産量，価格および厚生水準が定まる．本章ではこの2つの段階の間に自国政府による生産補助金水準決定の手番を導入しているのである．この順序は標準的な枠組みでの企業間競争の戦略変数を所与とし，政策変数の決定段階とそれに続く企業間競争の段階からなる2段階ゲームの拡張と理解できる．

　また第0段階では自国の立法府は自国企業の選択する契約方式に従った補助金提供方式を法制化する，すなわちそれは「自国企業が数量契約を採用する場合には自国企業への生産補助金はゼロ，自国企業が価格契約採用の場合には最適補助金率を供与する」というものである．したがってたとえ第2段階にて補助金水準決定の手番が到達しても，もし自国企業が数量契約採用の場合には政府の提供する補助金水準はゼロと制限されるのである．しかしながら本章の以下では比較・考察のために第1段階で選択されたすべてのケースについて（架空の）最適補助金水準を計算し，そのときの特徴や意味をも考察する．なお Shivakumar (1995) は類似の多段階ゲームの分析を，貿易政策の立案（形成）とその実行の過程を区別したものと理解している．

2.1　需要

　自国家計（消費者）は自国企業の生産する財を x，外国企業の生産する財を y，および競争的に生産される価値尺度財を z だけ消費可能として，その効用関数を以下のように表す，すなわち

$$U(x,y,z) = a_x x - \frac{b_x x^2}{2} + a_y y - \frac{b_y y^2}{2} - kxy + z$$

であり，ここで $a_j > 0$，$b_j > 0$ および $k > 0$ である[4]．家計の効用最大化の1階条件より次の逆需要関数

---

[4] $k > 0$ として代替財を想定するが，補完財の場合にも言及する．

$$p_x(x,y) = a_x - b_x x - ky, \qquad p_y(x,y) = a_y - b_y y - kx \qquad (6.1)$$

が得られ，p_x は自国市場での x 財価格を，p_y は自国市場での y 財価格をそれぞれ表示する．自国の消費者余剰を $CS = U - \{p_x x + p_y y + z\}$ と定義して，代入により

$$CS = \frac{b_x x^2 + b_y y^2 + 2kxy}{2b} > 0$$

が成り立つ．

2.2 生産・供給

次に各企業の選択し公表した契約方式および自国政府が提供する従量生産補助金 s の水準を所与として，第3段階における企業の利潤最大化行動を考察する．自国企業，外国企業の（粗）利潤関数はそれぞれ

$$\pi = (p_x - c_x + s)x, \qquad \pi^* = (p_y - c_y)y$$

であり，ここで c_j は各企業の限界費用を示している．

2.3 厚生水準

自国の国民厚生（社会的厚生）の定義は，消費者余剰，自国企業の粗利潤と純税額の合計，すなわち

$$SW = CS + \pi - sx \qquad (6.2)$$

と定義する．他方外国厚生は外国企業の利潤と定義できる．すなわち

$$SW^* = \pi^*$$

である．最後に世界厚生は2国厚生の単純和である

$$W = SW + SW^*$$

とする[5]．

---

[5] 以下では自国の厚生水準に議論の焦点をあてるため，外国厚生および世界厚生は登場しない．なお Singh and Vives (1984) は閉鎖経済モデルであるためそこでの厚生は本章の世界厚生 W に対応する．

第 6 章 複占企業の供給契約，生産補助金政策および国民厚生

3 対称均衡の特徴

各国企業の選択可能な戦略は数量契約および価格契約とする。したがって可能な均衡は 4 種類であるが，本節では両国企業の選択する契約の種類が同一であるような対称均衡であるクールノー均衡とベルトラン均衡を考察する。

3.1 クールノー均衡　QQ 均衡

両国企業がともに数量契約を選択したとしよう。上付き添字 QQ はクールノー均衡での値を表示する。利潤関数に逆需要関数を代入すると，結果は生産量 (x,y) の関数となる。利潤最大化の 1 階条件を連立して生産水準に関して解くことにより

$$x^{QQ} = \frac{2b_y(a_x - c_x + s) - k(a_y - c_y)}{H_4},$$
$$y^{QQ} = \frac{2b_x(a_y - c_y) - k(a_x - c_x + s)}{H_4} \tag{6.3}$$

を得る。なお以下では n を正の整数として，$H_n = nb_xb_y - k^2 > 0$ とする[6]。さらに数量と価格との間に以下の関係を得る。すなわち

$$p_x^{QQ} - c_x + s = b_x x^{QQ}, \qquad p_y^{QQ} - c_y = b_y y^{QQ}$$

である。さらに各企業の利潤は

$$\pi^{QQ} = b_x(x^{QQ})^2 = \frac{(p_x^{QQ} - c_x + s)^2}{b_x}, \quad \pi^{*QQ} = b_y(y^{QQ})^2 = \frac{(p_y^{QQ} - c_y)^2}{b_y}$$

と表現され，自国厚生水準は

$$SW(s)^{QQ} = SW_0^{QQ} + \frac{b_y(2a_x - 2c_x - s)s}{2H_4} \tag{6.4}$$
$$SW_0^{QQ} = \frac{3b_y(a_x - c_x)^2 + b_x(a_y - c_y)^2 - 2k(a_x - c_x)(a_y - c_y)}{2H_4}$$

である。ただし (s) は補助金水準に依存することを明示的に示し，下付き添字 0 は補助金がゼロの値を表示する。以下では (0) でも補助金がゼロのときの値を表示する場合がある。

---
[6] これより特に $n=1$ として $H_1 = b_xb_y - k^2 > 0$ が成立している。

3.2　ベルトラン均衡　PP 均衡

両国企業がともに価格契約を選択したとしよう。上付き添字 PP はベルトラン均衡での値を表示する。逆需要関数から需要関数を求めて

$$x(p_x, p_y) = \frac{b_y(a_x - p_x) - k(a_y - p_y)}{H_1},$$

$$y(p_x, p_y) = \frac{b_x(a_y - p_y) - k(a_x - p_x)}{H_1}$$

であり，これらの需要関数を利潤に代入すると，結果は価格 (p_x, p_y) の関数となる。利潤最大条件よりベルトラン均衡価格を求め，さらにそれらを変形すると

$$p_x^{PP} - c_x + s = \frac{H_2(a_x - c_x + s) - b_x k(a_y - c_y)}{H_4} \tag{6.5}$$

$$p_y^{PP} - c_y = \frac{H_2(a_y - c_y) - b_y k(a_x - c_x + s)}{H_4} \tag{6.6}$$

となる。これらと生産量との間には以下の関連を得る。すなわち

$$x^{PP} = \frac{b_y}{H_1}(p_x^{PP} - c_x + s), \qquad y^{PP} = \frac{b_x}{H_1}(p_y^{PP} - c_y)$$

である。また各企業の利潤は，それぞれ

$$\pi^{PP} = \frac{b_y}{H_1}(p_x^{PP} - c_x + s)^2 = \frac{H_1}{b_y}(x^{PP})^2,$$

$$\pi^{*PP} = \frac{b_x}{H_1}(p_y^{PP} - c_y)^2 = \frac{H_1}{b_x}(y^{PP})^2$$

と表現され，自国厚生水準は

$$SW(s)^{PP} = SW_0^{PP} + \frac{\{2b_y H_1(a_x - c_x) - b_x b_y^2 s\}s}{2H_1 H_4} \tag{6.7}$$

$$SW_0^{PP} = \frac{\{(3b_x b_y - 2k^2)(a_x - c_x)^2 + b_x^2(a_y - c_y)^2 - 2b_x k(a_x - c_x)(a_y - c_y)\}b_y}{2H_1 H_4}$$

である。

第 6 章　複占企業の供給契約，生産補助金政策および国民厚生

4　非対称均衡の特徴

　この節では両国企業の採用する戦略の種類が互いに異なるような非対称均衡を 2 種類考察する。すなわち自国企業は価格契約，外国企業は数量契約を採用する PQ 均衡と，自国企業は数量契約，外国企業は価格契約を採用する QP 均衡である。

4.1　非対称均衡 1　PQ 均衡

　自国企業は価格契約，外国企業は数量契約を採用するとしよう。上付き添字 PQ でこのときの均衡での値を表示する。外国企業の需要関数を p_y に関して解くと，結果は (p_x, y) の関数となる。この p_y を外国企業の利潤に代入すれば，結果は (p_x, y) の関数である。

　他方自国企業の逆需要関数を x に関して解くならば結果は (p_x, y) の関数となり，この x を自国企業の利潤に代入すると，こちらも結果は (p_x, y) の関数となる。各企業はそれぞれの戦略変数で自らの利潤を最大化する。このときの 1 階条件を連立して (p_x, y) に関して解くことにより

$$p_x^{PQ} - c_x + s = \frac{H_2(a_x - c_x + s) - b_x k(a_y - c_y)}{4b_x b_y - 3k^2} \tag{6.8}$$

および

$$y^{PQ} = \frac{2b_x(a_y - c_y) - k(a_x - c_x + s)}{4b_x b_y - 3k^2} \tag{6.9}$$

を得る。ここでも価格と数量の間には

$$b_x x^{PQ} = p_x^{PQ} - c_x + s, \qquad \frac{b_x}{H_1}(p_y^{PQ} - c_y) = y^{PQ}$$

の関連を得る。また各企業の利潤は

$$\pi^{PQ} = b_x(x^{PQ})^2, \qquad \pi^{*PQ} = \frac{b_x}{H_1}(p_y^{PQ} - c_y)^2$$

で表現され，自国厚生は

$$SW(s)^{PQ}$$
$$= SW_0^{PQ} + \frac{\{2(H_2^2 - H_1 k^2)(a_x - c_x) - 2b_x k^3(a_y - c_y) - H_1 H_4 s\}s}{2b_x(4b_x b_y - 3k^2)^2} \quad (6.10)$$

$$SW_0^{PQ}$$
$$= \frac{(12b_x^2 b_y^2 - 15b_x b_y k^2 + 5k^4)(a_x - c_x)^2 + H_4 b_x^2 (a_y - c_y)^2 - 4b_x k H_2 (a_x - c_x)(a_y - c_y)}{2b_x(4b_x b_y - 3k^2)^2}$$

で示すことができる。

4.2　非対称均衡2　QP均衡

自国企業は数量契約，外国企業は価格契約を採用するとしよう。上付き添字 QP でこの場合の均衡での値を表示する。先ほどと類似の手順で得た各企業の利潤をそれぞれの戦略変数で最大化する。1階条件を解くことにより

$$x^{QP} = \frac{2b_y(a_x - c_x + s) - k(a_y - c_y)}{4b_x b_y - 3k^2} \quad (6.11)$$

および

$$p_y^{QP} - c_y = \frac{H_2(a_y - c_y) - b_y k(a_x - c_x + s)}{4b_x b_y - 3k^2} \quad (6.12)$$

を得ることができる。ここでも価格と数量の間に

$$\frac{b_y}{H_1}(p_x^{QP} - c_x + s) = x^{QP}, \qquad b_y y^{QP} = p_y^{QP} - c_y$$

の関連を得る。また各利潤は

$$\pi^{QP} = \frac{b_y}{H_1}(p_x^{QP} - c_x + s)^2, \qquad \pi^{*QP} = b_y(y^{QP})^2$$

で表現され，自国厚生は

$$SW(s)^{QP}$$
$$= SW_0^{QP} + \frac{\{2b_y(4b_x b_y - 5k^2)(a_x - c_x) + 2k^3(a_y - c_y) - b_y H_4 s\}s}{2b_y(4b_x b_y - 3k^2)^2} \quad (6.13)$$

$$SW_0^{QP}$$
$$= \frac{(12b_x b_y - 11k^2)b_y^2(a_x - c_x)^2 + H_1 H_4 (a_y - c_y)^2 - 8b_y k H_1 (a_x - c_x)(a_y - c_y)}{2b_y(4b_x b_y - 3k^2)^2}$$

となる。

第 6 章　複占企業の供給契約，生産補助金政策および国民厚生

5　不介入での企業の内生的契約選択と経済厚生

この節では不介入のもとで両国の企業がそれぞれの選択する契約の種類に依存して出現する均衡を考慮して，利潤の大小を比較し契約の種類を選択するとしよう。さらにそのときに出現するクールノー均衡とベルトラン均衡の 2 種類の対称均衡で厚生水準を比較する。

5.1　利潤比較

ゲームの第 1 段階で各企業が同時独立的に数量契約および価格契約から選択するときの可能な結果と，そのときの利得（企業利潤）は表 6.1 に示される。

表 6.1　不介入のもとでの契約選択（自国企業利潤，外国企業利潤）

	外国企業数量契約	外国企業価格契約
自国企業数量契約	$(\pi_0^{QQ}, \pi_0^{*QQ})$	$(\pi_0^{QP}, \pi_0^{*QP})$
自国企業価格契約	$(\pi_0^{PQ}, \pi_0^{*PQ})$	$(\pi_0^{PP}, \pi_0^{*PP})$

自国企業の戦略決定を考察するため，第 1 に外国企業が数量契約を選択したと想定すると，

$$\pi_0^{QQ} - \pi_0^{PQ} = b_x\{(x_0^{QQ})^2 - (x_0^{PQ})^2\}$$

より

$$x_0^{QQ} - x_0^{PQ} = \frac{2b_x(a_y - c_y) - k(a_x - c_x)}{b_x H_4 (4b_x b_y - 3k^2)} k^3 \tag{6.14}$$

を比較し，第 2 に外国企業が価格契約を選択したと想定すると，

$$\pi_0^{QP} - \pi_0^{PP} = \frac{b_y\{(p_x^{QP} - c_x)^2 - (p_x^{PP} - c_x)^2\}}{H_1}$$

の比較であるが，両ケースで費用は共通のため

$$p_x(0)^{QP} - p_x(0)^{PP} = \frac{H_2(a_y - c_y) - b_y k(a_x - c_x)}{b_y H_4 (4b_x b_y - 3k^2)} k^3 \tag{6.15}$$

を比較する。

同様にして外国企業の戦略決定のため，第 1 は自国企業が数量契約を選択したと想定すると

$$y_0^{QQ} - y_0^{QP} = \frac{2b_y(a_x - c_x) - k(a_y - c_y)}{b_y H_4 (4b_x b_y - 3k^2)} k^3 \tag{6.16}$$

を考察し，第 2 に自国企業が価格契約を選択したと想定すると，ここでも両ケースで費用および補助金水準は共通のため

$$p_y(0)^{PQ} - p_y(0)^{PP} = \frac{H_2(a_x - c_x) - b_x k(a_y - c_y)}{b_x H_4 (4b_x b_y - 3k^2)} k^3 \tag{6.17}$$

を得る。さて不介入として $s = 0$，さらに生産量が正である内点解を想定すると，各企業ともに，もし $k > 0$ ならば数量契約が支配戦略でありクールノー均衡が実現し，逆に $k < 0$ であれば価格契約が支配戦略となるためベルトラン均衡が実現する[7]。

5.2　厚生比較

ここでは不介入として $s = 0$ とすると出現可能な 2 種類の均衡での自国厚生水準を比較する。

$$\begin{aligned}&SW_0^{PP} - SW_0^{QQ} \\ &= \frac{b_y(a_x - c_x)^2 + b_x(a_y - c_y)^2 - 2k(a_x - c_x)(a_y - c_y)}{2H_1 H_4} k^2 > 0\end{aligned} \tag{6.18}$$

よって，不介入で $H_1 > 0$ のもとでは，k の符号と無関係に，ベルトラン均衡でクールノー均衡よりも自国厚生水準は高いことが確認できる[8]。

6　自国行政府による最適生産補助金政策

この節では第 1 段階で企業の選択した戦略に依存して出現可能な 4 種類の各均衡において，第 2 段階にて自国政府は国民厚生水準を最大化するために自国企業に生産補助金を提供すると想定しよう。各均衡で最適な補助金水準を求め，そのもとでの生産，厚生などを提示する。この段階では自国政府（行政府）の

---
[7] Singh and Vives (1984), pp.549-551 を参照。
[8] Singh and Vives (1984), pp.549-551 を参照。ただし厚生水準の定義の相違に注意。

第 6 章　複占企業の供給契約，生産補助金政策および国民厚生

役割は企業の選択する契約戦略を所与としてその種類とかかわりなく，国民厚生水準最大化のための補助金水準の決定である．すなわち既に決定された政策手段の水準の決定である．

6.1　クールノー均衡

クールノー均衡での最適な生産補助金水準は

$$s^{QQ} = a_x - c_x > 0 \tag{6.19}$$

正の値をとるため実際補助金提供であり，それを代入して生産量 (利潤) と自国厚生はそれぞれ以下のように得られる．なお (s^{IJ}) で IJ 均衡 $(I = Q, P, J = Q, P)$ で最適補助金水準を代入したときの値を表示する．

$$x^{QQ}(s^{QQ}) = \frac{4b_y(a_x - c_x) - k(a_y - c_y)}{H_4},$$
$$y^{QQ}(s^{QQ}) = \frac{2\{b_x(a_y - c_y) - k(a_x - c_x)\}}{H_4},$$
$$SW^{QQ}(s^{QQ}) = \frac{b_y 4(a_x - c_x)^2 + b_x(a_y - c_y)^2 - 2k(a_x - c_x)(a_y - c_y)}{2H_4}. \tag{6.20}$$

6.2　ベルトラン均衡

同様にしてベルトラン均衡での最適な生産補助金水準は

$$s^{PP} = \frac{H_1}{b_x b_y}(a_x - c_x) > 0 \tag{6.21}$$

で正の値をとる．そのときの生産量，価格，利潤と自国厚生はそれぞれ以下のように得られる．第 1 に生産量は

$$x^{PP}(s^{PP}) = \frac{H_2^2(a_x - c_x) - kb_x^2 b_y(a_y - c_y)}{b_x H_1 H_4}$$
$$y^{PP}(s^{PP}) = \frac{H_2}{H_1 H_4}\{b_x(a_y - c_y) - k(a_x - c_x)\},$$

となる．これを利用して価格の値は以下の 2 式から得ることができる．

$$\frac{H_1}{b_y} x^{PP}(s^{PP}) = p_x^{PP}(s^{PP}) - c_x + s^{PP}, \quad \frac{H_1}{b_x} y^{PP}(s^{PP}) = p_y^{PP}(s^{PP}) - c_y$$

また利潤は

$$\pi^{PP}(s^{PP}) = \frac{b_y}{H_1}\{p_x^{PP}(s^{PP}) - c_x + (s^{PP})\}^2$$

$$\pi^{*PP}(s^{PP}) = \frac{b_x}{H_1}\{p_y^{PP}(s^{PP}) - c_y\}^2$$

を満たす。最後に自国厚生水準は

$$SW^{PP}(s^{PP}) = \frac{H_2^2(a_x-c_x)^2 + b_x^3 b_y(a_y-c_y)^2 - 2b_x^2 b_y k(a_x-c_x)(a_y-c_y)}{2b_x H_1 H_4} \tag{6.22}$$

である。

ここでクールノー均衡とベルトラン均衡でいくつかの比較をしよう。最適補助金水準は

$$s^{PP} - s^{QQ} = -\frac{a_x - c_x}{b_x b_y}k^2 < 0$$

であるので，クールノー均衡でより高水準の補助金を提供することがわかる。

クールノー均衡とベルトラン均衡での自国厚生水準に関してこれまで得られた結果は，第1に不介入のもとではクールノー均衡に比較してベルトラン均衡で自国厚生は高水準であること，第2は導出過程から明らかなように，各均衡にて不介入よりも最適補助金提供の場合で自国厚生は高水準となる。そこで次に最適補助金下でのクールノー均衡とベルトラン均衡の自国厚生水準を比較すると

$$SW^{PP}(s^{PP}) - SW^{QQ}(s^{QQ}) = \frac{\{b_x(a_y-c_y) - k(a_x-c_x)\}^2}{2b_x H_1 H_4}k^2 > 0 \tag{6.23}$$

となる。これより次の命題を得る。

[命題1] 各均衡で自国が自国企業に最適生産補助金を提供する場合を比較しても，クールノー均衡に比較してベルトラン均衡のほうで自国厚生水準は高い。

6.3 非対称均衡1 PQ均衡

同様にしてこの場合の均衡での最適な生産補助金水準は

$$s^{PQ} = \frac{(H_2^2 - H_1 k^2)(a_x - c_x) - b_x k^3 (a_y - c_y)}{H_1 H_4} \tag{6.24}$$

となり，代入すると

$$x^{PQ}(s^{PQ}) = x^{PP}(s^{PP}), \qquad y^{PQ}(s^{PQ}) = y^{PP}(s^{PP})$$

が成立するので

$$p_y^{PQ}(s^{PQ}) = p_y^{PP}(s^{PP})$$

および

$$SW^{PQ}(s^{PQ}) = SW^{PP}(s^{PP}) \tag{6.25}$$

を得る．すなわち，外国企業が価格契約あるいは数量契約のいずれを採用しようとも，自国企業が価格契約を採用しかつ自国政府が最適補助金政策を提供するなら，生産（利潤）水準および自国厚生は同一水準である．特に次の命題としてまとめておこう．

[命題2] 外国企業が価格，数量いずれの契約を採用しても，自国企業が価格契約を採用しかつ自国政府が最適補助金政策を提供するなら，(PQ)と(PP)の両均衡で自国厚生は同一水準である．

6.4 非対称均衡2 QP均衡

同様にしてこの場合の均衡での最適な生産補助金水準は

$$s^{QP} = \frac{b_y(4b_x b_y - 5k^2)(a_x - c_x) + k^3(a_y - c_y)}{b_y H_4}, \tag{6.26}$$

代入して

$$x^{QP}(s^{QP}) = x^{QQ}(s^{QQ}), \qquad y^{QP}(s^{QP}) = y^{QQ}(s^{QQ})$$

であるから

$$p_y^{QP}(s^{QP}) = p_y^{QQ}(s^{QQ})$$

および

$$SW^{QP}(s^{QP}) = SW^{QQ}(s^{QQ}) \tag{6.27}$$

となる。よって外国企業が価格契約あるいは数量契約のいずれを採用しようとも，自国企業が数量契約を採用しかつ自国政府が最適補助金政策を提供するなら，生産量（利潤）および自国厚生は同一水準である。ここでも次の命題としてまとめておこう。

[命題3] 外国企業が価格，数量いずれの契約を採用しても，自国企業が数量契約を採用しかつ自国政府が最適補助金政策を提供するなら，(QP) と (QQ) の両均衡で自国厚生は同一水準である。

7 立法府の役割：価格競争の場合には補助金提供の法制化

第0段階で以下のような政策選択を法制化するものとしよう。すなわち「自国企業が数量契約採用の場合には自国企業への生産補助金はゼロ，自国企業が価格契約採用の場合には最適補助金率を供与する」というものである。また行政府がこの方式に違反行為をした場合には直接的間接的に高額のコストが必要となり，結果的に厚生水準が低下するとしよう[9]。したがって実際に第2段階に到達した場合，自国政府の補助金供与に制約を課すことになる。この条件の下で第1段階においてそれ以降の段階を予想して各企業が同時独立的に数量契約およ価格契約から選択するときに可能な結果とそのときの利得（企業利潤）は表6.2に示される。

このとき外国企業の戦略をみるため関連する利潤を比較しよう。外国企業に関してはこれまでの結果から比較的簡単に結果を得る。第1に自国企業が数量契約を採用すると補助金はゼロであるから，$k>0$ のとき

---

[9] このコストは $max[SW^{QQ}(s^{QQ}) - SW_0^{QQ}, SW^{QP}(s^{QP}) - SW_0^{QP}]$ より大とする。

第 6 章 複占企業の供給契約，生産補助金政策および国民厚生

表 6.2 介入政策のもとでの契約選択（自国企業利潤，外国企業利潤）

	外国企業数量契約	外国企業価格契約
自国企業数量契約	$(\pi_0^{QQ}, \pi_0^{*QQ})$	$(\pi_0^{QP}, \pi_0^{*QP})$
自国企業価格契約	$(\pi^{PQ}(s^{PQ}), \pi^{*PQ}(s^{PQ}))$	$(\pi^{PP}(s^{PP}), \pi^{*PP}(s^{PP}))$

$$y_0^{QQ} > y_0^{QP}$$

であった．すなわち自国企業への生産補助金がゼロの場合，外国企業にとっては数量契約を採用するときにその利潤は高水準である．第 2 に自国企業が価格契約を採用すると最適補助金が提供されるので PQ 均衡の結果より

$$p_y^{PQ}(s^{PQ}) = p_y^{PP}(s^{PP})$$

である．すなわち自国政府が自国企業に最適補助金を提供するとき，外国企業にとっては数量政策と価格政策の採用は無差別となる．以上の考察より外国企業にとっては $k > 0$ のとき数量契約が弱支配戦略である．

今度は自国企業の戦略を比較しよう．第 1 にもし外国企業が数量契約を選択したときに，自国企業が数量契約を選択した場合の利潤と価格契約を選択した場合の利潤を比較する．すなわち

$$\pi_0^{QQ} - \pi^{PQ}(s^{PQ}) = b_x\{(x_0^{QQ})^2 - (x^{PQ}(s^{PQ}))^2\}$$

よって

$$x_0^{QQ} - x^{PQ}(s^{PQ}) = -\frac{(2b_x^2 b_y^2 - 2b_x b_y k^2 + k^4)(a_x - c_x) - b_x k^3 (a_y - c_y)}{b_x H_1 H_4} \tag{6.28}$$

を見る．もしこの値が負であれば，提示された補助金政策は企業の価格契約を実現させる．この値は $k > 0$ のとき c_y の 1 次減少関数である．そこでこの値がちょうどゼロとなる c_y の値を定義しよう．すなわち

$$c_y^{Q/P} = a_y - \frac{(2b_x^2 b_y^2 - 2b_x b_y k^2 + k^4)(a_x - c_x)}{b_x k^3} \tag{6.29}$$

とする。また c_y^{min} および c_y^{max} をそれぞれ不介入のもとで両国企業の生産水準が正となる c_y の下限と上限として，特に $x_0^{PP} > 0$, $y_0^{PP} > 0$ を満たす値である。すなわち

$$c_y^{min} = a_y - \frac{H_2(a_x - c_x)}{b_x k}, \qquad c_y^{max} = a_y - \frac{b_y k(a_x - c_x)}{H_2}$$

このとき

$$c_y^{Q/P} - c_y^{min} = -\frac{2H_1^2(a_x - c_x)}{b_x k^3}$$

が成立する。よって $k > 0$ のとき，

$$c_y^{Q/P} < c_y^{min} < c_y^{max} \tag{6.30}$$

が成立して両企業の生産水準が正となる内点解のもとでは，自国企業は自ら数量契約を選択して生産補助金がゼロとなる場合よりも価格契約を選択して最適補助金を獲得する方が利潤は大きい。よって補助金政策は自国企業の価格契約を実現させる。

第 2 にもし外国企業が価格契約を選択したとき，自国企業が数量契約を選択した場合の利潤と価格契約を選択した場合の利潤を比較する，すなわち

$$\pi_0^{QP} - \pi^{PP}(s^{PP}) = \frac{b_y}{H_1}\{(p_x^{QP}(0) - c_x + 0)^2 - (p_x^{PP}(s^{PP}) - c_x + s^{PP})^2\}$$

であるから

$$\begin{aligned}&(p_x^{QP}(0) - c_x + 0) - (p_x^{PP}(s^{PP}) - c_x + s^{PP})\\&= -\frac{(8b_x^3 b_y^3 - 18b_x^2 b_y^2 k^2 + 14b_x b_y k^4 - 3k^6)(a_x - c_x) - H_2 b_x k^3(a_y - c_y)}{b_x b_y H_4(4b_x b_y - 3k^2)}\end{aligned} \tag{6.31}$$

で決まる。先ほど同様にもしこの値が負であれば，提示された補助金政策は企業の価格契約を実現させる。この値は $k > 0$ のとき c_y の 1 次減少関数である。そこでこの値がゼロとなる c_y の値を定義しよう。すなわち

$$c_y^{P/Q} = a_y - \frac{(8b_x^3 b_y^3 - 18b_x^2 b_y^2 k^2 + 14b_x b_y k^4 - 3k^6)(a_x - c_x)}{H_2 b_x k^3} \tag{6.32}$$

第6章 複占企業の供給契約，生産補助金政策および国民厚生

である。このとき
$$c_y^{P/Q} - c_y^{min} = -\frac{2(4b_x^2 b_y^2 - 7b_x b_y k^2 + 2k^4)H_1(a_x - c_x)}{b_x H_2 k^3}$$

であり，この符号は確定しない。ただし以上の結果より，$k^2 < b_x b_y < 1.39k^2$ のとき $c_y^{min} < c_y^{P/Q} < c_y^{max}$ となって，たとえ補助金を放棄しても数量契約を採用するほうで自国企業の利潤が高くなる可能性も存在する。しかし，もし $b_x b_y > 1.4k^2$ のときには $c_y^{P/Q} < c_y^{min} < c_y^{max}$ が成立するので，自国企業は価格契約を選択して最適補助金を獲得する方が利潤は大きい。

自国は自国企業に対して，もし数量契約採用の場合には補助金ゼロ，価格契約採用の場合には最適助金率を供与するとの政策を法制化するとしよう。$k > 0 (k < 0)$ なら外国企業にとって数量契約（価格契約）が弱支配戦略となる。

そのとき，もし $b_x b_y > 1.4k^2$ の条件が成立するならば，自国企業にとって価格契約の採用が支配戦略となる。よって部分ゲーム完全均衡として自国企業が価格契約を採用して自国政府は最適補助金を提供し，外国企業は数量契約の採用といったPQ均衡が実現する。「命題2」により，このPQ均衡での自国厚生水準は，両国企業が価格契約を選択したならば実現するベルトラン均衡（PP均衡）で自国政府が自国企業に最適生産補助金を提供するときの厚生水準と同一である。よって「命題1」を利用すると，厚生水準はクールノー均衡（QQ均衡）のもとで，もし自国政府が自国企業に最適生産補助金を提供するときの厚生と比較すると高水準となっている。ここでの結果は次の命題としてまとめることができる。

[命題4] 自国にて，「自国企業が数量契約採用の場合には自国企業への生産補助金はゼロ，自国企業が価格契約採用の場合には最適補助金率を供与する」との政策選択を法制化したとしよう。そのとき，(1) もし $b_x b_y > 1.4k^2$ の条件が成立するならば，自国企業にとって価格契約の採用が支配戦略となる。よって部分ゲーム完全均衡として自国企業が価格契約を採用して最適生産補助金を提供され，外国企業は数量契約の採用といったPQ均衡が実現する。(2) このPQ均衡での自国厚生水準は，両国企業が価格契約を選択したならば実現するベルトラン均衡で自国政府が自国企業に最適生産補助金を提供するときの厚生

水準と同一である。(3) さらにこのときの自国厚生はクールノー均衡のもとで，もし自国政府が自国企業に最適生産補助金を提供するときの厚生と比較し高水準である。

　第 0 段階での補助金提供方式の法制化とコストはいかなる意味を有するであろうか。この内容が法制化ではなく単なる行政府の表明だとしよう。もし第 1 段階にて両国企業が数量契約を選択してクールノー競争となってしまったならば，第 2 段階で自国政府にとっては補助金をゼロとするよりも最適補助金供与の場合で国民厚生は高水準となる。したがって第 2 段階で国民厚生最大化を目的とする行政府にとっては，最適補助金供与が合理的な選択である。そこで第 1 段階の契約選択に際し両国企業は以上のような事情を予測するとしよう。外国企業にとっては数量契約と価格契約は利潤の比較では無差別である。そこで第 1 に外国企業がたまたま数量契約を選択するとしよう。自国企業の利潤比較の基準は先の $x_0^{QQ} - x^{PQ}(s^{PQ})$ ではなく $x^{QQ}(s^{QQ}) - x^{PQ}(s^{PQ})$ へと変化してしまう。この値は簡単な計算より

$$x^{QQ}(s^{QQ}) - x^{PQ}(s^{PQ}) = \frac{\{b_x((a_y - c_y) - k(a_x - c_x)\}k^3}{b_x H_1 H_4}$$

となり，内点解のもとでは k と同符号である。よって代替財の場合には自国企業にとって数量契約を採用するとき利潤が高水準となる。第 2 にもし外国企業が価格契約を採用するなら，自国企業にとって利潤比較の基準は

$$(p_x^{QP}(s^{QP}) - c_x + s^{QP}) - (p_x^{PP}(s^{PP}) - c_x + s^{PP})$$

となって，類似の計算により内点解のもとでは k と同符号である。よって代替財の場合には自国企業にとって数量契約で利潤が高水準となる。以上から自国企業にとっては数量契約が支配戦略となることが明らかである。よって自国厚生水準は最適補助金下でのクールノー均衡の値と同一となり，「命題 1」により補助金下のベルトラン均衡に比較して低水準となる。

　そこで立法府の役割は第 2 段階での行政府の選択範囲に制約を課すことにより，結果的により高い厚生水準の実現を可能にしていると理解できる。

第 6 章　複占企業の供給契約，生産補助金政策および国民厚生

8　おわりに

　「戦略的貿易政策論」の枠組みの中でも企業の戦略変数が数量であるクールノー競争での均衡と戦略変数が価格であるベルトラン競争での均衡との比較が議論されてきた。

　本章では自国1企業と外国1企業が自国内の市場で競争する枠組みのモデルを利用し，自国政府は国民的厚生を最大化するための生産補助金を提供するが，輸出国である外国は不介入と想定した。もし自国も不介入ならば両国企業が数量契約戦略の競争を展開するクールノー競争均衡（QQ 均衡）に比較して，両国企業が価格契約戦略で競争を展開するベルトラン競争均衡（PP 均衡）のほうが自国国民厚生水準は高い。さらに両財が代替財ならばクールノー競争均衡が実現し，逆に補完財ならばベルトラン競争均衡が結果する。

　そこで代替財の場合に，自国では介入政策の実行により企業に価格契約を選択させるように誘導し，ベルトラン競争均衡を出現させることが可能かどうかを検討するために，立法府が以下のような政策選択を法制化するとした。すなわち，「自国企業が数量契約採用の場合には自国企業への生産補助金はゼロ，自国企業が価格契約採用の場合には最適補助金率を供与する」というものである。

　このとき一定の条件のもとでは自国企業は価格契約の採用に切り替えるが，代替財のもとでは外国企業にとっては数量契約が弱支配戦略である。そのため出現する均衡はベルトラン競争均衡ではなく，自国企業は価格契約・外国企業は数量契約の非対称的な均衡（PQ 均衡）となる。しかし自国企業が価格契約を採用しかつ自国政府が最適補助金を提供するなら，自国厚生は PP 均衡と PQ 均衡の両均衡で同一水準となる。したがって自国が自国企業のみに価格競争を実行させることにより結果的にベルトラン競争均衡での厚生水準を確保できることが示された。立法府の役割は行政府の選択範囲を制約することにより結果的により高い厚生水準の実現を可能にしているのである。

参考文献

[1] Amir, R. and J. Y. Jin (March 2001), "Cournot and Bertrand Equilibria Compared: Substitutability, Complementarity and Concavity," *International Journal*

of Industrial Organization, Vol.19, No.3-4, pp.303-317.

[2] Brander, J.A. (1995), "Strategic Trade Policy," in Grossman, G.M. and K.Rogoff eds.(1995), *Handbook of International Economics*, Vol.3, Elsevier Publishers.

[3] Eaton J. and G.M. Grossman (1986), "Optimal Trade and Industrial Policy Under Oligopoly," *Quarterly Journal of Economics*, Vol.101, No.405, pp383-406.

[4] Helpman E. and R. Krugman (1989), *Trade Policy and Market Structure*, Cambridge Massachusetts, The MIT press.

[5] Shapiro, C. (1989), "Theories of Oligopoly Behavior," in Schmalensee, R. and R. Willig eds., *Handbook of Industrial Organization*, Vol.1, Elsevier Publishers.

[6] Shivakumar, R. (August 1995), "Strategic Export Promotion and Import Protection in a Multi-stage Game," *Canadian Journal of Economics*, Vol.28, No.3, pp.586-602.

[7] Singh, N. and X. Vives (Winter 1984), "Price and Quantity Competition in a Differentiated Duopoly," *Rand Journal of Economics*, Vol.15, No.4, pp.546-554.

[8] Wong, K. (1995), *International Trade in Goods and Factor Mobility*, Cambridge Massachusetts, The MIT press.

[9] 石川城太 (2001),「戦略的貿易政策」: 大山道広（編）『国際経済理論の地平』第 19 章, 東洋経済新報社

[10] 伊藤元重・清野一治・奥野正寛・鈴村興太郎 (1988),『産業政策の経済分析』東京大学出版会

[11] 奥野正寛 (1990),「ゲーム理論と合理性」奥野正寛編『現代経済学のフロンティア』第 5 章, 東洋経済新報社

[12] 奥野正寛・浜田宏一 (1991),「通商問題の政治経済分析」伊藤元重・奥野正寛編『通商問題の政治経済学』第 4 章, 日本経済新聞社

第7章

競争政策，輸出補助金政策および経済厚生

本章の著作権は日本国際経済学会に帰属する

1 はじめに

　数量制限，関税や輸出補助金といった国際貿易への政策的干渉手段は国際間での削減交渉の進展につれ，その明示的な採用可能性の範囲は狭まりつつある。これに対して，国内競争政策と貿易政策相互の関連性やそれらの国際間での調和への関心が高まりつつある。国際貿易政策，国内企業数やそれの政策的変更の効果分析は，特に Dixit (1984) そして最近では例えば Horn and Levinsohn (2001)，Collie (2003) などで考察されている[1]。これらに共通するモデルの特徴は2国モデルということである。また Dixit (1984)，Horn and Levinsohn (2001) では輸入の相互浸透といった部分も含むため，より一般的な側面を有している。

　もしこの種のモデルで貿易政策（のタイミング分析）と競争政策の関連を分析しようとするなら，少なくとも1国は貿易政策とならんで競争政策をも実行することが前提となっている。Horn and Levinsohn (2001) は輸入の相互浸透を含む対称的2国モデルで貿易政策と競争政策の関連を分析する。各国が輸出補助金を利用可能か否かで pre-GATT 均衡と GATT 均衡とに区分し，競争政策の目的により国民的厚生を最大にする競争政策（national merger policy）と両国厚生の合計を最大にする競争政策（supranational merger policy）に区分したうえで，4ケースで最適企業数を比較する。そして線型の需要関数のもとで，特に以下の結果を示している。第1に，各国が国民的厚生を最大にする競争政策のもとでは，pre-GATT 均衡よりも GATT 均衡で最適企業数は多数となる（pro-competitive）。第2に，両国厚生の合計を最大にする競争政策のもとでは最適企業数は少数となる。これは国民的厚生の最大化のケースでは各国がその市場シェアを拡大する目的で最適企業数が増加するためである。Collie (2003) は競争政策と貿易政策を実行する1輸入国（自国）と競争政策のみ実行する1輸出国（外国）からなる2国モデル（輸入国市場モデル）を利用して，輸入国が生産補助金と関税を併用した最適政策を遂行している場合に，各国の競争政策の効果分析を追加し，特に以下の結果を示している。自国の競争政策

---

[1] また前者で関連する論文の紹介がなされている。

第 7 章 競争政策，輸出補助金政策および経済厚生

(企業数の外生的減少)への自国の最適対応は，関税を一定に維持すると同時に生産補助金を引き上げることであり，常に自国厚生水準は上昇する。さらに輸出国の競争政策(企業数の外生的減少)への自国の最適対応は，逆需要関数が凹(凸)なら関税を引き下げ(引き上げ)ると同時に生産補助金を引き上げることであり，常に自国厚生水準は低下する。

　本章では 2 国モデルではなく，国内に企業が存在するような 1 輸入国と，輸出補助金を供与する 2 輸出国からなる「拡張された第 3 国市場モデル」で考察する。生産は第 3 段階で行われ，第 2 段階では 2 輸出国が内生的に決定されるタイミングで補助金政策を実施し，それに先行して第 1 段階では輸入国が企業の参入を自由にする競争政策(=均衡企業数の成立)を行うと想定して以下の問題を考察する。第 1 に，各種均衡で輸入国の均衡企業数が固定費用水準や 2 輸出国企業数といかなる関連を有するか。第 2 に，輸入国企業の自由参入条件下の均衡で輸入国，各輸出国および世界の厚生はどのような水準となり，それらは自由貿易均衡と比較して高水準となるか否か。さらに第 3 として，この均衡企業数は，輸入国の総余剰もしくは総利潤を最大にする観点から過大か過小か。

　こうした問題を考察するための枠組みの先行研究として，Brander and Spencer (1985) による第 3 国市場の基本モデルを利用して 2 輸出国の政策タイミングの分析を行った Ohkawa et al. (2002) がある。そこでは，特に，(1) 輸入国に企業は存在しない，(2) 輸入国政府は不介入である，などの特徴を有する 1 輸入国(第 3 国)と，輸出補助金政策を採用する 2 輸出国からなる寡占モデルを利用して，2 輸出国の政策タイミングの議論を展開し，特に以下の結果を示している。① 2 輸出国補助金政策のタイミングが同時となるのは両国企業数が同一の場合に限る。このとき自由貿易に比較して，政策均衡で両輸出国厚生は低くなり，輸入国と世界の厚生は高くなる。② 一般に両国企業数の差が 1 より大なら，2 輸出国の補助金政策のタイミングは企業数の少ない国が先導者，多い国が追随者となる。この場合には自由貿易に比較し，政策均衡で先導者である輸出国の厚生は高くなるが，2 輸出国企業数の差が 3 より小の場合，政策均衡で追随者の輸出国の厚生は低くなり，輸入国と世界厚生は高くなる。③ 2 輸出国企業数の差が 3 より大になると，自由貿易に比較して政策均衡で輸入国と世界厚生は低くなる。さらに企業数格差が拡大するとき，自由貿易に比較して政策

113

均衡で追随者の輸出国の厚生も高くなる場合が出現する。

　本章では，先の想定 (1), (2) をそれぞれ，(1') 輸入国企業が存在し，(2') 輸入国政府は国際貿易には不介入であるが，輸出国の補助金実施のタイミングとその水準の決定に先行してその企業数を操作可能な競争政策を実行するものと変更する[2]。この場合に輸入国企業が存在するという想定の含意は以下のとおりである。第 1 に，同時手番均衡となる領域は輸入国企業数が多いほど拡大し，逆に輸入国企業数が減少すると縮小する。特に輸入国企業数がゼロなら，同時手番均衡となるためには 2 輸出国企業数（整数）は同数となることが必要である。第 2 に，本章では想定していないが，限界費用表示の生産効率が輸出国と輸入国で異なるケースを区分して考察可能なことである。効率的な先進国が輸出国でその生産（輸出）が拡大し，同時に総供給量も増加するケースで世界厚生は高くなる。生産効率格差が十分に拡大すると非効率な輸入国企業は存続不可能となり，Ohkawa et al. (2002) で考察された輸入国企業数ゼロのケースに対応すると解釈可能である。そして第 3 に，輸入国厚生は消費者余剰と生産者余剰（総利潤）の和からなるため，その最大化においてトレードオフが出現する。

　本章の結果は以下の 3 点（4 命題）に要約できる。なお 2 輸出国を第 1 国輸出国，第 2 国輸出国とよび，それぞれの企業数を $n_i, i = 1, 2$ で表示し，$n_1 + 1 < n_2$ と想定する。第 1 に，2 輸出国企業数格差に対して輸入国企業の固定費用が相対的に低水準（高水準）のとき，輸入国均衡企業数が比較的多数（少数）となり，2 輸出国補助金政策の手番が同時（第 1 輸出国が先導者・第 2 輸出国が追随者の逐次）となる均衡が出現する（[命題 1]）。第 2 は，輸入国が自由参入を許容する競争政策を実行しているとき，2 輸出国補助金政策の手番が同時の均衡と自由貿易均衡とで輸入国厚生は同一水準となる（[命題 2]）。さらにこの政策均衡では，両輸出国厚生が自由貿易均衡に比較して高くなる結果，世界厚生も高水準である（[命題 3]）。第 3 として，輸入国均衡企業数は，輸入国の総利潤を最大にする観点からは過大となり，逆にその厚生水準を最大にするためには過小である（[命題 4]）。

　命題 4 から，外国の輸出補助金政策を予め想定しながら，もし輸入国政府の

---

[2] なお Brander and Spencer (1985) では第 3 国政府が関税による介入を実行するケースも考察されている。

目的が国民的厚生水準を最大化することであるならば，その企業に自由参入を許容し，少数の企業よりも均衡企業数を達成する政策は合理的である。ただし，一層の参入促進策も必要とされる。また，この「拡張された第3国市場モデル」を利用して，例えば2輸出国を日本と韓国，輸入国を米国として，財を乗用車と仮定するなら，輸出促進策に対抗して米国が採用すべき競争政策のタイプが予測できるかもしれない。

なお本章の第4節では2輸出国の補助金政策が同時手番の均衡を対象に厚生比較を行うが，先験的に同時手番を仮定するのではなく，2輸出国が内生的に手番を決定した結果として同時手番となる均衡を考察している。そのため厚生水準の比較に際して，同時手番均衡が出現するために必要な条件が利用可能となる。

本章の構成は以下のとおりである。第2節で基本モデルを提示し，第3節では準備作業として，第2段階の2輸出国による輸出補助金政策タイミングの内生的決定で，すべての企業の限界費用が同一といった単純化ケースを要約する。第4節では第1段階で輸入国企業が固定費用を伴い自由参入が許容されてゼロ利潤条件が成立する均衡企業数を考察する。固定費用水準にしたがって輸入国均衡企業数が相違し，それに伴い2輸出国の貿易政策のタイミングも相違すること，特に同時手番の政策均衡で各国および世界の厚生水準を導出し自由貿易均衡の場合と比較すること，そして輸入国にとって均衡企業数は過小なのか過大となるのかを考察する。最後に第5節は要約と展望に充てられる。

2 基本モデルと第3段階の表示

輸入国の国内市場で競争する n_h の数の自国企業と，2輸出国それぞれで n_i, $i=1,2$ の数の企業からなる寡占形態での不完全競争市場を対象とする。それぞれが生産する財は完全代替財とし，輸入国企業は当該財を輸出しないと想定する。輸入国政府は国際貿易には不介入であるがその企業数を変更する競争政策を実行し，2輸出国政府はそれぞれの厚生水準を最大化する目的で輸出補助金（課税）を利用する[3]。多段階ゲームとして考察し，意思決定・実行の順序

---

[3] 輸出補助金という用語はより広範な意味で利用している，各種の輸出促進策や生産補助金なども含むことが可能である。

は以下のとおりである。

  第 1 段階：輸入国政府がその企業にゼロ利潤条件が成立するまで自由参入
  　　　　　を許容する競争政策の実行
  第 2 段階：2 輸出国政府が輸出補助金政策のタイミングの決定と実行
  第 3 段階：両国企業のクールノー寡占競争

　第 1 段階では輸入国政府が競争政策を実行する。第 2 段階以降の輸出補助金政策タイミングの問題は Hamilton and Slutsuky (1990) により提案された observable delay を有する展開ゲームを用いて分析可能である。もし両輸出国政府がともに同一手番の実行を選択すると，同時手番均衡（S 均衡）が出現する。一方，第 1 輸出国政府が先手，第 2 輸出国政府が後手を選択すると，第 1 輸出国を先導者とする逐次シュタッケルベルグ均衡（I 均衡）となる。逆に第 2 輸出国政府が先手，第 1 輸出国政府が後手を選択すると，第 2 輸出国を先導者とする逐次シュタッケルベルグ均衡（II 均衡）となる。選択された各手番で各輸出国政府は，その国民的厚生水準を最大化する目的で輸出補助金政策を実行する。均衡は部分ゲーム完全均衡であり，後段階から解いていく。
　本章では 2 輸出国の貿易政策遂行に先行する第 1 段階で輸入国がその企業数を操作する競争政策を実施し，それが第 2 段階以降の輸出国の政策タイミングや最適値，各国や世界の厚生水準にもたらす効果を考察するのであるが，こうした貿易政策と競争政策に関するタイミングについては例えば Horn and Levinsohn (2001), pp.262-266 を参照されたい。また Collie (2003) では輸入国の貿易政策の最適値が各国競争政策による企業数の変化からどのように影響を被るかを分析しており，貿易政策と競争政策に関する本章でのタイミングと整合的である。さらに Schulman (1997) は Ohkawa et al. (2002) と同じモデルで，輸出補助金水準の決定に先立つ段階での 2 輸出国で企業の自由参入の効果を分析しており，貿易政策と企業数の変化に関する本章でのタイミングと整合的である。
　なお Hayashibara et al. (2007) では本章とは第 1 段階と第 2 段階とを逆転させ，第 1 段階では 2 輸出国政府が輸出補助金政策を実行し，第 2 段階でゼロ利潤条件が成立する自由参入のもとで輸入国長期均衡企業数が決まる，そして

第3段階で両国企業のクールノー競争を行うとして分析している。そこでは需要条件および費用条件をより一般化しても，輸入国企業の自由参入の状態のもとでは，各種の政策手段を利用した均衡と自由貿易均衡とで輸入国厚生が同一水準となることが示されている。

2.1 需要

x および y_i は，輸入国（自国）および第 i 輸出国1企業当たりの生産量を表示するとしよう。自国家計（消費者）は自国企業の生産する財 $X = n_h x$ と外国企業の生産する財 $Y_i = n_i y_i$ の合計 $Q = X + Y_1 + Y_2$，（および競争的に生産される価値尺度財）を消費可能として，その効用関数は

$$U(Q) = aQ - \frac{bQ^2}{2} \quad 0 < a, \quad 0 < b,$$

である。家計の効用最大化の1階条件より逆需要関数

$$p(Q) = a - bQ$$

が得られ，ここで p は自国市場での財価格を表示する。さらに自国の消費者余剰を CS で示し，代入により $CS = bQ^2/2 > 0$ が成立する。

2.2 生産・供給

次に各国政府による政策水準を所与として，第3段階における企業の利潤最大化行動を考察する。輸入国企業の固定費用を F とするが，輸出国ではそれらは無いものとする。さらに c および e_i で，それぞれすべての企業共通の限界費用，第 i 国の従量輸出補助金を示すなら，各企業の利潤関数は

$$\pi_h = (p-c)x - F, \qquad \pi_i = (p - c + e_i)y_i, \quad i = 1, 2$$

である[4]。企業数などに関して

$$n = n_1 + n_2, \quad \Omega = n_h + 1 + n, \quad A = a - c > 0,$$

---
[4] 以下では $\pi_h \geq 0$ を想定する。なお固定費用 F の理解に関しては Mankiw and Whinston (1986), p.53 などを参照のこと。

と定義してクールノー競争均衡値を表示すると，各企業の生産量と価格水準は

$$x = \frac{A - n_1 e_1 - n_2 e_2}{b\Omega}, \qquad y_i = \frac{A + (n_h + 1 + n_j)e_i - n_j e_j}{b\Omega},$$
$$i, j = 1, 2, \quad i \neq j$$

$$p = \frac{a + (n_h + n)c - n_1 e_1 - n_2 e_2}{\Omega}$$

となる．

2.3 厚生水準

輸入国（自国）厚生，第 i 輸出国厚生および世界厚生を以下のように定義する．

$$SW_h = CS + n_h \pi_h, \quad SW_i = n_i \pi_i - e_i Y_i, \quad i = 1, 2,$$
$$W = SW_h + SW_1 + SW_2.$$

2.4 自由貿易均衡

参照基準として自由貿易均衡での生産量，厚生水準および均衡企業数を明示しておこう．上付き添字 FT は自由貿易均衡での変数であることを表示する．$e_i = 0, i = 1, 2$ として，各生産水準は

$$x^{FT} = y_i^{FT} = \frac{A}{b\Omega}, \qquad Y_1^{FT} + Y_2^{FT} = \frac{nA}{b\Omega}, \qquad Q^{FT} = \frac{(n_h + n)A}{b\Omega} \qquad (7.1)$$

であり，特に輸入国厚生水準と世界厚生水準は，それぞれ

$$SW_h^{FT}(n_h, n_1, n_2) = \frac{\{(n_h + n)^2 + 2n_h\}A^2}{2b\Omega^2} + n_h F$$
$$W^{FT}(n_h, n_1, n_2) = \frac{(n_h + 2 + n)(n_h + n)A^2}{2b\Omega^2} + n_h F$$

である[5]．

この自由貿易均衡にて輸入国均衡企業数は

$$\pi_h^{FT}(n_h, n_1, n_2) = b(x^{FT})^2 - F = 0, \qquad \frac{\partial \pi_h^{FT}}{\partial n_h} = -\frac{2A^2}{b\Omega^3} < 0$$

---

[5] なお以下ではパラメーターとしての企業数 (n_h, n_1, n_2) を省略して表示することがある．

第 7 章 競争政策，輸出補助金政策および経済厚生

を満たす

$$n_h^{FTe}(n_1, n_2) = \frac{A - (n+1)\sqrt{bF}}{\sqrt{bF}} > 0, \tag{7.2}$$

ただし $n+1 < \Phi$，ここで $\Phi = \dfrac{A}{\sqrt{bF}}$

となる．この均衡企業数を輸入国厚生水準に代入すると，

$$SW_h^{FT}(n_h^{FTe}, n_1, n_2) = \frac{(A - \sqrt{bF})^2}{2b} \tag{7.3}$$

となり，結果的に各国の企業数から独立した値となる．同様にして各輸出国および世界厚生水準は以下のとおりとなる．すなわち[6]

$$SW_i^{FT}(n_h^{FTe}, n_1, n_2) = n_i F, \quad i = 1, 2,$$
$$W^{FT}(n_h^{FTe}, n_1, n_2) = \frac{A^2 - bF}{2b} - n_h^{FTe} F.$$

3 第 2 段階の均衡：2 輸出国の補助金政策タイミングの内生的決定

この節では所与とされる各国の企業数と 2 輸出国の補助金政策タイミングの内生的決定との関連性を考察する[7]．

$$K_1 = n_1 - n_2 - n_h - 1, \quad K_2 = n_2 - n_1 - n_h - 1 \tag{7.4}$$

と定義して，各輸出国の政策反応関数は

$$e_1^R(e_2) = -\frac{(A - n_2 e_2)K_1}{2(n_h + 1 + n_2)n_1}, \quad e_2^R(e_1) = -\frac{(A - n_1 e_1)K_2}{2(n_h + 1 + n_1)n_2}$$

と得られる．

---
[6] なお限界費用がすべての企業で同一との想定のもとでは，世界厚生水準が $U(Q) - c(X + Y_1 + Y_2) - n_h F$ と表示され，自由参入均衡では $U(Q) - c(X + Y_1 + Y_2) = \dfrac{A^2 - bF}{2b}$ である．

[7] 本章ではすべての国の企業の限界費用は同一と想定している．輸入国と輸出国とで限界費用が異なる場合の 2 輸出国の補助金政策タイミングの内生的決定の分析は林原 (2007) を参照．

119

3.1 可能な 3 種類の手番均衡

第 3 段階での企業の行動を熟知して，2 輸出国政府がそれぞれ先手あるいは後手で補助金政策を実行したと想定しよう．このときの 2 輸出国の厚生水準を各ケースごとに考察し，それらを比較することにより，政策実行の順序が内生的に決定可能である．均衡は部分ゲーム完全均衡であり，後段階から解いていく．なお S, I, II はそれぞれ同時手番均衡，第 1 輸出国先導者均衡，第 2 輸出国先導者均衡を，また上付き添字 S, I, II はそれぞれの均衡での値であることを表示する．さらに企業数に関して

$$N^S = 3(n_h+1) + n, \quad N^I = 2(n_h+1) + n_1, \quad N^{II} = 2(n_h+1) + n_2$$

と定義する．各均衡での各輸出国の政策水準，各企業の生産水準，各国の国民的厚生水準を必要な範囲内で以下のように示す．

ケース 1：同時手番均衡

$$e_1^S = -\frac{A}{n_1 N^S} K_1, \quad e_2^S = -\frac{A}{n_2 N^S} K_2 \qquad (7.5)$$

$$SW_1^S(n_h, n_1, n_2) = \frac{(n_h + 1 + n_2)A^2}{b(N^S)^2},$$

$$SW_2^S(n_h, n_1, n_2) = \frac{(n_h + 1 + n_1)A^2}{b(N^S)^2}$$

さらに，

$$x^S = \frac{A}{bN^S}, \quad y_1^S = \frac{(n_h + 1 + n_2)A}{bn_1 N^S}, \quad y_2^S = \frac{(n_h + 1 + n_1)A}{bn_2 N^S},$$

$$Q^S = \frac{(3n_h + 2 + n)A}{bN^S}$$

$$SW_h^S(n_h, n_1, n_2) = \frac{\{(3n_h + 2 + n)^2 + 2n_h\}A^2}{2b(N^S)^2} + n_h F$$

ケース 2：第 1 輸出国が先導者・第 2 輸出国が追随者となる均衡

$$e_1^I = \frac{(n_h+1)A}{n_1 N^I} > 0, \quad e_2^I = -\frac{A}{2n_2 N^I} K_2 \qquad (7.6)$$

$$SW_1^I(n_h, n_1) = \frac{(2n_h + 2 + n_1)A^2}{4b(N^I)^2}, \quad SW_2^I(n_h, n_1) = \frac{(n_h + 1 + n_1)A^2}{4b(N^I)^2}$$

第 7 章　競争政策，輸出補助金政策および経済厚生

$$x^I = \frac{A}{2bN^I}, \quad y_1^I = \frac{(2n_h + 2 + n_1)A}{2bn_1 N^I}, \quad y_2^I = \frac{(n_h + 1 + n_1)A}{2bn_2 N^I}$$

ケース　3：第 2 輸出国が先導者・第 1 輸出国が追随者となる均衡

$$e_1^{II} = -\frac{A}{2n_1 N^{II}} K_1, \quad e_2^{II} = \frac{(n_h + 1)A}{n_2 N^{II}} > 0 \tag{7.7}$$

$$SW_1^{II}(n_h, n_2) = \frac{(n_h + 1 + n_2)A^2}{4b(N^{II})^2}, \quad SW_2^{II}(n_h, n_2) = \frac{(2n_h + 2 + n_2)A^2}{4b(N^{II})^2}.$$

3.2　輸出補助金政策タイミングの内生的決定：単純ケース

2 輸出国の厚生水準の値をもとに，表 7.1 を利用して政策順序の内生的決定のための利得行列を得る。

表 7.1　2 輸出国の手番の選択（第 1 国厚生，第 2 国厚生）

	第 2 国先手	第 2 国後手
第 1 国先手	(SW_1^S, SW_2^S)	(SW_1^I, SW_2^I)
第 1 国後手	(SW_1^{II}, SW_2^{II})	(SW_1^S, SW_2^S)

各種均衡での厚生比較と政策順序の内生的決定を考察しよう。先ず第 1 輸出国について考察する。仮に第 2 輸出国が先手または後手を選択したとすると，第 1 輸出国の厚生比較はそれぞれ

$$sign\,(SW_1^S - SW_1^{II}) = sign\,-K_1, \quad sign\,(SW_1^S - SW_1^I) = sign\,-K_2^2 \leq 0$$

である。次に第 2 輸出国について考察する。仮に第 1 輸出国が先手あるいは後手を選択したとすると，同様に第 2 輸出国厚生比較は

$$sign\,(SW_2^S - SW_2^I) = sign\,-K_2, \quad sign\,(SW_2^S - SW_2^{II}) = sign\,-K_1^2 \leq 0$$

で示される。以上の結果を要約して次の補題を得る。

[補題 1]　輸入国に企業が存在するが輸入国政府は国際貿易に不介入としよう。このとき 2 輸出国の輸出補助金政策のタイミングは以下のとおりである。
(1)　$K_1 < 0$, $K_2 < 0$ のとき，両国ともに先手を選択するので同時手番均衡が

実現する．2国の補助金水準はともに正である．
(2) $K_1 < 0$, $K_2 > 0$ のとき，第1国が先手を選択し第2国は後手で対応するので，第1国が先導者・第2国が追随者の均衡が実現する．前者の補助金水準は正であるが，後者のそれは負となる．対称的に
(3) $K_1 > 0$, $K_2 < 0$ のとき，第2国が先手を選択し第1国は後手で対応するので，第2国が先導者・第1国が追随者の均衡が実現する．前者の補助金水準は正であるが，後者のそれは負となる．

企業数と輸出国反応関数の傾斜ならびに出現する均衡との関連を K_1, K_2 の符号で示すことができる．特に $K_1 < 0$, $K_2 < 0$ のとき同時手番均衡が出現する．同時手番均衡となる領域は，輸入国企業数が多いほど拡大し，逆に輸入国企業数が減少すると縮小する．もし輸入国に企業が存在しなければ，Ohkawa et al. (2002) の Proposition 1 に帰着して，同時手番均衡となるためには2輸出国企業数（整数）は同数となることが必要である．この事情を反映して Ohkawa et al. (2002), p.224 では第3国市場モデルで同時手番の出現が例外的で逐次手番均衡の重要性を示した．他方本章では輸入国企業の存在を考慮すれば，同時手番均衡の出現の可能性が拡大することを示唆している．

4 第1段階の均衡：輸入国で自由参入を許容する競争政策

2輸出国が貿易政策タイミングを決定する第2段階に先行し，第1段階において輸入国がその企業数を操作する競争政策を実施すると想定しよう．この競争政策が以降の2輸出国の政策タイミング，各国および世界の厚生水準にいかなる効果をもたらすかを考察する．

2輸出国の扱いは対称的であるため，基本的に $n_1 \leq n_2$ と想定可能であり，さらに以下では $n_1 + 1 < n_2$ と想定するなら[8]，$K_1 < 0$ は常に成立するので，2輸出国の貿易政策の手番は n_h が比較的少数で $K_2 > 0$ の第1国先導者均衡

---

[8] もし $n_1 \leq n_2 < n_1 + 1$ とすると任意の $n_h \geq 0$ に関して $K_1 < 0$, $K_2 < 0$ となり同時手番均衡が成立する．また，$n_1 \leq n_2 \leq n_1 + 1$ とすると任意の $n_h > 0$ に関して $K_1 < 0$, $K_2 < 0$ となって同時手番均衡が成立する．したがって逐次手番である第1国先導者均衡の可能性を含めるため，本文のように $n_1 + 1 < n_2$ と想定する．

か，あるいは n_h が比較的多数で $K_2 < 0$ となる同時手番均衡のいずれかが出現する．そこで出発点として $n_h = 0$ を選択するなら第 1 国先導者均衡が出現している．その後輸入国企業数 n_h が増加して $K_2 = 0$ が成立するまでは第 1 国先導者均衡が継続し，それ以降は同時手番均衡に切り替わる．そこで所与の (n_1, n_2) に対して $K_1 = 0$ および $K_2 = 0$ を満たす n_h をそれぞれ

$$n_h^* = n_1 - n_2 - 1 < 0, \quad n_h^{**} = n_2 - n_1 - 1 > 0 \tag{7.8}$$

と定義するなら，補題 1 より，

ケース 1： $n_h^* < 0 \leq n_h^{**} < n_h \Rightarrow$ 同時手番均衡

ケース 2： $n_h^* < 0 \leq n_h < n_h^{**} \Rightarrow$ 第 1 国先導者均衡

となる．この n_h^{**} を転換点での企業数と呼ぼう．

4.1 各手番での輸入国均衡企業数

ここでは輸入国において自由参入が保証されたゼロ利潤条件での均衡企業数を導出する．

ケース 1： $n_h^* < 0 \leq n_h^{**} < n_h \Rightarrow$ 同時手番均衡

均衡企業数は

$$\pi_h^S(n_h, n_1, n_2) = b(x^S)^2 - F = 0, \quad \frac{\partial \pi_h^S}{\partial n_h} = -\frac{6A^2}{b(N^S)^3} < 0$$

を満たす

$$n_h^{Se}(n_1, n_2) = \frac{A - (n+3)\sqrt{bF}}{3\sqrt{bF}} > 0, \quad \text{ただし} \quad n + 3 < \Phi,$$

となる．ところが企業数 n_h^*, n_h^{**} と比較すると，実際に S 均衡が実現するためには，

$$n_h^{Se} - n_h^{**} = \frac{A - 2(2n_2 - n_1)\sqrt{bF}}{3\sqrt{bF}} > 0, \text{ すなわち } 2(2n_2 - n_1) < \Phi, \tag{7.9}$$

$$n_h^{Se} - n_h^* = \frac{A - 2(2n_1 - n_2)\sqrt{bF}}{3\sqrt{bF}} > 0, \quad \text{すなわち} \ 2(2n_1 - n_2) < \Phi$$

が必要である。次に

ケース 2： $n_h^* < 0 \leq n_h < n_h^{**} \Rightarrow$ 第 1 国先導者均衡

同様の手順で均衡企業数は

$$\pi_h^I(n_h, n_1) = b(x^I)^2 - F = 0, \quad \frac{\partial \pi_h^I}{\partial n_h} = -\frac{A^2}{b(N^I)^3} < 0$$

を満たすような

$$n_h^{Ie}(n_1) = \frac{A - 2(n_1 + 2)\sqrt{bF}}{4\sqrt{bF}} > 0, \quad \text{ただし} \ 2(n_1 + 2) < \Phi,$$

となる。ところが実際に I 均衡が出現するためには,

$$n_h^{Ie} - n_h^{**} = \frac{A - 2(2n_2 - n_1)\sqrt{bF}}{4\sqrt{bF}} < 0, \quad \text{すなわち} \ \Phi < 2(2n_2 - n_1) \quad (7.10)$$

および

$$n_h^{Ie} - n_h^* = \frac{A - 2(3n_1 - 2n_2)\sqrt{bF}}{4\sqrt{bF}} > 0, \quad \text{すなわち} \ 2(3n_1 - 2n_2) < \Phi$$

が必要である。

さらに 2 つのケースを比較すると

$$n_h^{Se} - n_h^{Ie} = \frac{A - 2(2n_2 - n_1)\sqrt{bF}}{12\sqrt{bF}} \quad (7.11)$$

の関係を得る。よって以上の (7.9), (7.10) および (7.11) より, $n_1 + 1 < n_2$ のもとで

$$A - 2(2n_2 - n_1)\sqrt{bF} > 0 \text{ すなわち } 0 < 2(2n_2 - n_1) < \Phi \Rightarrow n_h^{**} < n_h^{Ie} < n_h^{Se}$$

が成立して同時手番が実現し, 逆に $n_1 + 1 < n_2$ と $2(n_1 + 2) < \Phi$ のもとで

第 7 章 競争政策，輸出補助金政策および経済厚生

$A - 2(2n_2 - n_1)\sqrt{bF} < 0$ すなわち $\Phi < 2(2n_2 - n_1) \Rightarrow n_h^{Se} < n_h^{Ie} < n_h^{**}$

が成立して，第 1 輸出国が先導者で第 2 輸出国が追随者となる手番が実現する[9]。以上の結果を要約すると次の命題を得る。

[命題 1]　$n_1 + 1 < n_2$ としよう。2 輸出国の企業数格差に対して輸入国企業の固定費用が相対的に低水準（高水準）のとき，輸入国の均衡企業数が比較的多数（少数）となるため，2 輸出国の輸出補助金政策の手番が同時（第 1 輸出国が先導者・第 2 輸出国が追随者）の均衡が出現する。

命題 1 の均衡企業数の決定を図 7.1 で示そう。横軸に n_h，縦軸には輸入国 1 企業の生産量 x と $\sqrt{\frac{F}{b}}$ を測定する。右下がりの曲線 $x^S x^S$，$x^I x^I$ は，それぞ

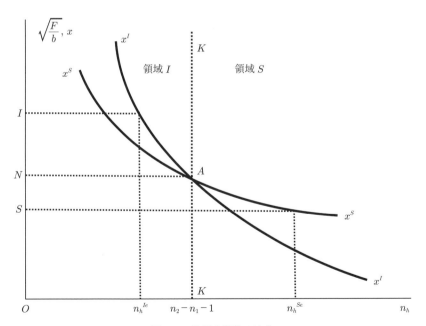

図 **7.1**　均衡企業数の決定

---

[9] ただし $2(3n_1 - 2n_2) < 2(n_1 + 2) < n + 3 < 2(2n_2 - n_1)$ である。

れ，第3節での同時手番均衡での生産量 x^S，第1国先導者均衡での生産量 x^I を表示し，所与の (n_1, n_2) のもとでともに n_h の減少関数であり，それぞれの領域内の部分が有効である．すなわち垂直線 KK より右側は同時手番均衡領域，左側は第1国先導者均衡領域である．両曲線の交点 A は，$n_h^{**} = n_2 - n_1 - 1$ に対応しており，その値は $ON = \frac{A}{2b(2n_2-n_1)}$ となる．第1に OS に対応した固定費用水準が低い場合，同時手番均衡で n_h^{Se} が成立する．他方固定費用水準が高く OI に対応する場合には，第1国先導者均衡で n_h^{Ie} が成立するのである．いずれの曲線も右下がりであるから，固定費用水準の上昇により均衡企業数が減少することになる．実現する均衡は $ON = \frac{A}{2b(2n_2-n_1)}$ と $\sqrt{\frac{F}{b}}$ との比較により決まり，先の $2(2n_2 - n_1)$ と $\Phi = \frac{A}{\sqrt{bF}}$ との比較に対応する．

4.2 輸入国の均衡企業数と厚生比較

ここでは，第1に輸入国の自由参入状態のときには同時手番の政策均衡と自由貿易均衡で輸入国の国民的厚生は同一水準であることを示す．政策均衡および自由貿易均衡で輸入国厚生水準を比較するなら，輸入国でゼロ利潤条件が成立するので，その厚生水準は消費者余剰 $CS = bQ^2/2$ に等しく総供給量（＝総消費量）Q の比較に帰結する．ところが各ケースにおける Q^j, $j = FT, S$ にそれぞれ対応する均衡企業数 n_h^{je} を代入すると，

$$Q^{FT}(n_h^{FTe}, n_1, n_2) = Q^S(n_h^{Se}, n_1, n_2) = \frac{A - \sqrt{bF}}{b} \tag{7.12}$$

が成立する．実際，両均衡での輸入国厚生水準は同一水準の $\frac{\{(A-\sqrt{bF}\}^2}{2b}$ である．以上より次の結果を得る．

[命題2] 第1段階で輸入国が自由参入を許容する競争政策を採用するなら，第2段階での2輸出国の補助金政策の手番が同時となる均衡と自由貿易均衡とで輸入国厚生水準は一致する．

この命題が成立する理由はいたって簡単である．第1にゼロ利潤条件より輸入国厚生は消費者余剰のみとなる．さらに，自由貿易均衡と同時手番での政策

均衡で輸入国は価格政策を採用していないため，輸入国企業の利潤最大化の1階条件およびゼロ利潤条件は両ケースで同一となる．すなわち

$$p^j - c - bx^j = 0, \quad p^j - c - \frac{F}{x^j} = 0, \qquad j = FT, S$$

が成立して，輸入国企業の生産量も両ケースで同一となり平均費用（価格）も同一水準となる必要があるためである．よって

$$(x^j)^2 = \frac{F}{b}, \quad p^j = c + \sqrt{bF}, \qquad j = FT, S$$

が成立しなければならない．

ところで輸入国個別企業の生産量 x，総供給量 Q，および輸入国厚生 SW_h は考察されたケースで同一水準であるが，輸出国の生産量（輸出量）および厚生水準は各ケースで異なる．そこで，次に

$$A - 2(2n_2 - n_1)\sqrt{bF} > 0 \quad \text{すなわち} \quad 0 < 2(2n_2 - n_1) < \Phi$$

が成立する同時手番均衡の状態で各輸出国と世界の厚生水準をみよう．それらは，

$$SW_i^S(n_h^{Se}, n_1, n_2) = \frac{A - (n_i - 2n_j)\sqrt{bF}}{3\sqrt{bF}} F, \quad i,j = 1,2, \ i \neq j,$$

$$W^S(n_h^{Se}, n_1, n_2) = \frac{A^2 - bF}{2b} - n_h^{Se} F$$

であり，自由貿易均衡と比較して補助金政策均衡で各輸出国厚生が高くなることを以下のようにして示すことができる．なおここで，同時手番均衡が内生的に出現するための必要な条件を利用していることに注意しよう．

$$\begin{aligned}&SW_1^{FT}(n_h^{FTe}, n_1, n_2) - SW_1^S(n_h^{Se}, n_1, n_2) \\&= -\frac{A - 2(2n_1 - n_2)\sqrt{bF}}{3\sqrt{bF}} F < 0,\end{aligned} \qquad (7.13)$$

$$\begin{aligned}&SW_2^{FT}(n_h^{FTe}, n_1, n_2) - SW_2^S(n_h^{Se}, n_1, n_2) \\&= -\frac{A - 2(2n_2 - n_1)\sqrt{bF}}{3\sqrt{bF}} F < 0.\end{aligned} \qquad (7.14)$$

127

なお両ケースで輸入国厚生は同一水準であるから，2輸出国合計した厚生水準比較の順序と世界厚生水準の順序は一致しなければならない。よって，同時手番の政策均衡では自由貿易均衡に比較して，各輸出国厚生とならんで世界厚生水準も高くなる。また，世界厚生の比較は均衡企業数の比較から説明できる。

$$n_h^{FTe} - n_h^{Se} = \frac{2(A - n\sqrt{bF})}{3\sqrt{bF}} > 0 \tag{7.15}$$

であるから，自由貿易均衡に比較し同時手番政策均衡で均衡企業が少数のため，全体として固定費用の削減をもたらして世界厚生は高くなる[10]）。

よって次の命題を得る。

[命題3] 第1段階で輸入国が自由参入を許容する競争政策を採用するとしよう。このとき，第2段階の2輸出国補助金政策の手番が同時なら，両輸出国厚生は自由貿易均衡に比較して高くなり世界厚生も高水準である。

命題3について補足しよう。第1に，厚生比較を価格，生産や輸出といった側面からみよう。自由貿易均衡から政策均衡に移行しても，輸入国1企業あたり生産量 x, 総供給量 Q, および生産物価格 p は同一水準のため，通常の補助金でもたらされる輸出国にとっての交易条件悪化は排除されており，厚生水準 $SW_i = n_i(p-c)y_i$ の比較は専ら生産量（輸出量）の比較により決まる。ところが同時手番均衡では各輸出国はともに正の補助金を提供するため，自由貿易均衡に比較して生産量（輸出量）が拡大し，各輸出国の厚生が上昇する結果，世界厚生水準も上昇する。第2に，自由貿易均衡と同時手番の政策均衡で均衡企業数の比較から世界厚生水準を比較しよう。政策均衡で均衡企業数が減少するので，固定費用の節約により世界厚生は高くなる。輸入国1企業あたり生産量 x, 総供給量 Q が同一水準のもとでは，輸入国企業のみによる総供給 $n_h x$ が減少し，それを総輸出量が増加するように調整する結果，2輸出国合計した厚生水準が高くなるのである。

---

[10] 均衡企業数の比較は図7.1と同様に図示可能である。同時手番均衡では $x^S < x^{FT}$ であり，$n_h^{Se} < n_h^{FTe}$ が成立する。図7.2を参照。

第 7 章 競争政策，輸出補助金政策および経済厚生

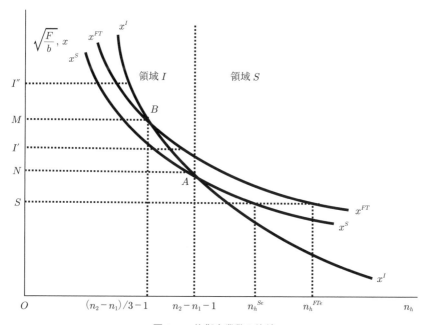

図 **7.2** 均衡企業数の比較

　この命題 3 の均衡企業数と世界厚生の比較を図 7.2 で示そう．図 7.2 は図 7.1 に自由貿易均衡での生産量を表示する右下がりの曲線 $x^{FT}x^{FT}$ を追加したものである．これと $x^I x^I$ の交点 B は，$n_h = (n_2 - n_1)/3 - 1$ に対応しており，その値は $OM = \frac{3A}{2b(n_1 + 2n_2)}$ となる．第 1 に固定費用水準が低く ON 未満で例えば OS に対応する場合，同時手番均衡で $n_h^{Se} < n_h^{FTe}$ が成立することが明らかである．次に固定費用水準が高くなり ON と OM の間に位置して例えば OI' に対応するとき，第 1 国先導者均衡で $n_h^{Ie} < n_h^{FTe}$ が成立する．さらに固定費用水準が高くなり OM を超過する OI'' に対応する場合には，第 1 国先導者均衡で $n_h^{FTe} < n_h^{Ie}$ が成立することになる．固定費用水準と第 1 国先導者均衡での詳細な厚生比較は改めて行いたい．

4.3 均衡企業数は過小か過大か

　最後に，政策均衡において輸入国政府が自由参入政策を採用すべきか否か，そ

の根拠の1つを考察しよう.そのため均衡企業数の有する特徴をさらに吟味する.企業数変化による輸入国厚生水準の変化(と利潤の差)は次のように分解できる.

$$\frac{\partial SW_h}{\partial n_h} - \pi_h = \frac{\partial CS}{\partial n_h} + n_h \frac{\partial \pi_h}{\partial n_h}$$

この符号は本章の想定,すなわち線型の需要関数と一定の限界費用のもとで,$(n_1 y_1 + n_2 y_2) - n_h x$ の符号と一致することに注意しよう[11].すなわち総供給 Q に占める輸入のシェアが50%を超えるか否かに依存する.

同時手番均衡の状態を想定する.第1に輸入国の厚生水準(総余剰)を最大にする企業数と均衡企業数とを比較する.輸入国の厚生水準を最大にする企業数は

$$\frac{\partial SW_h^S}{\partial n_h} = \frac{(6n_h + 4n + 9)A^2}{b(N^S)^3} - F = 0,$$

$$\frac{\partial^2 SW_h^S}{\partial n_h^2} = -\frac{3(12n_h + 10n + 21)A^2}{b(N^S)^4} < 0$$

を満たすが,その値を明示的に解くのは複雑であるため,比較により

$$\frac{\partial SW_h^S}{\partial n_h} - \pi_h^S = \frac{3(n_h + n + 2)A^2}{b(N^S)^3} > 0 \tag{7.16}$$

となる.すなわち輸入国の均衡企業数のもとで,より一層の企業数増加は一方で消費者余剰を増加させ,他方では既存企業の利潤を減少させることになるが,前者の程度が後者を凌駕するため輸入国厚生水準は上昇する.よって,均衡企業数は輸入国の厚生水準を最大にするためには過小である.そのためより一層の参入促進策が必要となる.第2に輸入国の総利潤 $\Pi_h = n_h \pi_h$ を最大にする企業数と比較すると,

$$\frac{\partial \Pi_h^S}{\partial n_h} - \pi_h^S = -\frac{6n_h A^2}{b(N^S)^3} < 0 \tag{7.17}$$

を得る.よって輸入国の総利潤を最大にするには,自由参入での均衡企業数は

---

[11] 2国モデルの場合でその意味に関しては Dixit (1984), pp.12-13 を参照.

第7章　競争政策，輸出補助金政策および経済厚生

過大となり，参入制限策が必要となる．以上の考察より次の命題を得る．

[命題4]　第2段階で2輸出国が同時手番の輸出補助金政策を実行するとき，第1段階で成立する輸入国の均衡企業数は，輸入国の総利潤を最大にする観点からは過大となり，逆に輸入国の厚生水準を最大にするためには過小である．

命題4について補足しよう．第1に，もし輸入国政府の目的が国民的厚生水準を最大化することであるならば，その企業に自由参入を許容し，正の利潤を得る少数企業よりも均衡企業数を達成する政策は合理的である．ただし，なお一層の参入促進策も必要とされる．第2に，輸出補助金政策の結果総輸入のシェアは50％を超過して，$n_1 y_1^S + n_2 y_2^S > n_h x^S$ が成立している．他方，自由貿易均衡ではこの符号は企業数に依存して不確定である．本章のようにすべての企業の限界費用が同一なら，$sign\ \ n_1 y_1^{FT} + n_2 y_2^{FT} - n_h x^{FT} = sign\ \ n_1 + n_2 - n_h$ と簡素化される[12]．

5　おわりに

本章では国内に企業が存在するような1輸入国と，輸出補助金を供与する2輸出国からなる「拡張された第3国市場モデル」を利用して，第2段階で2輸出国は内生的に決定されるタイミングで補助金政策を実施し，それに先行して第1段階で輸入国は企業の参入を自由にする競争政策（＝均衡企業数の成立）を行うと想定して考察した．さらにすべての国の限界費用は同一で，企業数に関して $n_1 + 1 < n_2$ と想定した．得られた結果は以下のとおりである．第1は，2輸出国の企業数格差に比較して輸入国企業の固定費用が相対的に低水準（高水準）のとき，輸入国均衡企業数が比較的多数（少数）となって，2輸出国の輸出補助金政策の手番が同時（第1輸出国が先導者・第2輸出国が追随者）の均衡が出現する．第2に，輸入国企業の自由参入状態のもとでは同時手番の政策均衡と自由貿易均衡とで輸入国厚生は同一水準となる．さらに，各輸出国厚生は自由貿易均衡に比較して高くなるため，世界厚生も高水準である．最後に，

---

[12] この点および命題4で，輸入国の総利潤を最大にするには均衡企業数が過大となるとの結果は，Dixit (1984), pp.12-13 の2国モデルでの自由貿易下での結果と整合的である．

輸入国の均衡企業数は，輸入国総利潤を最大にする観点からは過大となり，逆に輸入国厚生水準を最大にするためには過小である．

本章でなし得なかった点について，さらに展開すべき点を列挙しておこう．(1) 本章では2輸出国および輸入国とで，生産における限界費用が同一であると想定した．得られた結果がこの限界費用同一の条件にどの程度依存するかを明らかにするために，次に国際間で企業の限界費用条件の相違を前提に分析を展開する必要がある．特に限界費用が輸入国と輸出国とで相違する場合，効率的企業と非効率的企業間での生産量の変動は全体の効率性の変化を通じて厚生水準に影響を与え得るためである．(2) 2輸出国の補助金政策遂行に先行する第1段階で，輸入国が競争政策ではなく伝統的な関税政策を実施すると想定する分析との比較も課題としたい．(3) 輸入国厚生水準を最大化するための参入促進策を具体的に記述する必要がある．そして (4) 分析を完結するために，第2段階での2輸出国の補助金政策の手番を同時均衡のみでなく，固定費用水準により出現し得る逐次手番均衡での厚生比較を含むものにまで拡張したい．

参考文献

[1] Brander, J.A. and B.J. Spencer (February 1985), "Export Subsidies and International Market Share Rivalry," *Journal of International Economics*, Vol.18, No.1/2, pp.83-100.

[2] Collie, D. R. (1994), "Endogenous Timing in Trade Policy Games: Should Government Use Countervailing Duties ?," *Weltwirtschaftliches Archiv*, Vol.130, No.1, pp.191-209.

[3] Collie, D. R. (February 2003), "Mergers and Trade Policy under Oligopoly," *Review of International Economics*, Vol.11, No.1, pp.55-71.

[4] Dixit, A. (March 1984), "International Trade Policy for Oligopolistic Industries," *Economic Journal Supplement*, Vol.94, No.3, pp.1-16.

[5] Hamilton, J.H. and S. M. Slutsky (March 1990), "Endogenous Timing in Duopoly Games: Stackelberg or Cournot Equilibria," *Games and Economic Behavior*, Vol.2, No.1, pp.29-46.

[6] Hayashibara M., R. Nomura, T. Ohkawa and M. Okamura (May 2007), "Strategic Trade Policy in the Oligopolistic Model with Free-Entry of Importing Country's Firms," mimeo（2007年度日本経済学会春季大会報告論文）.

[7] Horn, H. and J. Levinsohn (March 2001), "Merger Policies and Trade Liberalization," *The Economic Journal*, Vol.111, Issue 470, pp.244-276.

[8] Mankiw, N.G. and M.D. Whinston (Spring 1986), "Free Entry and Social Inefficiency," *Rand Journal of Economics*, Vol.17, No.1, pp.48-58.
[9] Ohkawa T., Okamura M. and M. Tawada (2002), "Endogenous Timing and Welfare in the Game of Trade Policies under International Oligopoly," in Woodland, A. D., ed. *Economic Theory and International Trade*: Essays in honour of Murray C. Kemp, Elgar.
[10] Ohkawa T. and M. Okamura (2003), "On the Uniqueness of the Welfare-Maximizing Number of Firms Under Cournot Oligopoly," *Bulletin of Economic Research*, Vol.55, Issue 2, pp.209-222.
[11] Schulman. C.T., (February 1997), "Free Entry, Quasi-Free Trade, and Strategic Export Policy," *Review of International Economics*, Vol.5, No.1, pp.83-100.
[12] Wong, K. (1995), *International Trade in Goods and Factor Mobility*, Cambridge Massachusetts, The MIT press.
[13] 林原正之「輸出補助金政策のタイミングの内生的決定と世界厚生水準の比較分析：拡張された3国モデルでの考察」『経済論集』第42巻第1号，追手門学院大学，2007年9月．

第8章

Industrial and Trade Policies in a Developing Country Under Endogenous Timing of Trade Policy

1 Introduction

Collie (1994) wrote a pioneering paper examining endogenous timing of trade policy in a two-country model. He considered whether a home government should impose countervailing duties when faced with an export subsidy by a foreign government in a two-country duopoly model. He showed that the home government has no incentive to impose countervailing duties. That is, in equilibrium the home government imposes an import tariff first, and then the foreign government pays an export subsidy. Wong and Chow (1997) introduced demand uncertainty into Collie's model. They showed that the home country adopts countervailing duties if demand uncertainty is high. This result is in contrast to that of Collie (1994). Hayashibara (2002) extended Collie's duopoly model to a Cournot oligopoly and established that a country with less concentrated industry tends to act as a Stackelberg leader. Toshimitsu (1997) considered the same problem with and without free entry. Supasri and Tawada (2007) also investigated it in an economy where both countries had their own markets[1]. These papers investigated endogenous timing in two-country models, and showed that the timing of trade policy depends on a combination of the numbers of home and foreign firms.

These researchers did not explicitly address viable conditions for firms, although they constructed their models with cost differences between home and foreign firms. They also were not concerned with how market structure affects import tariffs and export subsidies, nor with social welfare, although market structure plays a crucial role in timing.

In reality, governments of developing countries have often implemented

---

[1] Collie (1994) and Hayashibara (2002) considered the case where the home government could employ an import subsidy as well as a production subsidy for home firms, whereas Toshimitsu (1997) and Supasri and Tawada (2007) considered the case where the home government could use only an import tariff policy.

第 8 章　Industrial and Trade Policies in a Developing Country Under Endogenous Timing of Trade Policy

both industrial and trade policies that allowed only large firms to remain in the market to protect the industry. This brings us to the question of why the governments of developing countries implement not only import tariff policy but also domestic industrial policy (i.e., controlling the number of domestic firms).

The purpose of this chapter is to investigate how many firms the home government should locate in order to foster domestic industry when home and foreign governments set the timing of their trade policies in a two-country model.

Our main conclusions are as follows. Suppose that the home government increases the number of home firms according to the number of foreign firms. [1] A cost difference between home and foreign firms restricts the feasible timings of trade policy. [2] The equilibrium tariff rate tends to decline and the subsidy rate tends to rise. [3] The home government should locate a minimum of three home firms to foster domestic industry.

The rest of the chapter is organized as follows. In Section 2 we formulate the basic model. In Section 3 we present preliminary results, which coincide with the conclusions of Toshimitsu (1997) and Supasri and Tawada (2007). Our main results are presented in Section 4. Conclusions and some directions for further studies are provided in Section 5.

2　The Model

We consider a world economy in which two countries (home and foreign) exist, and where n_h (n_f) firms are located in the home and foreign country, respectively. The number of firms is fixed. Each firm produces a homogeneous commodity and serves only the home country's market. We assume that foreign firms have a cost advantage over home firms: a constant marginal cost for home firms c_h is higher than that for foreign firms, c_f. That is, $c_h \geq c_f$. Let an inverse demand function be $p = A - Q$, where

Q is the demand for a commodity, p is the market price, and A indicates market scale, which is assumed to be greater than c_h. The home government imposes an import tariff of t per unit, while the foreign government pays an export subsidy of s per unit. The timing of trade policy is determined endogenously. Both governments implement these trade policies to maximize their respective national welfare.

Our model is described as a three-stage game. In the first stage, each government decides the timing of trade policy (that is, an import tariff and an export subsidy). In the second stage, the home (foreign) government decides on a level of tariff (subsidy, respectively) according to predetermined timing[2]. In the third stage, all firms compete in the home market *à la* Cournot.

3 Preliminary Analysis

We solve this game by backward induction. Let us begin with the third-stage game. The firms simultaneously and independently choose their outputs so as to maximize profit given an import tariff and an export subsidy set by each government. The profit of a home firm is given by:

$$\pi_h = (p - c_h)q_h, \tag{8.1}$$

where q_h is the output of the home firm. The profit of a foreign firm is given by:

$$\pi_f = (p - c_f - t + s)q_f, \tag{8.2}$$

where q_f is the output of the foreign firm. We assume that $A = 1$, $c_f = 0$, and $c_h = c$ for simplicity. Thus, c shows a cost difference between home and foreign firms. From equations (8.1) and (8.2), the symmetric Nash equilibrium output of each firm is given by:

---

[2] This type of timing game is called an extended game with observable delay. See Hamilton and Slutsky (1990).

$$q_h = \frac{1-c(n_f+1)-(s-t)n_f}{n_h+n_f+1}, \quad q_f = \frac{1+cn_h+(s-t)(n_h+1)}{n_h+n_f+1}. \tag{8.3}$$

From equation (8.3), the nonnegative output condition for home firms is:

$$c \leq \frac{1-(s-t)n_f}{n_f+1}. \tag{8.4}$$

The total output in the equilibrium becomes:

$$Q = \frac{n_h + (1-c+s-t)n_f}{n_h+n_f+1}. \tag{8.5}$$

Next, we consider the second stage. Given the level of export subsidy, the home government sets its tariff level to maximize its national welfare W_h, defined as the sum of consumer surplus, total profits of home firms, and tariff revenue:

$$W_h = \frac{1}{2}Q^2 + n_h\pi_h + tq_fn_f. \tag{8.6}$$

To derive an optimal tariff level, maximizing W_h, we substitute equations (8.1), (8.3), and (8.5) into equation (8.6) and then maximize with respect to t. We obtain the optimization condition:

$$t = \frac{2n_h+1-c(n_f-n_h)}{2(n_h+1)^2+n_f} + \frac{n_h(n_h-n_f+2)+1}{2(n_h+1)^2+n_f}s. \tag{8.7}$$

The foreign government determines the level of subsidy, in response to the level of import tariff, in order to maximize its national welfare W_f, defined as total profits of foreign firms less the expenditure on export subsidies:

$$W_f = n_f\pi_f - sq_fn_f. \tag{8.8}$$

We also derive the optimization condition:

$$s = \frac{(n_h-n_f+1)(1+cn_h)}{2n_f(n_h+1)} - \frac{n_h-n_f+1}{2n_f}t. \tag{8.9}$$

Equations (8.7) and (8.9) define, respectively, the reaction function of the home government against an export subsidy, and that of the foreign government against an import tariff.

In this two-country model, there are three possible policy timings:

S: the home government and the foreign government determine the level of import tariff and export subsidy simultaneously.

H: the home government imposes an import tariff first, and the foreign government then sets an export subsidy.

F: the foreign government sets an export subsidy first, and then the home government imposes an import tariff.

From equations (8.6), (8.7), (8.8), and (8.9), we can calculate the equilibrium import tariff and export subsidy for each timing of trade policy. Table 8.1 shows these results.

From Table 8.1, we also calculate each country's welfare: Table 8.2. Thus, we obtain the following results.

Lemma 1 (Toshimitsu (1997) and Supasri and Tawada (2007)):

[i] If $n_h \leq n_f - 3$ and $n_h \geq 2$, the foreign government imposes an export

Table 8.1 Tariff and Subsidy at Each Timing

Timing (i)	Import tariff (t^i)	Export subsidy (s^i)
S	$\dfrac{1+(2+c+(1-2c)n_f)n_h +(1+2c-cn_f)n_h^2+cn_h^3}{(n_h+1)((n_h+1)^2+n_f(n_h+2))}$	$\dfrac{(n_h-n_f+1)(1+2cn_h+cn_h^2)}{(n_h+1)((n_h+1)^2+n_f(n_h+2))}$
H	$\dfrac{(2-c)n_h+1}{(2n_h+3)(n_h+1)}$	$\dfrac{(n_h-n_f+1)(1+2cn_h+cn_h^2)}{n_f(2n_h+3)(n_h+1)}$
F	$\dfrac{1+(4+(1-2c)n_f)n_h+(5-(2n_f-1)c)n_h^2+(2-(n_f-1)c)cn_h^3+cn_h^4}{2(n_h+1)^2(n_f+(n_h+1)^2)}$	$-\dfrac{n_f(1+2cn_h+cn_h^2)}{2(n_h+1)^2(n_f+(n_h+1)^2)}$

第 8 章 Industrial and Trade Policies in a Developing Country Under Endogenous Timing of Trade Policy

Table 8.2 Welfare of Home and Foreign Countries at Each Timing

Timing (i)	Welfare of Home Country (W_h^i)
S	$\dfrac{\begin{array}{c}(1-c)^2 n_h(n_h+1)^3(n_h+2)+2n_f(n_h+1)^2(1+(3-4c+4c^2)n_h \\ +(1-2c+4c^2)n_h{}^2+c^2n_h{}^3)+n_f{}^2(1+(7-12c+8c^2)n_h \\ +(5-10c+8c^2)n_h{}^2+(1-2c+2c^2)n_h{}^3\end{array}}{2(n_h+1)((n_h+1)^2+n_f(n_h+2)^2)}$
H	$\dfrac{1+(5-8c+6c^2)n_h+(2-4c+5c^2)n_h{}^2+c^2n_h{}^3}{2(n_h+1)(2n_h+3)}$
F	$\dfrac{\begin{array}{c}4(1-c)n_h(n_h+1)^4(n_h+2)+n_f(n_f+2(n_h+1)^2) \\ (1+4(2-3c+2c^2)n_h+2(2-3c+4c^2)n_h{}^2+c^2n_h{}^3(n_h+4)\end{array}}{8(n_h+1)^2(n_f+(n_h+1)^2)^2}$
	Welfare of Foreign Country (W_f^i)
S	$\dfrac{n_f{}^2(1+cn_h(n_h+2))^2}{2(n_h+1)((n_h+1)^2+n_f(n_h+2)^2)}$
H	$\dfrac{(1+cn_h(n_h+2))^2}{(n_h+1)(2n_h+3)^2}$
F	$\dfrac{n_f(1+cn_h(n_h+2))^2}{4(n_h+1)^2(n_f+(n_h+1)^2)}$

tax first and then the home government imposes an import tariff (Timing F).

[ii] If $n_h = n_f - 2$, both governments move simultaneously.

[iii] If $n_h \geq n_f$, the home government imposes an import tariff first and the foreign government then pays an export subsidy.

Note that timing is indecisive when $n_h + 1 = n_f$ as well as $n_h = 1$ and $n_f = 4$[3].

These results state that the country with more (fewer) firms tends to act as a first (second) mover. Figure 8.1 summarizes these results.

---

[3] Hereafter, we assume that the number of foreign firms is more than four. This is because a sequential move, by which the foreign (home) government becomes the first (second) mover, emerges when $n_h \leq n_f - 3$ except for $n_h = 1$ and $n_f = 4$.

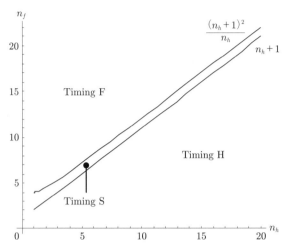

Figure 8.1 Policy Timing Given Combinations of Numbers of Home and Foreign Firms

4 Analysis

In this section, we investigate three issues: (i) effects of the cost difference on the equilibrium timing of trade policies; (ii) effects of the number of home firms on the levels of import tariff and export subsidy; and (iii) effects of market structure on social welfare and each of its components, i.e., consumer surplus, producer surplus, and tariff revenue. We assume that the home government increases the number of home firms in response to the number of foreign firms.

4.1 Feasible Timing of Trade Policies under Cost Difference

We verify the nonnegative output conditions for home firms at each policy timing using equations (8.3) and (8.4) as well as Table 8.1. We obtain the following results.

第 8 章　Industrial and Trade Policies in a Developing Country Under Endogenous Timing of Trade Policy

Lemma 2: Given c, the nonnegative output conditions at each timing of trade policy (S, H, and F) are $c \leq \bar{c}^i$, ($i = S, H, F$), where:

$$\bar{c}^S = \frac{n_h + n_f + 1}{n_h + (n_h + 2)n_f + 1}, \quad \bar{c}^H = \frac{2}{3 + n_h}, \quad \text{and,}$$

$$\bar{c}^F = \frac{2(n_h + 1)^2 + n_f}{2(n_h + 1)^2 + (n_h^2 + 2n_h + 2)n_f}.$$

By Lemma 2, there is a market structure that guarantees the viability of home firms under the cost difference. Figure 8.2 shows this market structure, given home firms' constant marginal cost. When home firms' marginal cost is $\hat{c}$, any market structure depicted on the left side of each line $\bar{c}^i$ ($i = S, H, F$) ensures viability. No home firms can be viable outside that area. Therefore we obtain following results.

Proposition 1: Suppose that the viability condition holds. The equilibrium timing becomes as follows:

[ⅰ] if the combination of the number of home and foreign firms is in the region RF, then timing F prevails;

[ⅱ] if the combination of the number of home and foreign firms is in the region RS, timing S prevails;

[ⅲ] if the combination of the number of home and foreign firms is in the region RH, timing H prevails,

such that $n_f^{FS} = \dfrac{(1-c)\left(1-2c+\sqrt{(1-2c)(1-c)}\right)}{(1-2c)c}$ and $n_f^{SH} = \dfrac{2(1-c)}{c}$.

Proposition 1 states that cost difference restricts the possible timings of trade policy, as shown in Figure 8.2. Market structure affects the timing of trade policy as follows.

[ⅰ] If $n_f > n_f^{FS}$, then equilibrium timing of trade policy is timing F only.

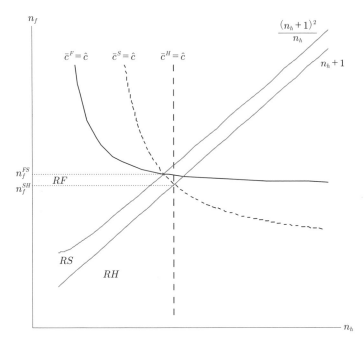

Figure 8.2 Feasible Policy Timing Given Home Firms' Marginal Cost $\hat{c}$

[ii] If $n_f{}^{FS} > n_f > n_f{}^{SH}$, then equilibrium timings of trade policy are timings S and F.

[iii] If $n_f{}^{SH} > n_f$, then all timings of trade policy are realized in equilibrium.

4.2 Effects of Market Structure on Tariff and Subsidy Levels

Because the signs of $\partial t/\partial n_h$ and $\partial s/\partial n_h$ are ambiguous, we focus on two extreme cases: (i) there are no cost differences between the home and the foreign firms; and (ii) there is a single home firm.

First we consider the effects of changing the number of home firms on the levels of tariff and subsidy. From Table 8.1, we have following results.

Lemma 3:

[i] $\left.\dfrac{\partial t^S}{\partial n_h}\right|_{c=0} = -\dfrac{2n_f(n_h-1)(n_h+1)^2 + (n_h+1)^4 + n_f{}^2(n_h{}^2-2)}{(n_h+1)^2((n_h+1)^2 + n_f(n_h+2))^2} < 0,$

[ii] $\left.\dfrac{\partial t^H}{\partial n_h}\right|_{c=0} = -\dfrac{4n_h(n_h+1)-1}{(2n_h{}^2 + 5n_h + 3)^2} < 0,$ and

[iii] $\left.\dfrac{\partial t^F}{\partial n_h}\right|_{c=0} = -\dfrac{n_f{}^2(n_h-1) + n_f(n_h-3)(n_h+1)^2 + 2n_h(n_h+1)^2}{2(n_h+1)^3(n_f + (n_h+1)^2)^2} < 0,$ if $n_h > 1.$

Note that the tariff level with a single home firm is higher than that with two home firms. Therefore, Lemma 3 indicates that the level of tariff declines with the number of home firms irrespective of policy timing.

We also have following results.

Lemma 4:

[i] $\left.\dfrac{\partial s^S}{\partial n_h}\right|_{c=0} = \dfrac{-2(n_h+1)^2(n_h - n_f + 1) + n_f{}^2(2n_h + 3)}{(n_h+1)^2((n_h+1)^2 + n_f(n_h+2))^2} > 0,$

[ii] $\left.\dfrac{\partial s^H}{\partial n_h}\right|_{c=0} = -\dfrac{n_f(4n_h+5) - 2(n_h+1)^2}{n_f(n_h+1)^2(2n_h+3)^2} > 0,$ if $n_h < n_f - 1 + \sqrt{n_f\left(n_f + \dfrac{1}{2}\right)},$ and

[iii] $\left.\dfrac{\partial s^F}{\partial n_h}\right|_{c=0} = \dfrac{n_f(n_f + 2(n_h+1)^2)}{(n_h+1)^3(n_f + (n_h+1)^2)^2} > 0.$

Lemma 4 means that the level of subsidy increases with the number of home firms, but it tends to decrease when the number of home firms becomes much greater than that of foreign firms.

Next, we investigate the effects of the number of home firms on the levels of tariff and subsidy when a single home firm operates initially. From Table 8.1, we have the following results.

Lemma 5: $t^F\big|_{n_h=1} > t^F\big|_{n_h=2}$ and $s^F\big|_{n_h=1} < s^F\big|_{n_h=2}$ where $c < \bar{c}^i\big|_{n_h=1}$.

Lemma 5 shows that the tariff declines but the subsidy rises when the home government increases the number of home firms from one to two. Note that in this case the timing of trade policy becomes F, that is, the foreign government sets an export tax first, and then the home government imposes an import tariff. The foreign government then decreases the level of export tax.

We summarize lemmas 3 through 5 as follows.

Proposition 2: Suppose that the home government increases the number of home firms in response to the number of foreign firms.

[i] If no cost difference exists, the home government reduces the import tariff level, while the foreign government raises its export subsidy as the number of home firms increases.

[ii] If a single home firm operates initially, the home (foreign) government decreases its tariff (export tax) level as the number of home firms increases by one.

4.3 Effects of Market Structure on Welfare

Finally, we investigate the effects of a change of market structure on the home country's welfare. Using equations (8.1), (8.3), (8.5), and (8.6), and Table 8.1, we have the following results.

Proposition 3: When the home government increases the number of home firms in response to the number of foreign firms, both home-country national welfare and consumer surplus improve for every policy timing.

Proposition 3 states that the home government has an incentive to induce more domestic firms to operate in order to maximize social welfare, and that the resulting consumer surplus increases. As shown in Proposition 2, an increase in the number of home firms lowers the import tariff and export tax at first. When the number of home firms exceeds that of foreign firms, the foreign government changes its export tax to an export subsidy. Therefore, with more home firms, the home tariff rate declines and the foreign export subsidy rises, which facilitates competition. As a result, total output increases and consumer surplus improves.

Next, we consider the effects of market structure on producer surplus, which is defined as $PS = n_h \pi_h$. Using equations (8.1) and (8.3), and Table 8.1, we obtain the following results.

Lemma 6: If there is no cost difference between home and foreign firms, the following inequalities hold.
$$\frac{\partial PS^S}{\partial n_h} < 0, \quad \frac{\partial PS^H}{\partial n_h} < 0, \text{ and } \frac{\partial PS^F}{\partial n_h} \gtreqless 0.$$

Lemma 6 indicates that, without a cost difference, the number of home firms that maximizes producer surplus at Timing S (H) is $n_f - 2$ (n_f), although the number is ambiguous at Timing F. We investigate the number of home firms that maximizes producer surplus at Timing F. By comparing producer surplus with the viable number of home firms, given the number of foreign firms, we have the following results.

Lemma 7: If there is no cost difference between home and foreign firms, the number of home firms that maximizes producer surplus at timing F (n_h^{F*}) is at most three.

Lemma 8: If there is no cost difference between home and foreign firms, the following inequalities hold:

$$\max[PS^F] > PS^S\big|_{n_h=n_f-2} > PS^H\big|_{n_h=n_f}.$$

From lemmas 6, 7, and 8, we establish the following.

Proposition 4: If there is no cost difference between home and foreign firms, the number of home firms that maximizes its producer surplus (n_h^*) is at most three.

Proposition 4 states that, given the number of foreign firms, the home government can maximize its producer surplus by increasing the number of home firms to a maximum of three, if there is no cost difference between home and foreign firms.

Now, we examine how the cost difference affects the optimal number of home firms necessary to maximize the home country's producer surplus. From equation (8.3) and Table 8.1, we obtain the following results.

Lemma 9: Suppose that the home government increases the number of home firms, in response to the number of foreign firms. The following inequality holds.

$$\frac{\partial n_h^*}{\partial c} < 0, \text{ where } n_h^* \text{ is } n_h \text{ such that } \partial PS/\partial n_h = 0.$$

From Lemma 9 together with Proposition 3, we obtain the following results.

Proposition 5: The home government should increase the number of home firms to a maximum of three in order to maximize producer surplus even if there is a cost difference between home and foreign firms.

We explain these results intuitively. Suppose that the home government chooses the number of home firms in order to foster the domestic industry. Note that the home government maximizes its social welfare when policy timing and the level of tariff/subsidy are determined endogenously. A possible real-world situation is as follows. The Department of Trade formulates trade policies while the Department of Industry formulates domestic industry policies in the home country. Both departments make their decisions independently. An increase in the number of home firms has two effects: (i) the home firms' market share rises; and (ii) the market price declines. If the home government raises the number of home firms above that of foreign firms, then the foreign government pays an export subsidy and the home government lowers the level of its tariff. As a result, the market price decreases. However, if the number of home firms is less than that of foreign firms, the foreign government imposes an export tax and the home government imposes a relatively high import tariff. Then, the market price remains high. In this situation, the former effect dominates the latter effect in a particular range. The home government (or Department of Trade) does not impose a prohibitive level of import tariff. Therefore, the number of home firms that maximizes producer surplus may be more than one but does not exceed three.

Next we consider how the number of home firms influences tariff revenue. From equation (8.3) and Table 8.1, we have the following.

Proposition 6: Suppose that $c = 0$. The tariff revenue declines with the number of home firms irrespective of the timing of trade policy.

Proposition 6, together with propositions 3 and 4, implies that home consumers gain from the operation of more home firms, and this positive effect dominates the reduction of producer surplus and tariff revenue. Therefore, the home country should raise the number of domestic firms as much as possible in order to maximize its social welfare, even though producer surplus increases to a certain point and afterwards declines.

We examine the number of home firms that maximizes producer surplus in a free trade economy (n_h^{FT*}). To obtain n_h^{FT*}, we substitute equations (8.3), $t = 0$, and $s = 0$ into equation (8.1), and find the following.

Proposition 7: Suppose that both the governments follow free trade policy, that is $t = 0$, and $s = 0$. The number of home firms that maximizes producer surplus is:

$$n_h^{FT*} = n_f + 1 \text{ where } \bar{c}^{FT} > c \geq 0,$$

where $\bar{c}^{FT}$ is the nonnegative output condition under free trade, which is derived from equation (8.4).

Proposition 7 states that the home government should determine the number of home firms to one more than the number of foreign firms. Propositions 4 and 7 indicate that the number of home firms that maximizes producer surplus under endogenous timing is less than that under free trade. Propositions 3 and 4 suggest that the home government can foster domestic industry by controlling the number of home firms under bilateral interventions instead of free trade policy.

Dixit (1984) considered similar issues in a different two-country model. He investigated how affects the existence of foreign competition on domestic antitrust policy in an economy where both countries had their own markets, and showed that the home government should not encourage the mergers of home firms under free trade from the domestic welfare viewpoint; it should establish one more home firms than the number of foreign firms to maximize the home firms' profit in the foreign market.

5 Concluding Remarks

In this chapter, we investigated how many firms the home government needed to locate in order to foster domestic industry as well as its welfare, under endogenous timing of trade policy in a two-country model. Our main conclusions are as follows. Suppose that the home government raises the number of home firms in response to the number of foreign firms. [1] A cost difference between home and foreign firms restricts the equilibrium timing of trade policy. [2] An increase in the number of home firms tends to lower the level of an import tariff and induce a higher export subsidy. [3] The home government should locate at most three firms in order to foster the domestic industry. Thus, if the home government intends to foster domestic industry, it should limit the number of home firms to a maximum of three. However, to maximize social welfare it should locate as many firms as possible. The number of home firms that maximizes producer surplus is less than the optimal number in the free trade case: $n_h^{FT*} = n_f + 1$.

Appendix

Proof of Lemma 7: From equation (8.3) and Table 8.1, the output of a home firm at timing F is as follows.

$$q_h^F = \frac{(2(n_h+1)^2 + n_f)}{2(n_h+1)((n_h+1)^2 + n_f)} > 0. \tag{A-1}$$

Using equation (A-1), we have:

$$\begin{aligned}\frac{\partial PS^F}{\partial n_h} &= q_h^F\left(q_h^F + 2n_h \frac{\partial q_h^F}{\partial n_h}\right) \\ &= -q_h^F\left(\frac{\sigma(n_h, n_f)}{2((n_h+1)^2 + n_f)^2(n_h+1)^2}\right).\end{aligned} \tag{A-2}$$

Note that $\sigma(n_h, n_f) = \left(2(n_h+1)^4 + n_f{}^2\right)(n_h - 1) - (n_h + 3)(n_h + 1)^2 n_f$.

Since $q_h^F > 0$, we can determine the sign of $(\partial PS^F/\partial n_h)$ as follows.
$$\text{sign}\,\frac{\partial PS^F}{\partial n_h} = -\,\text{sign}\,\sigma(n_h, n_f).$$

Let us take the above expression as a quadratic expression of n_f, and examine the possibilities when the roots of the equation are real. Using the discriminant of the equation $\sigma(n_f) = 0$, we have:

$$D = -(7n_h^2 - 22n_h - 1)(n_h + 1)^4. \tag{A-3}$$

If $n_h < 4$, then equation (A-3) is positive. Therefore, the optimal number of home firms that maximizes producer surplus in the home country at timing F is at most three. Q.E.D.

Proof of Lemma 8: First, we compare maximum producer surplus at timing S with that at timing H. From Lemma 6, given n_f, maximum producer surplus in the home country at timings S and H are as follows.

$$PS^S = \frac{(n_f - 2)(1 - 2n_f)^2}{\left((n_f - 1)^2 + n_f^2\right)^2}, \text{ and} \tag{A-4}$$

$$PS^H\big|_{n_h = n_f} = \frac{4n_f}{(2n_f + 3)^2}. \tag{A-5}$$

Note that timing S occurs if and only if $n_h = n_f - 2$. From equations (A-4) and (A-5), we have the inequality:

$$PS^S - PS^H\big|_{n_h = n_f} = \frac{-18 + 53n_f + 8n_f^2 - 104n_f^3 + 32n_f^4}{(2n_f + 3)^2(2n_f^2 - 2n_f + 1)^2} < 0 \text{ for } n_f \geq 5.$$

Next, we show that maximum producer surplus at timing F is greater than that at timing S.

$$PS^F\big|_{n_h = 2} - PS^S = \frac{(n_f + 18)^2}{18(n_f + 9)^2} - \frac{(n_f - 2)(2n_f - 1)^2}{((n_f - 1)^2 + n_f^2)^2}$$
$$= \frac{4n_f^6 + 64n_f^5 - 64n_f^4 - 4414n_f^3 + 17065n_f^2 - 13734n_f + 3240}{18(n_f + 9)^2(2n_f^2 - 2n_f + 1)} > 0.$$

第 8 章　Industrial and Trade Policies in a Developing Country Under Endogenous Timing of Trade Policy

Noting Lemma 7, the above condition is enough to show that $\max[PS^F] > PS^S$ for $n_f \geq 5$.

Finally, we investigate the number of home firms maximizing producer surplus at timing F, given the number of foreign firms. Noting Lemma 7, we compare producer surplus when $n_h = 1, 2,$ and 3 as follows.

$$PS^F\big|_{n_h=1} - PS^F\big|_{n_h=2} = \frac{(n_f+8)^2}{16(n_f+4)^2} - \frac{(n_f+18)^2}{18(n_f+9)^2}$$
$$= \frac{n_f{}^4 - 46n_f{}^3 - 1127n_f{}^2 - 3312n_f + 5184}{144(n_f+4)^2(n_f+9)^2}.$$
(A-6)

$$PS^F\big|_{n_h=1} - PS^F\big|_{n_h=3} = \frac{(n_f+8)^2}{16(n_f+4)^2} - \frac{3(n_f+32)^2}{64(n_f+16)^2}$$
$$= \frac{n_f{}^4 - 24n_f{}^3 - 1328n_f{}^2 - 3072n_f + 16384}{64(n_f+4)^2(n_f+16)^2}.$$
(A-7)

$$PS^F\big|_{n_h=2} - PS^F\big|_{n_h=3} = \frac{(n_f+18)^2}{18(n_f+9)^2} - \frac{3(n_f+32)^2}{64(n_f+16)^2}$$
$$= \frac{5n_f{}^4 - 38n_f{}^3 - 5515n_f{}^2 - 10944n_f + 414720}{576(n_f+9)^2(n_f+16)^2}.$$
(A-8)

From equations (A-6), (A-7), and (A-8), we have the following results.

[i] $n_h^{F*} = 1$ if $n_f \geq 65$.

[ii] $n_h^{F*} = 2$ if $64 \geq n_f \geq 38$ or $7 \geq n_f \geq 5$.

[iii] $n_h^{F*} = 3$ if $37 \geq n_f \geq 8$.

Using mathematical software *MATHEMATICA v. 4*, we find critical values for the above conditions: [i] $n_f \approx 64.3$; [ii] $n_f \approx 37.2$; and [iii] $n_f \approx 7.7$.
Q.E.D.

Proof of Proposition 4: This can be proved by taking into account lemmas 7 and 8.

Numerical Example of Proposition 4: Suppose that $n_f = 10$. From equations (8.1) and (8.3) as well as Table 8.1, producer surpluses in the home country at each timing are as follows.

$$PS^S = \frac{n_h(n_h+11)^2}{(n_h{}^2+12n_h+21)^2}, \quad PS^H = \frac{4n_h}{(2n_h+3)^2}, \text{ and}$$
$$PS^F = \frac{n_h(n_h{}^2+2n_h+6)^2}{(n_h+1)^2(n_h{}^2+2n_h+11)^2}.$$

Figure A-1 represents these results graphically.

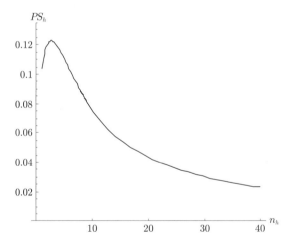

Figure A-1 Producer Surplus in the Home Country when $n_f = 10$.

We should note that, given $n_f = 10$, when $n_h = 8$ the timing changes from F to S, and when $n_h = 10$ the timing becomes H. Noting that the number of home firms maximizing producer surplus at timing F is at most three, from Lemma 7, we calculate PS^F with at most three home firms:

第 8 章　Industrial and Trade Policies in a Developing Country Under Endogenous Timing of Trade Policy

$$PS^F\big|_{n_h=1} = \frac{81}{784},\ PS^F\big|_{n_h=2} = \frac{392}{3249},\ \text{and}\ PS^F\big|_{n_h=3} = \frac{1323}{10816}.$$

From here, we obtain $n_h{}^* = 3$ when $n_f = 10$.

References

[1] Collie, D. R. (1994), "Endogenous Timing in Trade Policy Games: Should Governments Use Countervailing Duties?" *Weltwirtschaftliches Archiv*, Vol.130, pp.191-209.

[2] Hamilton, J. H., and Slutsky, S. M. (1990), "Endogenous Timing in Duopoly Games: Stackelberg or Cournot Equilibria," *Games and Economic Behavior*, Vol.2, pp.29-46.

[3] Hayashibara, M. (2002), "Industrial Concentration Reverses the Timing in a Trade Policy Game," *Open Economies Review*, Vol.13, pp.73-86.

[4] Supasri, Y., and Tawada, M. (2007), "Endogenous Timing in a Trade Policy Game in a Two-country Model," *Review of Development Economics*, Vol.11(2), pp.275-290.

[5] Toshimitsu, T. (1997), "On Endogenous Timing in Trade Policy Game: A General Case," *Kwansei Gakuin University Discussion Paper Series*, 1997-6.

[6] Wong, K. P., and Chow, K. W. (1997), "Endogenous Sequencing in Strategic Trade Policy Games Under Uncertainty," *Open Economies Review*, Vol.8, pp.353-369.

第9章

輸入国の競争政策が経済厚生におよぼす効果分析

1　はじめに

　本章の関心事項は以下のようなものである。第 1 に保護政策の目標がどのようなものであろうか？　そして第 2 は輸入自由化のもとで国内あるいは輸出国（外国）の企業数のコントロールが経済厚生あるいは余剰に与える効果はどのようなものか？

　輸出国からの輸出の急増や輸出促進策に対抗して，特に産業育成を目指す発展途上国や当該産業の雇用維持を目指す先進国である輸入国政府は国内産業の維持・育成を目的とする貿易政策や産業（競争）政策を作成・遂行する誘因を有する。一般的に輸入国の保護政策の目標は国民的厚生水準や産業の利潤総額に依存する。その場合伝統的に想定される消費者余剰，企業利潤総額（生産者余剰）および政府の財政的余剰から構成される国民的厚生水準の最大化よりも，実際上は関連する特定産業の利潤総額（あるいは生産水準，生産者余剰など）の最大化がよりあり得るケースかもしれない[1]。こうした想定の下で Nomura, Okamura and Hayashibara (2007) では，輸出補助金を利用する 1 輸出国と，関税および競争政策を実行する 1 輸入国からなる 2 国モデルを利用し，特に以下の点を示した。両国の貿易政策，すなわち輸出国の輸出補助金政策と発展途上国と想定した輸入国の関税政策のタイミングが内生的に決定される場合に，輸入国にとって生産者余剰最大化のためには高々 3 社の企業を設立する競争政策が最適である。

　本章では複数の輸出国が互いに第 3 国市場へ輸出競争を展開すると想定する。明示的な「輸出補助金」政策は禁止されているとしても隠された輸出促進策が採用されているケースは時に話題となる。そこで本章では「輸出補助金」によってより広範囲の輸出促進策を包含する。他方，輸入国では輸出国の輸出促進策に対抗してその政府は保護貿易措置を採用する誘因を有する。しかしながら国際的な貿易自由化交渉の進展により明示的な輸入制限政策採用の可能性は狭ま

---

[1]　より一般的に貿易政策と各種圧力団体などの影響を受けた貿易政策形成過程の分析は例えば Grossman and Helpman (1994, 2002) あるいは Hillman (1989) などを参照のこと。ただし本章では政策決定過程を分析対象とはせず，単純化のために政府の目的は所与としている。

りつつあるなかで，その代替物として当該産業での国内企業数制限や参入促進といった競争政策の採用が指向されてくる[2]。

輸出補助金に関する Brander and Spencer (1985) モデルの分析を拡張し，本章ではすべての国内に企業が存在する1輸入国と2輸出国からなる「拡張された第3国市場モデル」で3段階モデルを考察する。最終の第3段階は企業間のクールノー競争の段階である。第2段階では2輸出国政府が輸出補助金政策のタイミングを内生的に決定して実行する。そしてこれに先立つ第1段階では輸入国は貿易には不介入であるが，当該産業で生産者余剰を最大化するように企業数を管理・決定する競争政策を実施すると想定して以下の問題を考察する。

I. 各国企業数やそれらの変化が各国および世界の厚生水準にいかなる効果を有するか？

自由貿易の2国モデルで Dixit (1984) は輸入国企業数が所与の場合，輸出国企業数の増加が輸入国厚生におよぼす影響は総供給に占める輸入シェアに依存することを示した。特に需要関数が線形で自国が輸出しない純輸入国の場合，自国市場で自国企業シェアが50パーセントを超えると負である。すなわち自国市場で輸入シェアが小さいとき外国での合併政策（mergers policy 企業数の減少）は自国にとって好ましい。では自由貿易であるが，輸入国が生産者余剰を最大にする企業数を選択するとき，結果がどのように変化するであろうか。本章では2輸出国を第1国輸出国，第2国輸出国とし，それぞれの企業数を n_i, $i=1,2$ で表示して，$n_1+1<n_2$ と想定し，さらにすべての国で限界費用は同一と仮定する。輸入国が生産者余剰を最大にする企業数を選択するとき，輸出国企業数の増加は輸入国厚生を必ず上昇させる（[命題1]）。この命題より輸出国企業数の減少（mergers policy）が輸入国厚生を低減させることが明らかとなる。Collie (2003) は2国モデルで輸入国が生産補助金と関税を利用する最適政策を実施するときには，輸出国企業数の減少が輸入国厚生を低減させること

---

[2] 本章では競争政策として制度的制限により企業数をコントロールすると想定しており，固定費の存在や規模の経済は度外視している。林原 (2007b) では固定費用のもとで輸入国政府が企業の自由参入を許容する政策を実行するケースを考察した。

を示した[3]｡本章の命題1により，自由貿易であっても輸入国が競争政策を実施するときには同様の効果が示される。

次に輸入国は国際貿易に不介入であるが2輸出国が補助金競争を展開するとする。このとき（1）輸入国企業数がゼロから増加するにつれて，当初は第1輸出国先導者逐次手番均衡であったものが同時手番均衡に切り替わる。その過程で輸入国と世界の厚生水準は上昇し，2輸出国の厚生水準は共に低下する。(2) 第1輸出国企業数が比較的少数のケースから増加するとしよう。当初は第1輸出国先導者逐次手番均衡であったものが同時手番均衡に切り替わる。その過程で輸入国と世界の厚生水準は上昇し，第1輸出国厚生水準は低下する。しかし第2輸出国厚生水準は第1輸出国先導者逐次手番均衡では低下するが，同時手番均衡に切り替わると上昇に転じる（[命題4]）。先述のようにCollie (2003)は2国モデルで，輸入国が最適政策を実施する場合，不介入である輸出国企業数の減少が輸入国厚生を低減させることを示した。この命題4の(2)により貿易政策実施国を逆にして，輸入国が不介入で輸出国が補助金政策を遂行する場合にも同様の影響が示される。

II. 2輸出国企業数やその格差水準が輸入国の競争政策にどのような影響を与えるか。そうして選択される最適企業数が国民的厚生水準や世界厚生水準および2輸出国の輸出補助金政策のタイミングにどのように影響するか？

主要な結果は以下のようなものである。産業の生産者余剰を最大化する輸入国最適企業数は2輸出国企業数の相対的な大小に依存する。$n_1 + 1 < n_2$ のもとで，もし2輸出国企業数格差が比較的小さい（大きい）とき，輸入国は輸出国の政策タイミングが同時手番（第1輸出国先導者逐次手番）となるような企業数を選択することで生産者余剰を高水準とすることが可能となる（[命題7]）。しかしながら興味深いことに異なる産業構造（異なる最適企業数や輸出補助金政策のタイミング）が異なる厚生水準をもたらすけれども，同一の生産者余剰水準を可能にすることが示される。また輸入国が最適企業数を選択していると

---

[3] Collie (1991) は輸入国が最適政策を実施するとき，輸出国の補助金政策が輸入国厚生を上昇させることを示している。

き，輸出国が自由貿易から輸出促進策へ変更すると輸入国厚生は必ず低下する。他方，世界厚生水準は輸出国の輸出促進策が同時手番であれば，自由貿易に比較して上昇する。しかし第1国先導者の逐次手番均衡では2輸出国企業数格差が3より大きい（小さい）と世界厚生水準は上昇（低下）する（[命題5]，[命題6]）。

本章の構成は以下のとおりである。第2節で基本モデルを提示した上で第3段階でのクールノー競争生産水準を導出する。第3節ではBenchmarkとしてすべての国が不介入の自由貿易のケースをとりあげる。第4節では準備作業として，モデルの第2段階の2輸出国による輸出補助金政策タイミングの内生的決定，企業数の外生的変化の影響および政策均衡と自由貿易均衡での比較を要約する。第5節では2輸出国が輸出補助金政策タイミングを決定する第2段階に先立ち，第1段階にて輸入国がその企業数を操作して利潤総額を最大化する競争政策を実施すると想定する。その上でその競争政策が2輸出国の政策タイミングや輸入国および世界の厚生水準にいかなる効果をもたらすかを考察する。最後に第6節は要約と展望に充てられる。

2 基本モデルと第3段階の表示

この節では3国すなわち1輸入国（自国）と2輸出国からなるモデルを提示する。輸入国の国内市場にて競争する n_h の数の自国企業と2輸出国それぞれ n_i，$i=1,2$ の数の企業からなる寡占形態での不完全競争市場を対象とする。生産される財は完全な代替財とし，輸出国では当該財の消費はなく輸入国企業は当該財を輸出しない。輸入国政府は国際貿易には不介入であるがその企業数をコントロールして産業の総利潤（生産者余剰）を最大化する競争政策を実行し，2輸出国政府はそれぞれの国民厚生水準を最大化する目的で輸出補助金（課税）を利用する。多段階ゲームとして考察し，意思決定・実行の順序は以下のとおりである。

第1段階：輸入国政府による生産者余剰を最大にするための競争政策の実行
第2段階：2輸出国政府による輸出補助金政策のタイミングの内生的決定とその遂行

第 3 段階：各国企業のクールノー寡占競争

　第 1 段階では輸入国政府が生産者余剰を最大にするように，企業数をコントロールする。第 2 段階以降の輸出補助金政策タイミングの問題は Hamilton and Slutsuky (1990) により提案された observable delay を有する展開ゲームを用いて分析可能である。もし両輸出国政府がともに同一手番の実行を選択すると，同時手番均衡（S 均衡）が出現する。一方，第 1 輸出国政府が先手，第 2 輸出国政府が後手を選択すると，第 1 輸出国を先導者とする逐次手番シュタッケルベルグ均衡（I 均衡）となる。逆に第 2 輸出国政府が先手，第 1 輸出国政府が後手を選択すると，第 2 輸出国を先導者とする逐次シュタッケルベルグ均衡（II 均衡）となる。選択された各手番で各輸出国政府は，その国民的厚生水準を最大化する目的で輸出補助金政策を実行する。均衡は部分ゲーム完全均衡であり，後段階から解いていく。こうした貿易政策と競争政策に関するタイミングについては例えば Horn and Levinsohn (2001), pp.262-266 を参照。また Collie (2003) では 2 国モデルで輸入国の貿易政策の最適値が各国競争政策による企業数の変化からどのように影響を被るかを分析しており，貿易政策と競争政策に関する本章でのタイミングと整合的である。

2.1 需要

　x は輸入国（自国）1 企業当たり生産量，y_i は第 i 輸出国 1 企業当たりの生産量を表示するとしよう。自国家計（消費者）は自国企業の生産する財を $X = n_h x$ と外国企業の生産する財を $Y_i = n_i y_i$ の合計 $Q = X + Y_1 + Y_2$，（および競争的に生産される価値尺度財）を消費可能で，その効用関数を

$$U(Q, z) = aQ - \frac{bQ^2}{2} \quad 0 < a, \ 0 < b,$$

とする。家計の効用最大化の 1 階条件より逆需要関数

$$p(Q) = a - bQ,$$

が得られる，ここで p は自国市場での財価格を表示する。さらに自国の消費者余剰 CS は，代入により $CS = \frac{bQ^2}{2} > 0$ が成立する。

2.2 生産・供給

次に各国政府による政策水準を所与として，第3段階における企業の利潤最大化行動を考察する。c はすべての企業で共通の限界費用を，e_i は第 i 国の従量輸出補助金を示すなら，輸入国企業，各輸出国企業の粗利潤関数はそれぞれ

$$\pi_h = (p-c)x, \qquad \pi_i = (p-c+e_i)y_i, \quad i = 1, 2$$

である[4]。各個別企業の生産量のクールノー競争均衡値を表示すると，

$$x = \frac{A - n_1 e_1 - n_2 e_2}{b\Omega}, \qquad y_i = \frac{A + (n_h + 1 + n_j)e_i - n_j e_j}{b\Omega},$$
$$i, j = 1, 2, \quad i \neq j,$$

となる，なおここで企業数などに関して

$$n = n_1 + n_2, \quad \Omega = n_h + 1 + n_1 + n_2, \quad A = a - c > 0,$$

と定義している。また総輸出量および総供給量（総需要量）は，それぞれ

$$Y_1 + Y_2 = \frac{nA + (n_h + 1)(n_1 e_1 + n_2 e_2)}{b\Omega}, \quad Q = \frac{(n_h + n)A + n_1 e_1 + n_2 e_2}{b\Omega},$$

を得ることができ，価格水準は

$$p = \frac{a + (n_h + n)c - n_1 e_1 - n_2 e_2}{\Omega},$$

となる。

2.3 厚生水準

輸入国厚生を国内消費者余剰と企業利潤総額（生産者余剰）の合計，第 i 輸出国厚生を補助金を控除した企業利潤総額，そして世界厚生を3国厚生の単純な総和として

$$W_h = CS + n_h \pi_h, \quad W_i = n_i \pi_i - e_i Y_i, \quad i = 1, 2, \quad W = W_h + W_1 + W_2,$$

のように定義する。

---
[4] 林原 (2007a) では輸入国企業と輸出国企業で限界費用が相違するケースも考察している。

3 自由貿易均衡：Benchmark

比較のための参照基準として自由貿易での生産量，厚生水準と輸入国の産業政策（最適企業数）を明示する，上付き添字 FT は自由貿易均衡での変数であることを表示する。各生産水準は

$$x^{FT} = y_i^{FT} = \frac{A}{b\Omega}, \qquad Y_1^{FT} + Y_2^{FT} = \frac{nA}{b\Omega}, \qquad Q^{FT} = \frac{(n_h + n)A}{b\Omega}, \quad (9.1)$$

であり，輸入国，各輸出国および世界厚生水準はそれぞれ

$$W_h^{FT}(n_h, n_1, n_2) = \frac{\{(n_h + n)^2 + 2n_h\}A^2}{2b\Omega^2}, \quad W_i^{FT}(n_h, n_1, n_2) = \frac{n_i A^2}{b\Omega^2},$$
$$i = 1, 2, \quad (9.2)$$

および

$$W^{FT}(n_h, n_1, n_2) = \frac{(n_h + 2 + n)(n_h + n)A^2}{2b\Omega^2}, \quad (9.3)$$

となる。なお以下ではパラメーターとしての企業数 (n_h, n_1, n_2) を省略して表示することがある。ここで特に企業数の変化が輸入国厚生水準におよぼす影響をみておこう。輸入国企業数 n_h の増加は，固定費用を考慮していないのでその厚生水準を上昇させる。他方輸出国企業数 (n_1, n_2) の増加の影響は総供給に占める輸入のシェアに依存する。本章の想定のように一定で同一の限界費用と線形の需要関数のもとでは企業数の格差に依存する，すなわち

$$\frac{\partial W_h^{FT}}{\partial n_i} = \frac{(Y_1^{FT} + Y_2^{FT} - X^{FT})A}{\Omega^2} = \frac{(n_1 + n_2 - n_h)A^2}{b\Omega^3}, \quad i = 1, 2,$$
$$(9.4)$$

である。なお2国モデルで一般的な需要関数のケースは Collie (2003), pp.59-60, Dixit (1984), pp.13-14, あるいは Jensen and Krishna (1996) などを参照のこと。

自由貿易のもとで輸入国が生産者余剰 $PS_h^{FT} = n_h \pi_h^{FT}$ を最大化する競争政策を実行するときの最適企業数を導出し，そのもとでの生産および厚生水準などを考察する。

$$\frac{\partial PS_h^{FT}(n_h,n_1,n_2)}{\partial n_h} = \frac{(n+1-n_h)A^2}{b\Omega^3} = 0,$$
$$\frac{\partial^2 PS_h^{FT}}{\partial n_h^2} = -\frac{2\{2(n+1)-n_h\}A^2}{b\Omega^4} < 0,$$

より最適企業数は

$$\tilde{n}_h^{FT}(n_1,n_2) = n+1 = n_1+n_2+1, \tag{9.5}$$

となり，2国モデルで最適企業数は外国企業数を1超過するとのNomura et al. (2007)で得られた結果（Propotision 9）と整合的である。このとき各生産水準および利潤はそれぞれ

$$\tilde{x}^{FT} = \frac{A}{2b(n+1)}, \quad \tilde{X}^{FT} = \tilde{n}_h^{FT}\tilde{x}^{FT} = \frac{A}{2b}, \tag{9.6}$$

$$\tilde{y}_i^{FT} = \tilde{x}^{FT}, \quad \tilde{Y}_1^{FT}+\tilde{Y}_2^{FT} = \frac{nA}{2b(n+1)}, \quad \tilde{Q}^{FT} = \frac{(2n+1)A}{2b(n+1)}, \tag{9.7}$$

および

$$\tilde{\pi}_h^{FT} = \frac{A^2}{4b(n+1)^2}, \quad \tilde{PS}_h^{FT} = \frac{A^2}{4b(n+1)}, \tag{9.8}$$

と得られる。変数上の〜は最適企業数のもとでの変数であることを表示する[5]。さらに輸入国，各輸出国および世界の厚生水準はそれぞれ

$$\tilde{W}_h^{FT} = \frac{(4n^2+6n+3)A^2}{8b(n+1)^2}, \quad \tilde{W}_i^{FT} = \frac{n_iA^2}{4b(n+1)^2},$$
$$\tilde{W}^{FT} = \frac{(2n+3)(2n+1)A^2}{8b(n+1)^2}, \tag{9.9}$$

のように示される。以上が参照基準としての自由貿易値である。輸出国企業数増加の効果を考察する。最適企業数は輸出国企業数の増加関数，輸入国総生産量は一定にとどまるが，総輸出が増加するので総供給も増加して消費者余剰は上昇する。他方生産者余剰は減少するが全体の符号は確定する，すなわち，

---

[5] 例えば $\tilde{x}^{FT}(n_1,n_2) = x^{FT}(\tilde{n}_h^{FT},n_1,n_2)$ である。

$$\frac{\partial \tilde{W}_h^{FT}}{\partial n_i} = \frac{nA^2}{4b(n+1)^3} > 0, \quad i=1,2, \tag{9.10}$$

と正である。(9.4) と (9.10) とで何故符号が異なるのか形式的に考察しよう。(9.4) においては

$$\frac{\partial W_h^{FT}}{\partial n_i} = \frac{\partial CS^{FT}}{\partial n_i} + \frac{\partial PS^{FT}}{\partial n_i},$$

であり第1項は正，第2項は負であるため全体の符号は両者の相対的な大きさに依存する。他方 (9.10) では

$$\frac{\partial \tilde{W}_h^{FT}}{\partial n_i} = \frac{\partial CS^{FT}}{\partial n_h}\frac{\partial \tilde{n}_h^{FT}}{\partial n_i} + \frac{\partial CS^{FT}}{\partial n_i} + \frac{\partial PS^{FT}}{\partial n_h}\frac{\partial \tilde{n}_h^{FT}}{\partial n_i} + \frac{\partial PS^{FT}}{\partial n_i},$$

と4種類の項が出現するが，第3項はゼロであり，第1項および第2項がともに正で，負の第4項を凌駕するため全体として符号は正となる。以上を要約すると次の命題を得る。

[命題1] 自由貿易を想定する。(1) 輸入国企業数が所与の場合，輸出国企業数の増加が輸入国厚生へおよぼす影響は，総供給に占める輸入のシェアに依存する。(2) もし輸入国が生産者余剰を最大にする企業数を選択するとき，輸出国企業数の増加は輸入国厚生を必ず上昇させる。

この命題の (1) は Dixit (1984) などで得られた結果の単純化されたケースである。またこの命題により輸出国企業数の減少（合併政策 mergers policy）が輸入国厚生におよぼす影響が分析可能である。Collie (2003) は2国モデルで輸入国が生産補助金と関税を利用して最適政策を実施する場合，輸出国企業数の減少が輸入国厚生を低減させることを示した。(2) のように，自由貿易のもとでも輸入国が生産者余剰を最大にする企業数を選択するときには同様の影響が示された（貿易政策と競争政策の代替性）。

4 第2段階の均衡：輸出補助金政策

この節では第1に各国の企業数と2輸出国の補助金政策タイミングの内生的決定との関連性を考察する[6]。同時手番均衡となる領域は，輸入国の企業数が多いほど拡大し，逆にそれが減少すると縮小する。特に輸入国の企業数がゼロなら，同時手番均衡となるためには2輸出国の企業数（整数）は同数でなければならない。第2に補助金均衡と自由貿易の比較を行い，そして第3に各国企業数の増加の厚生水準への効果を考察する。

4.1 可能な3種類の手番均衡

各輸出国が他国の政策水準および各国の企業数を所与として，その国民的厚生水準を最大化するように選択する政策対応を政策反応関数と呼ぼう。

$$K_1 = n_1 - n_2 - n_h - 1, \quad K_2 = n_2 - n_1 - n_h - 1, \tag{9.11}$$

と定義して，各輸出国の政策反応関数は

$$e_1^R(e_2) = \frac{(n_2 e_2 - A)K_1}{2(n_h + 1 + n_2)n_1}, \quad e_2^R(e_1) = \frac{(n_1 e_1 - A)K_2}{2(n_h + 1 + n_1)n_2},$$

と得られる。

第3段階での企業行動を熟知して，2輸出国政府が先手あるいは後手を選択してそれぞれ補助金政策を実行したと想定しよう。このときの2輸出国の厚生水準を各ケースごとに考察し，それらを比較することにより政策実行の順序が内生的に決定可能である。均衡は部分ゲーム完全均衡であり，後段階から解いていく。なお S, I, II はそれぞれ同時手番均衡，第1輸出国先導者逐次手番均衡，第2輸出国先導者逐次手番均衡を表示し各変数への上付き添字 S, I, II はそれぞれ関連する均衡であることを表示する。さらに企業数に関して

$$N^S = 3(n_h + 1) + n_1 + n_2, \quad N^I = 2(n_h + 1) + n_1, \quad N^{II} = 2(n_h + 1) + n_2,$$

と定義する。

---

[6] 本章ではすべての国の企業の限界費用は同一と想定している。林原 (2007a) では輸入国と輸出国とで限界費用が異なる場合を考察している。

***Case* 1**: 同時手番均衡での各輸出国の政策水準，各企業の生産水準，総供給量，各国の国民的厚生水準および世界の厚生水準は以下のように示される．

$$e_1^S = -\frac{A}{n_1 N^S} K_1, \qquad e_2^S = -\frac{A}{n_2 N^S} K_2, \tag{9.12}$$

$$x^S = \frac{A}{bN^S}, \qquad y_1^S = \frac{(n_h + 1 + n_2)A}{bn_1 N^S}, \qquad y_2^S = \frac{(n_h + 1 + n_1)A}{bn_2 N^S}, \tag{9.13}$$

$$Y_1^S + Y_2^S = \frac{\{2(n_h + 1) + n\}A}{bN^S}, \qquad Q^S = \frac{(3n_h + 2 + n)A}{bN^S}, \tag{9.14}$$

$$W_h^S(n_h, n_1, n_2) = \frac{\{(3n_h + 2 + n)^2 + 2n_h\}A^2}{2b(N^S)^2}, \tag{9.15}$$

$$W_1^S(n_h, n_1, n_2) = \frac{(n_h + 1 + n_2)A^2}{b(N^S)^2},$$

$$W_2^S(n_h, n_1, n_2) = \frac{(n_h + 1 + n_1)A^2}{b(N^S)^2}, \tag{9.16}$$

$$W^S(n_h, n_1, n_2) = \frac{(3n_h + 4 + n)(3n_h + 2 + n)A^2}{2b(N^S)^2}. \tag{9.17}$$

***Case* 2**: 第1輸出国が先導者・第2輸出国が追随者となる均衡で各輸出国の政策水準，各企業の生産水準，総供給量，各国の国民的厚生水準および世界の厚生水準それぞれの値は

$$e_1^I = \frac{(n_h + 1)A}{n_1 N^I} > 0, \qquad e_2^I = -\frac{A}{2n_2 N^I} K_2, \tag{9.18}$$

$$x^I = \frac{A}{2bN^I}, \qquad y_1^I = \frac{\{2(n_h + 1) + n_1\}A}{2bn_1 N^I}, \qquad y_2^I = \frac{(n_h + 1 + n_1)A}{2bn_2 N^I}, \tag{9.19}$$

$$Y_1^I + Y_2^I = \frac{\{3(n_h + 1) + 2n_1\}A}{2bN^I}, \qquad Q^I = \frac{(4n_h + 3 + 2n_1)A}{2bN^I}, \tag{9.20}$$

$$W_h^I(n_h, n_1) = \frac{\{(4n_h + 3 + 2n_1)^2 + 2n_h\}A^2}{8b(N^I)^2}, \tag{9.21}$$

$$W_1^I(n_h, n_1) = \frac{\{2(n_h + 1) + n_1\}A^2}{4b(N^I)^2}, \qquad W_2^I(n_h, n_1) = \frac{(n_h + 1 + n_1)A^2}{4b(N^I)^2}, \tag{9.22}$$

$$W^I(n_h, n_1) = \frac{(4n_h + 5 + 2n_1)(4n_h + 3 + 2n_1)A^2}{8b(N^I)^2}, \tag{9.23}$$

第 9 章　輸入国の競争政策が経済厚生におよぼす効果分析

となる。さらに対称的に

***Case* 3**: 第 2 輸出国が先導者となる均衡でのそれぞれの値は

$$e_1^{II} = -\frac{A}{2n_1 N^{II}}K_1, \qquad e_2^{II} = \frac{(n_h+1)A}{n_2 N^{II}} > 0,$$

$$x^{II} = \frac{A}{2bN^{II}}, \qquad y_1^{II} = \frac{(n_h+1+n_2)A}{2bn_1 N^{II}}, \qquad y_2^{II} = \frac{\{2(n_h+1)+n_2\}A}{2bn_2 N^{II}},$$

$$Y_1^{II} + Y_2^{II} = \frac{\{3(n_h+1)+2n_2\}A}{2bN^{II}}, \qquad Q^{II} = \frac{(4n_h+3+2n_2)A}{2bN^{II}},$$

$$W_h^{II}(n_h, n_2) = \frac{\{(4n_h+3+2n_2)^2+2n_h\}A^2}{8b(N^{II})^2},$$

$$W_1^{II}(n_h, n_2) = \frac{(n_h+1+n_2)A^2}{4b(N^{II})^2}, \quad W_2^{II}(n_h, n_2) = \frac{\{2(n_h+1)+n_2\}A^2}{4b(N^{II})^2},$$
(9.24)

である[7]。

4.2　輸出補助金政策タイミングの内生的決定

2 輸出国の厚生水準 (9.22) および (9.24) を比較することにより両者の政策順序が内生的に決定される。先ず第 1 輸出国について考察する。仮に第 2 輸出国が先手または後手を選択したとすると，第 1 輸出国の厚生比較はそれぞれ

$$sign\ (W_1^S - W_1^{II}) = sign\ -K_1, \quad sign\ (W_1^S - W_1^I) = sign\ -K_2^2 \leq 0,$$

である。同様に第 2 輸出国の厚生比較は，

$$sign\ (W_2^S - W_2^I) = sign\ -K_2, \quad sign\ (W_2^S - W_2^{II}) = sign\ -K_1^2 \leq 0,$$

で示される。以上の結果を要約すると

［補題 1］　輸入国は国際貿易に不介入とする。このとき 2 輸出国の輸出補助金政策のタイミングは以下のとおりである。(1) $K_1 < 0$ かつ $K_2 < 0$ のとき，両

---

[7]　なお逐次手番均衡では各国の厚生水準などが追随輸出国の企業数に依存しないことの説明は Ohkawa et al. (2002) の p.227 を参照されたい。

国がともに先手を選択するので結果的に同時手番均衡が実現する。2国の補助金水準はともに正である。(2) $K_1 < 0$ かつ $K_2 > 0$ のとき，第1国が先手を選択し第2国は後手で対応するので，第1国が先導者・第2国が追随者の逐次手番均衡が実現する。前者の補助金水準は正であるが，後者のそれは負となる。対称的に (3) $K_1 > 0$ かつ $K_2 < 0$ のとき，第2国が先手を選択し第1国は後手で対応するので，第2国が先導者・第1国が追随者の逐次手番均衡が実現する。前者の補助金水準は正であるが，後者のそれは負となる。

4.3 所与の企業数のもとで自由貿易と輸出補助金政策の比較

ここでは所与の企業数 (n_h, n_1, n_2) のもとで，自由貿易と各補助金政策均衡との間で諸変数間のランキングを考察する。2輸出国の構造は企業数を除いて対称的であるので，基本的に $n_1 \leq n_2$ と想定可能である。さらに本章の以下では $n_1 + 1 < n_2$ と想定する。そこで所与の (n_1, n_2) に対して $K_1 = 0$ あるいは $K_2 = 0$ を満たす n_h をそれぞれ

$$n_h^* = n_1 - n_2 - 1 < 0, \quad n_h^{**} = n_2 - n_1 - 1 > 0,$$

と定義するなら，補題1より，

ケース1： $n_h^* < 0 < n_h^{**} < n_h \Rightarrow K_1 < 0, \; K_2 < 0 \Rightarrow$ 同時手番均衡

ケース2： $n_h^* < 0 \leq n_h < n_h^{**} \Rightarrow K_1 < 0, \; K_2 > 0$
$\Rightarrow$ 第1国先導者逐次手番均衡

となる。

第1は $0 < n_h^{**} = n_2 - n_1 - 1 < n_h$ が成立する同時手番均衡と自由貿易の比較である。産出量に関して
(9.13) − (9.1) より

$$x^S - x^{FT} = -\frac{(n_h + 1)A}{8b\Omega N^S} < 0,$$

また (9.14) − (9.1) より

$$(Y_1^S + Y_2^S) - (Y_1^{FT} + Y_2^{FT}) = \frac{2(n_h + 1)^2 A}{2b\Omega N^S} > 0,$$

第 9 章 輸入国の競争政策が経済厚生におよぼす効果分析

$$Q^S - Q^{FT} = \frac{(2n_h+1)A}{b\Omega N^S} > 0,$$

となる。これらの結果を利用すると輸入国個別企業利潤（および生産者余剰）は自由貿易で高水準，逆に消費者余剰は政策均衡で高水準であることが明らかである。またその厚生水準は (9.15) − (9.2) から

$$W_h^S - W_h^{FT} = \frac{2\{(2n_h+3)n + n^2 + 1 - n_h^2\}(n_h+1)A^2}{8b(\Omega N^S)^2},$$

となり，もし $n_h = 0$ ならば S 均衡のためには $n_1 = n_2$ が必要であり，$W_h^S > W_h^{FT}$ である。他方 $0 < n_h$ であるが輸入国企業数が極端に多くなく $0 < n_2 - n_1 - 1 < n_h < n + \sqrt{2n^2 + 3n + 1}$ を満たすときにも $W_h^S > W_h^{FT}$ である。逆に $n + \sqrt{2n^2 + 3n + 1} < n_h$ が成立して輸入国企業数が極端に多くなる場合には，高利潤を反映して $W_h^S < W_h^{FT}$ となる。

さらに，世界厚生の比較は (9.17) − (9.3) より

$$W^S - W^{FT} = \frac{2(2n_h + 2 + n)(n_h+1)A^2}{8b(\Omega N^S)^2} > 0,$$

である。

比較の第 2 は第 1 輸出国先導者逐次手番均衡と自由貿易との比較である。同様にして輸入国企業生産量（利潤）は (9.19) − (9.1) より

$$x^I - x^{FT} = -\frac{(3n_h + 3 + n_1 - n_2)A}{2b\Omega N^I},$$

総輸出量と総供給量は，(9.20) − (9.1) より

$$(Y_1^I + Y_2^I) - (Y_1^{FT} + Y_2^{FT}) = \frac{(n_h+1)(3n_h + 3 + n_1 - n_2)A}{2b\Omega N^I},$$

および

$$Q^I - Q^{FT} = \frac{(3n_h + 3 + n_1 - n_2)A}{2b\Omega N^I},$$

であり，輸入国厚生水準に関して (9.21) − (9.2) より

$$W_h^I - W_h^{FT} = \frac{\{4n_1^2 + 4n_1n_2 + 9n_1 + 7n_2 + (6n + 1 - 2n_h)n_h + 3\}A^2}{8b(\Omega N^I)^2}$$
$$\times (3n_h + 3 + n_1 - n_2),$$

ここで $n_h < n_2 - n_1 - 1$ であるから，$2n_h < 2(n_2 - n_1 - 1) = 2n_2 - 2n_1 - 2 < 6n + 1$ となる．さらに世界厚生に関しては (9.23) – (9.3) より

$$W^I - W^{FT} = \frac{(5n_h + 5 + 3n_1 + n_2)(3n_h + 3 + n_1 - n_2)A^2}{8b(\Omega N^I)^2},$$

となる．以上の考察より次の結果を得る．

[命題 2]　所与の企業数のもとで輸出補助金政策均衡と自由貿易を比較する．(A) 政策均衡が同時手番のとき両国輸出補助金は正となり，自由貿易に比較すると輸入国生産は低水準であるが，総輸出量，総供給量および世界厚生はともに高水準である．さらに輸入国企業数が極端に多くない場合には，輸入国厚生も政策均衡で高水準となる．(B) 補助金政策均衡が逐次手番のとき，(1) もし $3n_h + 3 + n_1 < n_2$ ならば，自由貿易で輸入国生産が低水準であるが，総輸出量，総供給量，輸入国厚生および世界厚生はともに高水準である．他方，(2) もし $n_h + 1 + n_1 < n_2 < 3n_h + 3 + n_1$ ならば，政策均衡で輸入国生産が低水準であり，総輸出量，総供給量，輸入国厚生と世界厚生はともに高水準である．

もし $n_h = 0$ ならば，$sign\ W_h^I - W_h^{FT} = sign\ 3 + n_1 - n_2$，および $sign\ W^I - W^{FT} = sign\ 3 + n_1 - n_2$ となる．このとき命題 2 は輸入国企業が不在とした Ohkawa et al. (2002) の Propotition 2 および Propotition 3 に帰着する．

最後は択一的な同時手番均衡と第 1 輸出国先導者逐次手番手番均衡の比較である．(9.13) – (9.19) より輸入国企業生産量は

$$x^S - x^I = \frac{(n_h + 1 + n_1 - n_2)A}{8bN^S N^I},$$

であり，(9.14) – (9.20) より総輸出量と総供給量はそれぞれ

$$(Y_1^S + Y_2^S) - (Y_1^I + Y_2^I) = -\frac{(n_h + 1 + n_1 - n_2)A}{2bN^S N^I},$$

第 9 章　輸入国の競争政策が経済厚生におよぼす効果分析

および

$$Q^S - Q^I = -\frac{(n_h + 1 + n_1 - n_2)A}{2bN^S N^I},$$

となる。厚生水準では (9.15) – (9.21) より輸入国厚生が

$$\begin{aligned}&W_h^S - W_h^I \\ &= \frac{\{(10n_h + 17)(n_h + 1) + 4n_1^2 + (6n_h + 7)n_2 + (14n_h + 17 + 4n_2)n_1\}A^2}{8b(N^S N^I)^2} \\ &\quad \times \{-(n_h + 1 + n_1 - n_2)\},\end{aligned}$$

となり，(9.17) – (9.23) より世界厚生は

$$W^S - W^I = -\frac{(7n_h + 7 + 3n_1 + n_2)(n_h + 1 + n_1 - n_2)A^2}{8b(N^S N^I)^2},$$

であるから次の命題を得る。

[命題 3]　同時手番均衡と逐次手番均衡を比較する。(1) もし $n_h + 1 + n_1 > n_2$ ならば，同時手番均衡で輸入国生産が高水準となるが，総輸出量と総供給量および輸入国厚生と世界厚生はともに低水準である。なお，この場合には同時手番均衡が実現する。(2) 逆に，もし $n_h + 1 + n_1 < n_2$ ならば，逐次手番均衡で輸入国生産が高水準であるが，総輸出量，総供給量，輸入国厚生および世界厚生はともに低水準である。この場合には逐次手番均衡が実現する。

以上の命題をもとに特に輸入国厚生と世界厚生を図示したものが図 9.1 と図 9.2 である。それぞれの横軸は輸入国企業数を表示し，それが n_h^{**} より大きい場合には同時手番均衡 S，より少数の場合には逐次手番均衡 I が政策均衡として実現する。自由貿易（点線）と政策均衡で輸入国厚生水準の順序は企業数 A と企業数 B とで逆転している。他方世界厚生水準の順序は企業数 A でのみ逆転する。

4.4　企業数の外生的変化が厚生水準へおよぼす影響

各国企業数の外生的変化が厚生水準へおよぼす影響を考察する。仮定（$n_1 + 1 < n_2$）により $K_1 < 0$ が成立するので，2 輸出国の貿易政策の手番は n_h が比較的

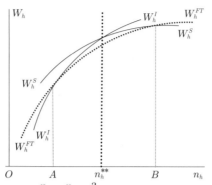

$n_h^{**} = n_2 - n_1 - 1, \ A = \dfrac{n_2 - n_1 - 3}{3}, \ B = n + \sqrt{2n^2 + 3n + 1}, \ n = n_1 + n_2$

図 9.1　輸入国厚生：輸出補助金と自由貿易

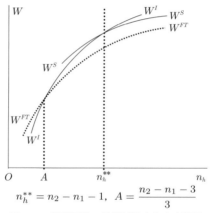

$n_h^{**} = n_2 - n_1 - 1, \ A = \dfrac{n_2 - n_1 - 3}{3}$

図 9.2　世界厚生：輸出補助金と自由貿易

少数の第 1 国先導者逐次手番均衡（$K_2 = n_2 - (n_1 + 1) - n_h > 0$ のとき）か、あるいは n_h が比較的多数の同時手番均衡（$K_2 < 0$ のとき）が出現し得る。そこで出発点を $n_h = 0$ と選択すると第 1 国先導者逐次手番均衡が出現している。ここから輸入国の企業数 n_h が n_h^{**} へと増加して $K_2 = 0$ が成立するまでは第 1 国先導者均衡が継続し、それ以降は同時手番均衡に切り替わる。そこで n_h^{**} を転換点での企業数と呼ぼう。このとき各国企業数の変化の効果として以下の結果を得る。

第 9 章　輸入国の競争政策が経済厚生におよぼす効果分析

[命題 4]　輸入国は国際貿易に不介入で，すべての国の限界費用は同一，さらに $n_1 + 1 < n_2$ と仮定する。このとき (1) 輸入国企業数がゼロから増加するにつれて，当初は第 1 輸出国先導者逐次手番均衡 (I) であったものが同時手番均衡 (S) に切り替わる。その過程で輸入国と世界の厚生水準は上昇し，2 輸出国の厚生水準は共に低下する。(2) 第 1 輸出国企業数が比較的少数のケースから増加するとしよう。当初は第 1 輸出国先導者逐次手番均衡 (I) であったものが同時手番均衡 (S) に切り替わる。その過程で輸入国と世界の厚生水準は上昇し，第 1 輸出国厚生水準は低下する。しかし第 2 輸出国厚生水準は第 1 輸出国先導者逐次手番均衡では低下するが，同時手番均衡に切り替わると上昇に転じる。(3) 同時手番の均衡から第 2 輸出国企業数が増加するとしよう。当初の同時手番均衡 (S) では輸入国，第 1 輸出国と世界の厚生水準は上昇し，第 2 輸出国厚生水準は低下する。さらに n_2 が増加して同時手番均衡が第 1 輸出国先導者逐次手番均衡 (I) に切り替わった後は，各国および世界の厚生は一定水準に留まる。

（証明は Appendix A を参照。また符号の要約は表 9.1 を参照）。

ただし以上の結果はとりわけ固定費用が存在せず，すべての国の限界費用が同一であるとの仮定に依存するかもしれない。輸入国で限界費用が高水準ならば，輸入国企業数の増加は効率性の劣る企業数の増加を意味し，それは世界全体の効率性を低下させるように作用するからである。この命題の (1) の輸入国厚生に関する部分は外国の輸出補助金の結果自国の輸入シェアが高水準となっていることに対応しており，Dixit (1984) p.13 の 2 国モデルで自由貿易のもと固定費用が存在しないケースの結果とも類似的である。

この命題の (2) で輸出国企業数の減少（合併政策 mergers policy）が輸入国厚生へおよぼす影響を分析可能である。先述のように Collie (2003) は 2 国モ

表 9.1　各国企業数増加の厚生水準への影響

	W_h^S	W_h^I	W_1^S	W_1^I	W_2^S	W_2^I	W^S	W^I
n_h の増加	+	+	−	−	−	−	+	+
n_1 の増加	+	+	−	−	+	−	+	+
n_2 の増加	+	0	+	0	−	0	+	0

デルで輸入国が最適政策を実施する場合，輸出国企業数の減少が輸入国厚生を低減させることを示した．貿易政策の実施国を逆にして，輸入国が不介入で輸出国が補助金政策を遂行する場合にも同様の影響が示される．

5　第1段階：輸入国の競争政策の分析

2輸出国が補助金政策のタイミングを内定的に決定する第2段階に先行し，第1段階において輸入国が産業の生産者余剰 $PS_h^i = n_h \pi_h^i$, $i = S, I, II$ を最大化する目的でその企業数をコントロールする競争政策を実行するとしよう．その政策実施による最適企業数の導出とそれらが2輸出国の貿易政策のタイミングおよび各国厚生水準へ与える効果などを考察する．

5.1　同時手番均衡

この節では $n_h^{**} < n_h$ の状態で2輸出国の貿易政策のタイミングが同時手番であるケースから先に考察する．

$$\frac{\partial PS_h^S(n_h, n_1, n_2)}{\partial n_h} = \frac{(n + 3 - 3n_h)A^2}{b(N^S)^3} = 0,$$

$$\frac{\partial^2 PS_h^S}{\partial n_h^2} = -\frac{6\{2(n+3) - 3n_h\}A^2}{b(N^S)^4} < 0,$$

であるから，極大の必要条件を利用して輸入国最適企業数は

$$\tilde{n}_h^S(n_1, n_2) = \frac{(n+3)}{3} = \frac{n_1 + n_2}{3} + 1, \tag{9.25}$$

と得られる．ところでこの最適企業数が同時手番均衡の条件を満たすためには

$$\tilde{n}_h^S - n_h^{**} = \frac{2(2n_1 - n_2 + 3)}{3} > 0, \quad \text{すなわち} \quad n_1 + 1 < n_2 < 2n_1 + 3, \tag{9.26}$$

が必要である．この「内点解」条件は図9.3で $0 \leq n_1$, $0 \leq n_2$ の領域 A, B, C, D で満たされる[8]．

この最適企業数のもとで各生産水準はそれぞれ

---

[8] 同様に以下で図9.1の各領域は $0 \leq n_1, 0 \leq n_2$ の範囲で考察する．なお以下で変数上の〜は最適企業数 $n_h = \tilde{n}_h^S$ を代入したことを示す．

第 9 章 輸入国の競争政策が経済厚生におよぼす効果分析

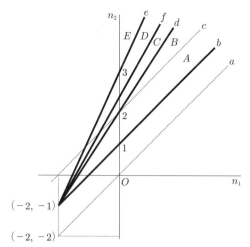

$n_1 \geq 0, \ n_2 \geq 0$
$a: n_2 = n_1,$ $\quad b: n_2 = n_1 + 1,$ $\quad c: n_2 = n_1 + 2,$
$d: n_2 = \dfrac{3}{2}n_1 + 2,$ $e: n_2 = 2n_1 + 3,$ $f: n_2 = \dfrac{5}{3}n_1 + \dfrac{7}{3}$

図 **9.3** 輸入国の最適産業構造の決定：$\boldsymbol{n_1 - n_2}$ 空間の分割 ($\boldsymbol{n_1 + 1 < n_2}$)

$$\tilde{x}^S(n_1, n_2) = x^S(\tilde{n}_h^S, n_1, n_2) = \frac{A}{2b(n+3)}, \quad \tilde{X}^S = \tilde{n}_h^S \tilde{x}^S = \frac{A}{6b}, \qquad (9.27)$$

$$\tilde{y}_1^S = \frac{(n_1 + 4n_2 + 6)A}{6bn_1(n+3)}, \quad \tilde{y}_2^S = \frac{(n_2 + 4n_1 + 6)A}{6bn_2(n+3)}, \qquad (9.28)$$

$$\tilde{Y}_1^S + \tilde{Y}_2^S = \frac{(5n+12)A}{6b(n+3)}, \quad \tilde{Q}^S = \frac{(2n+5)A}{2b(n+3)}, \qquad (9.29)$$

となり，特に総輸出量と総供給量は n_i の増加関数となる。逆に利潤および生産者余剰は

$$\tilde{\pi}_h^S(n_1, n_2) = \frac{A^2}{4b(n+3)^2}, \quad \tilde{PS}_h^S(n_1, n_2) = \frac{A^2}{12b(n+3)}, \qquad (9.30)$$

となり n_i の減少関数である。これは $\tilde{x}^S$ が n_i の減少関数であるのに対して，$\tilde{X}^S$ は一定に留まることによる。最後に輸入国と世界の厚生水準はそれぞれ

$$\tilde{W}_h^S(n_1,n_2) = \frac{\{3(2n+5)^2 + 2(n+3)\}A^2}{24b(n+3)^2},$$
$$\tilde{W}^S(n_1,n_2) = \frac{(2n+7)(2n+5)A^2}{8b(n+3)^2}, \quad (9.31)$$

であり，共に n_i の増加関数である．

(9.26) 式の制約のもとで，自由貿易のケースと比較しよう．企業数の比較は

$$\tilde{n}_h^S - \tilde{n}_h^{FT} = -\frac{2n}{3} < 0,$$

となり，さらに輸入国生産量も自由貿易下で高水準であったため，利潤および生産者余剰は自由貿易下で高水準である，すなわち

$$\tilde{\pi}_h^S - \tilde{\pi}_h^{FT} = -\frac{(n+2)A^2}{b(n+3)^2(n+1)^2} < 0,$$
$$\tilde{PS}_h^S - \tilde{PS}_h^{FT} = -\frac{(n+4)A^2}{6b(n+3)(n+1)} < 0,$$

が成立する．他方総供給量（＝総需要量）の比較が

$$\tilde{Q}^S - \tilde{Q}^{FT} = \frac{A}{b(n+3)(n+1)} > 0,$$

のように示されるため，消費者余剰は補助金均衡で高水準となる．しかしながら生産者余剰の格差が優越するため，輸入国厚生比較は

$$\tilde{W}_h^S - \tilde{W}_h^{FT} = -\frac{\{n^2 + 2(n+1)\}nA^2}{6b(n+3)^2(n+1)^2} < 0,$$

となる．他方世界厚生比較は

$$\tilde{W}^S - \tilde{W}^{FT} = \frac{(n+2)A^2}{8b(n+3)^2(n+1)^2} > 0,$$

と補助金均衡で高水準となる．よって

[命題 5] 同時手番で補助金競争をする 2 輸出国に対し，輸入国政府が生産者余剰を最大化する競争政策を実行するとき，最適企業数は $\tilde{n}_h^S = \frac{n_1+n_2}{3}+1$ となる．この企業数，個別企業の利潤，生産者余剰および輸入国厚生は自由貿易に比較して低水準となり，総供給量，消費者余剰および世界厚生は高水準となる．

5.2 第1輸出国が先導者逐次手番均衡

今度は $n_h^{**} > n_h \geq 0$, すなわち第1輸出国が先導者・第2輸出国追随者となる手番では

$$\frac{\partial PS_h^I(n_h, n_1)}{\partial n_h} = \frac{(n_1 + 2 - 2n_h)A^2}{4b(N^I)^3} = 0,$$

$$\frac{\partial^2 PS_h^I}{\partial n_h^2} = -\frac{2(n_1 + 2 - n_h)A^2}{4b(N^I)^4} < 0,$$

により最適企業数が

$$\tilde{n}_h^I(n_1) = \frac{n_1 + 2}{2} = \frac{n_1}{2} + 1, \tag{9.32}$$

と得られる。もし最適企業数に整数制約を設けるなら, n_1 は偶数である必要がある。この企業数のもとで実際に第1輸出国が先導者となるために必要な「内点解」条件は

$$\tilde{n}_h^I - n_h^{**} = \frac{3n_1 - 2n_2 + 4}{2} < 0, \quad \text{すなわち} \quad n_1 + 1 < \frac{3}{2}n_1 + 2 < n_2, \tag{9.33}$$

となる。この条件は図 9.3 で $0 \leq n_1$, $0 \leq n_2$ の領域 C, D, E で満たされる。最適企業数のもとで輸入国の生産水準は

$$\tilde{x}^I(n_1) = \frac{A}{4b(n_1 + 2)}, \quad \tilde{X}^I = \tilde{n}_h^I \tilde{x}^I = \frac{A}{8b}, \tag{9.34}$$

となり, 次に輸出国生産水準および総供給水準はそれぞれ

$$\tilde{y}_1^I = \frac{A}{2bn_1}, \quad \tilde{y}_2^I = \frac{(3n_1 + 4)A}{8bn_2(n_1 + 1)}, \quad \tilde{Y}_1^I + \tilde{Y}_2^I = \frac{(7n_1 + 12)A}{8b(n_1 + 2)},$$

$$\tilde{Q}^I = \frac{(4n_1 + 7)A}{4b(n_1 + 2)}, \tag{9.35}$$

である。そのとき利潤および生産者余剰はそれぞれ

$$\tilde{\pi}_h^I(n_1) = \frac{A^2}{16b(n_1 + 2)^2}, \quad \tilde{PS}_h^I(n_1) = \frac{A^2}{32b(n_1 + 2)}, \tag{9.36}$$

となり, ともに n_1 の減少関数となるが n_2 から独立である[9]。輸入国と世界の厚生水準はそれぞれ

---
[9] ここで変数上の〜は $n_h = \tilde{n}_h^I$ を代入したことを示している, 例えば $\tilde{x}^I(n_1) = x^I(\tilde{n}_h^I, n_1)$ である。

$$\tilde{W}_h^I(n_1) = \frac{(16n_1^2 + 57n_1 + 51)A^2}{32b(n_1+2)^2}, \quad \tilde{W}^I(n_1) = \frac{(4n_1+9)(4n_1+7)A^2}{32b(n_1+2)^2},$$

となる.

再度, (9.33) 式のもとで自由貿易のケースと比較しよう. 輸入国企業数の比較は

$$\tilde{n}_h^I - \tilde{n}_h^{FT} = -\frac{n_1+2}{2} < 0,$$

のように自由貿易で多数である. 輸入国企業利潤の比較は

$$\tilde{\pi}_h^I - \tilde{\pi}_h^{FT} = \frac{(a-c)^2(3n_1+n_2+5)(n_2-n_1-3)}{16b(n+1)^2(n_1+2)^2},$$

となり, 生産者余剰に関しては

$$\tilde{PS}_h^I - \tilde{PS}_h^{FT} = -\frac{(n_2-15-7n_1)A^2}{32b(n+1)(n_1+2)},$$

である, よって $sign\ \tilde{PS}_h^I - \tilde{PS}_h^{FT} = sign\ n_2 - 15 - 7n_1$ となる. また総供給量 (消費者余剰) の比較は

$$\tilde{Q}^I - \tilde{Q}^{FT} = \frac{(n_1+3-n_2)A}{4b(n+1)(n_1+2)},$$

となる. 輸入国厚生比較は

$$\tilde{W}_h^I - \tilde{W}_h^{FT}$$
$$= -\frac{\{n_1^2(6n_2-n_1) + n_1(7n_2^2-9n_1+8n_2-15) + 13n_2^2-6n_2-3\}A^2}{32b(n+1)^2(n_1+2)^2}$$
$$< 0,$$

のように (9.33) 式を参照して負となり, 自由貿易でより高水準となる. また世界厚生の比較は

$$\tilde{W}^I - \tilde{W}^{FT} = \frac{(n_1+3-n_2)(3n_1+5+n_2)A^2}{32b(n+3)^2((n_1+2)^2},$$

であるから, 以下の命題を得る.

[命題6] 第1輸出国が先導者となる逐次手番補助金に対して，輸入国政府が生産者余剰を最大化する競争政策を実行するとしよう．最適企業数は $\tilde{n}_h^I = \frac{n_2}{2} + 1$ で，この企業数と輸入国厚生は自由貿易に比較して低水準であり，さらに n_2 が極端に大きくない限り生産者余剰も低水準である．また $n_2 > n_1 + 3$ のとき，自由貿易に比較して政策均衡で個別企業利潤は高水準，総供給，消費者余剰および世界厚生は低水準である．逆に $n_1 + 1 < n_2 < n_1 + 3$ のとき，政策均衡で個別企業利潤は低水準，総供給，消費者余剰および世界厚生は高水準である．

輸入国企業生産量やその利潤，世界厚生水準の順序など，例えば輸入国企業利潤に関して，$sign\,\tilde{\pi}_h^I - \tilde{\pi}_h^{FT} = sign\,n_2 - (n_1 + 3)$ のように不確定である．しかしながら，

$$\frac{3}{2}n_1 + 2 - (n_1 + 3) = \frac{n_1 - 2}{2},$$

であるから (9.33) 式より $2 \leq n_1$ ならば $n_1 + 3 \leq \frac{3}{2}n_1 + 2 < n_2$ が成立する．他方 $1 = n_1$ ならば $n_2 = 4$ が臨界値となる．

さらに，以上の命題5と命題6から次の系1を得る．

[系1] $n_1 + 1 < n_2$ とし，すべての国の限界費用は同一と仮定する．輸入国政府が国際貿易に不介入で生産者余剰を最大化する競争政策を実施するとき，輸出国が輸出促進策に変更すると自由貿易に比較して最適企業数は減少し，輸入国厚生は必ず低下する．

5.3 最適産業構造の決定

命題5および命題6より n_2 が極端に大きくない限り，生産者余剰の最大化を目指す輸入国にとって輸出国の補助金政策よりも自由貿易が好ましい．他方 n_2 が n_1 に比較して十分に大きいとき，出現する政策均衡は第1国が先導者の逐次手番で第2国の政策は輸出課税となる．この場合には輸入国にとって自由貿易よりも輸出国の補助金競争政策が好ましい場合がある．

ここでは輸出国が輸出補助金政策を実行することを予め読み込んで，輸入国が第1段階で生産者余剰を比較して最終的な産業構造（企業数）を選択・決定

することを考察する。生産者余剰を比較すると

$$\tilde{PS}_h^S - \tilde{PS}_h^I = \frac{(5n_1 - 3n_2 + 7)A^2}{96b(n+3)(n_1+2)}, \tag{9.37}$$

を得る。よって輸出補助金政策のもとでの最終的な最適企業数が次の命題のように確定する。すなわち,

[命題 7] すべての国の限界費用は同一,$n_1 + 1 < n_2$ とし,さらに輸入国は国際貿易には不介入であるがその生産者余剰を最大化する競争政策を実施するとしよう。最適企業数,輸入国生産者余剰および 2 輸出国補助金政策のタイミングは以下のとおりである。すなわち

(1) 領域 $A, B : n_1 + 1 < n_2 < \frac{3}{2}n_1 + 2 \Rightarrow \tilde{PS}_h^S > \tilde{PS}_h^I$, $n_h = \tilde{n}_h^S$, 同時手番

(2) 領域 $C : \frac{3}{2}n_1 + 2 < n_2 < \frac{5}{3}n_1 + \frac{7}{3} \Rightarrow \tilde{PS}_h^S > \tilde{PS}_h^I$, $n_h = \tilde{n}_h^S$, 同時手番

(3) 直線 $f : \frac{5}{3}n_1 + \frac{7}{3} = n_2 \Rightarrow \tilde{PS}_h^S = \tilde{PS}_h^I$, 無差別・不決定

(4) 領域 $D : \frac{5}{3}n_1 + \frac{7}{3} < n_2 < 2n_1 + 3 \Rightarrow \tilde{PS}_h^S < \tilde{PS}_h^I$, $n_h = \tilde{n}_h^I$, 第 1 輸出国先導者

(5) 領域 $E : 2n_1 + 3 < n_2 \Rightarrow \tilde{PS}_h^S < \tilde{PS}_h^I$, $n_h = \tilde{n}_h^I$, 第 1 輸出国先導者

となる。

この命題に関していくつかリマークを追加しよう。第 1 に命題の (2), (3) および (4),すなわち,2 輸出国の企業数が図 9.3 の領域 C,直線 f および領域 D を表す

$$\frac{3}{2}n_1 + 2 < n_2 < 2n_1 + 3,$$

の範囲ならば,両手番での最適企業数は「内点解」条件を満たしている。他方 (1) および (5),すなわち領域 A, B と E では生産者余剰が低水準となる手番

では最適企業数が「内点解」の条件を満たさない。よって低水準の手番での生産者余剰は一層低い値に制約されるため，最終的に最適企業数の選択には影響しない。

第2に，[命題4]より輸入国厚生水準は輸入国企業数の増加関数である。他方生産者余剰を最大化する輸入国企業数は2輸出国企業数の相対的な大小に依存する[10]。もし2輸出国企業数格差が比較的小さい（大きい）とき，輸入国は輸出国の政策タイミングが同時手番（第1輸出国先導者逐次手番）と実現するように企業数を選択することで，より高水準の生産者余剰を獲得可能となる。

第3に，命題7の (3) の場合には最適企業数は異なるが得られる生産者余剰水準は同一となる。そのため輸入国にとって2種類の異なる産業構造（企業数）および輸出国政策のタイミングが無差別となるのである。輸入国厚生水準と [命題7] の (3) を同時に図示したものが，図9.4である。

第4にこの命題7を異なる別の図で示そう。図9.5は n_1 の値を所与として n_2 と n_h の関連を示している。領域区分のための2直線から考察する。第1に45度の傾きを有する直線 n_h^{**} は $K_2 = 0$ となる n_h を示し，この直線より左上部分は輸入国の企業数が比較的多く同時手番 S の領域を，逆に右下部分は輸入国の企業数が比較的少なく第2輸出国の企業数が多い第1輸出国先導者逐次手

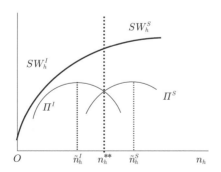

図 9.4 命題6 (3)：異なる産業構造が無差別となるケース

---

[10] より一般的に最大化すべき政策目標が $\omega CS + (1-\omega) PS, \ 0 \leq \omega \leq 1$ で示されるなら，$\omega = 1/2$ のとき W_h の順序と一致する。他方 $\omega = 0$ のとき PS の順序と一致することになる。

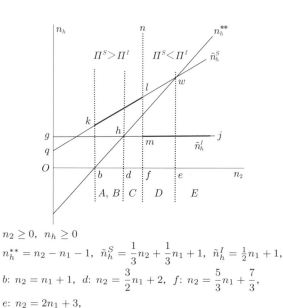

$n_2 \geq 0, \ n_h \geq 0$
$n_h^{**} = n_2 - n_1 - 1, \ \tilde{n}_h^S = \frac{1}{3}n_2 + \frac{1}{3}n_1 + 1, \ \tilde{n}_h^I = \frac{1}{2}n_1 + 1,$
$b: n_2 = n_1 + 1, \ d: n_2 = \frac{3}{2}n_1 + 2, \ f: n_2 = \frac{5}{3}n_1 + \frac{7}{3},$
$e: n_2 = 2n_1 + 3,$
$q: n_h = \frac{1}{3}n_1 + 1, \ g: n_h = \frac{1}{2}n_1 + 1$

図 **9.5** 命題 **6** の図示

番均衡 I の領域をそれぞれ示している。第 2 に垂直線 nf の左側では同時手番 S の場合に輸入国の生産者余剰が多く，逆に右側では少ない。次に各手番での最適企業数を考察する。右上がりの直線 $\tilde{n}_h^S$ は手番 S での最適企業数を示し，そのうち内点解として実現可能な部分は kw である。n_2 が増加して k から w に移動するに伴い $\tilde{n}_h^S$ も増加するが輸入国生産者余剰は減少する。他方水平線 $\tilde{n}_h^I$ は手番 I での最適企業数を示し，実現可能な部分は hj で輸入国生産者余剰は一定に留まる。以上の考察より実際に採用される輸入国企業数は kl と mj の部分であり，点 l と点 m は直線 nf 上に位置して同一生産者余剰水準をもたらすため輸入国にとって無差別であるがしかし異なった産業構造（企業数）やタイミングとなる。

5.4　補助金政策均衡の比較

各最適企業数のもとでの政策均衡を比較しよう。第 1 は最適企業数に関して

第 9 章 輸入国の競争政策が経済厚生におよぼす効果分析

$$\tilde{n}_h^S - \tilde{n}_h^I = \frac{2n_2 - n_1}{6} > 0,$$

であるから $\tilde{n}_h^I(n_1) < \tilde{n}_h^S(n_1, n_2) < \tilde{n}_h^{FT}(n_1, n_2)$, が成立する.すなわち輸入国の最適企業数は,自由貿易の場合から,2 輸出国の政策が同時手番の場合へ,そして 2 輸出国の政策が逐次手番の場合となるほど少数となる.第 2 に各生産量(個別企業利潤)に関して

$$\tilde{x}^S - \tilde{x}^I = \frac{(n_1 + 1 - n_2)A}{4b(n+3)(n_1+2)} < 0,$$

よって $n_1 + 1 < n_2 < n_1 + 3 \Rightarrow \tilde{x}^S < \tilde{x}^I < \tilde{x}^{FT}$,他方 $n_1 + 3 < n_2 \Rightarrow \tilde{x}^S < \tilde{x}^{FT} < \tilde{x}^I$ である.また総供給量は

$$\tilde{Q}^S - \tilde{Q}^I = \frac{(n_2 - n_1 - 1)A}{4b(n+3)(n_1+2)} > 0,$$

であるから,$n_1 + 1 < n_2 < n_1 + 3 \Rightarrow \tilde{Q}^{FT} < \tilde{Q}^I < \tilde{Q}^S$,$n_1 + 3 < n_2 \Rightarrow \tilde{Q}^I < \tilde{Q}^{FT} < \tilde{Q}^S$ である.すなわち輸入国生産量(個別企業利潤)は同時手番均衡よりも逐次手番均衡で高水準であり,総供給量(消費者余剰)は常に同時手番均衡で高水準である.第 3 に輸入国厚生に関して,図 9.1 と最適企業数の関係より

$$\tilde{W}_h^S - \tilde{W}_h^I = -\frac{(\gamma_1 - n_2\gamma_2)A^2}{96b(n+3)^2(n_1+2)^2} > 0,$$

$$\gamma_1 = 19n_1^3 + 103n_1^2 + 169n_1 + 81, \quad \gamma_2 = 3n_2(7n_1 + 13) + 2n_1^2 + 44n_1 + 74,$$

となり,さらに $\tilde{W}_h^S < \tilde{W}_h^{FT}$ であることを考慮して

$$\tilde{W}_h^I < \tilde{W}_h^S < \tilde{W}_h^{FT}, \tag{9.38}$$

が成立する.よって輸入国厚生は逐次手番よりも同時手番の政策均衡で高水準である.図 9.6 は図 9.1 に $F = \tilde{n}_h^{FT}$,$S = \tilde{n}_h^S$,$I = \tilde{n}_h^I$ をそれぞれ自由貿易均衡,同時手番均衡および第 1 国先導者逐次手番均衡での輸入国最適企業数として追加し,それらに対応する輸入国厚生をそれぞれ各 W_h^j,$j = FT, S, I$ の曲線の高さで示して比較する.図 9.1 では輸入国企業数は外生的に政策均衡と自

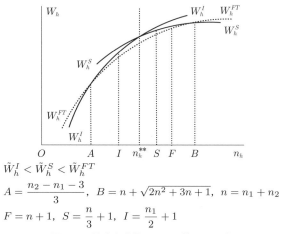

図 9.6 最適企業数のもとで輸入国厚生

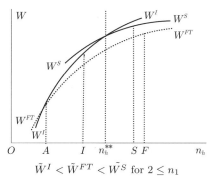

図 9.7 最適産業構造のもとでの世界厚生

由貿易で同一の値で厚生水準が比較されたが，図 9.6 ではそれらは内生的に決定された最適値で相互に異なる値で厚生水準が比較される。

最後は同様の手法で世界厚生の比較を行う。仮定により

$$\tilde{W}^I - \tilde{W}^S = \frac{(n_1 + 1 - n_2)(3n_1 + 7 + n_2)A^2}{32b(n+1)^2((n_1+2)^2} < 0,$$

を得ることができる。よって $n_1 + 1 < n_2$ のもとで輸出国が輸出促進策を実行すると，最適企業数のもとで世界厚生水準は逐次手番均衡よりも同時手番で高

186

水準となる。さらに命題5および命題6とあわせて世界厚生比較は2ケースに分けられるが，その1つが図9.7で示されている。図9.7の横軸の記号は図9.6と同じである。

6 おわりに

関税や輸出補助金といった国際貿易への政策的干渉手段は国際間での低減交渉の進展につれその明示的な採用の可能性は狭まり，代わって類似の効果を有すると考えられる国内競争政策やそれらの国際間での調和への関心が高まりつつある。本章ではすべての国内に企業が存在するような1輸入国と2輸出国からなる「拡張された第3国市場モデル」で主に以下の結果を得た。

I. 各国企業数の水準やそれらの変化が各国および世界厚生水準におよぼす効果。

2国モデルで Dixit (1984) は自由貿易で輸入国企業数が所与の場合，輸出国企業数の増加が輸入国厚生におよぼす影響は，総供給に占める輸入のシェアに依存することを示した。本章では自由貿易であるが，輸入国が生産者余剰を最大にする企業数を選択するとき，輸出国企業数の増加は輸入国厚生を必ず上昇させることを示した（[命題1]）。Collie (2003) は2国モデルで輸入国が生産補助金と関税を利用する最適政策を実施する場合，輸出国企業数の減少が輸入国厚生を低減させることを示した。命題1より自由貿易のもとでも輸入国が生産者余剰を最大にする企業数を選択するときには同様の影響が示される。

次に輸入国は国際貿易に不介入で2輸出国が補助金競争を展開するとする。このとき第1輸出国企業数が比較的少数のケースから増加するとしよう。当初は第1輸出国先導者逐次手番均衡であったものが同時手番均衡に切り替わる。その過程で輸入国と世界の厚生水準は上昇し，第1輸出国厚生水準は低下する。これより輸入国が最適政策から不介入に，輸出国が不介入から補助金政策へと転換する場合にも，Collie (2003) の結果と同様に，輸出国企業数の減少が輸入国厚生を低減させることを示した。

II. 2輸出国企業数やその格差水準が輸入国の競争政策にどのような影響を与えるか。

得られる主要な結果は以下のようなものである。産業の生産者余剰を最大化する輸入国最適企業数は2輸出国企業数の相対的な大小に依存する。もし2輸出国企業数格差が比較的小さい（大きい）とき，輸入国は輸出国の政策タイミングが同時手番（第1輸出国先導者逐次手番）となるように企業数を選択してより高水準の生産者余剰を獲得可能となる（[命題7]）。しかしながら興味深いことに異なる産業構造（異なる最適企業数）が同一水準の生産者余剰をもたらし得る。またこうして輸入国が産業政策を実施するとき，輸出国が輸出促進策を実行すると自由貿易に比較して輸入国厚生は必ず低下する（[命題5]，[命題6]）。

なお本章の分析では2輸出国と輸入国とで生産における費用条件（限界費用）は同一と想定している。国際間で企業の費用条件相違が得られた結果にどのように影響するかの考察は今後の展開としたい。

Appendix

A. 命題4の証明

ケース1：第1に，$n_h^* < 0 < n_h^{**} < n_h$ が成立する同時手番均衡の状態を想定する。このときには

$$\frac{\partial W_h^S}{\partial n_h} = \frac{(6n_h + 4n + 9)A^2}{b(N^S)^3} > 0,$$

$$\frac{\partial W_1^S}{\partial n_h} = -\frac{(3n_h + 3 - n_1 + 5n_2)A^2}{b(N^S)^3} < 0,$$

$$\frac{\partial W_2^S}{\partial n_h} = -\frac{(3n_h + 3 + 5n_1 - n_2)A^2}{b(N^S)^3} < 0, \quad \frac{\partial W^S}{\partial n_h} = \frac{3A^2}{b(N^S)^3} > 0,$$

$$\frac{\partial W_h^S}{\partial n_1} = (Y_1^S + Y_2^S - X^S)b\frac{\partial Q^S}{\partial n_1} = \frac{(n_h + n + 2)A^2}{b(N^S)^3} > 0,$$

$$\frac{\partial W_1^S}{\partial n_1} = -\frac{2(n_h + n_2 + 1)A^2}{b(N^S)^3} < 0, \quad \frac{\partial W_2^S}{\partial n_1} = -\frac{K_1 A^2}{b(N^S)^3} > 0,$$

$$\frac{\partial W^S}{\partial n_1} = \frac{A^2}{b(N^S)^3} > 0,$$

$$\frac{\partial W_h^S}{\partial n_2} = \frac{(n_h + n + 2)A^2}{b(N^S)^3} > 0, \quad \frac{\partial W_1^S}{\partial n_2} = -\frac{K_2 A^2}{b(N^S)^3} > 0,$$

第 9 章 輸入国の競争政策が経済厚生におよぼす効果分析

$$\frac{\partial W_2^S}{\partial n_2} = -\frac{2(n_h + n_1 + 1)A^2}{b(N^S)^3} < 0, \quad \frac{\partial W^S}{\partial n_2} = \frac{A^2}{b(N^S)^3} > 0.$$

ケース 2：今度は $n_h^* < 0 \leq n_h < n_h^{**}$ が成立して，第 1 輸出国先導者逐次手番均衡の状態を想定する。このとき

$$\frac{\partial W_h^I}{\partial n_h} = \frac{(6n_h + 5n_1 + 8)A^2}{4b(N^I)^3} > 0, \quad \frac{\partial W_1^I}{\partial n_h} = -\frac{(2n_h + n_1 + 2)A^2}{2b(N^I)^3} < 0,$$

$$\frac{\partial W_2^I}{\partial n_h} = -\frac{(2n_h + 3n_1 + 2)A^2}{4b(N^I)^3} < 0, \quad \frac{\partial W^I}{\partial n_h} = \frac{A^2}{2b(N^I)^3} > 0,$$

$$\frac{\partial W_h^I}{\partial n_1} = (Y_1^I + Y_2^I - X^I)b\frac{\partial Q^I}{\partial n_1} = \frac{(2n_h + 2n_1 + 3)A^2}{4b(N^I)^3} > 0,$$

$$\frac{\partial W_1^I}{\partial n_1} = -\frac{A^2}{4b(N^I)^2} < 0,$$

$$\frac{\partial W_2^I}{\partial n_1} = -\frac{n_1 A^2}{4b(N^I)^3} < 0, \quad \frac{\partial W^I}{\partial n_1} = \frac{A^2}{4b(N^I)^3} > 0,$$

$$\frac{\partial W_i^I}{\partial n_2} = 0, \quad i = h,\ 1,\ 2, \quad \frac{\partial W^I}{\partial n_2} = 0,$$

が成立する。

B. 命題 7 の数値例

[命題 7] の具体的な数値例が表 9.2 で与えられる。基準となるケース (3) では 2 輸出国企業数の値が図 9.3 の直線 f 上に位置して，$\tilde{PS}_h^S = \tilde{PS}_h^I$ が成立する。$n_1 = 10$, $n_2 = 19$ なので $n_h^{**} = 8$ である。このとき $\tilde{n}_h^S = \frac{32}{3} > n_h^{**}$

表 9.2 輸出国企業数，輸入国最適企業数および timing の数値例

Case	(n_1, n_2)	n_h^{**}	$\tilde{n}_h^S$	$\tilde{PS}_h^S$	$\tilde{n}_h^I$	$\tilde{PS}_h^I$	$\tilde{PS}_h^S - \tilde{PS}_h^I$	n_h	timing
(1)	(10, 15)	4	$\frac{28}{3}$	$\frac{A^2}{336b}$	6	$\frac{A^2}{384b}$	$\frac{A^2}{2688b} > 0$	$\frac{28}{3}$	S
(2)	(10, 18)	7	$\frac{31}{3}$	$\frac{A^2}{372b}$	6	$\frac{A^2}{384b}$	$\frac{A^2}{11904b} > 0$	$\frac{31}{3}$	S
(3)	(10, 19)	8	$\frac{32}{3}$	$\frac{A^2}{384b}$	6	$\frac{A^2}{384b}$	0		無差別
(4)	(10, 20)	9	11	$\frac{A^2}{396b}$	6	$\frac{A^2}{384b}$	$-\frac{A^2}{12672b} < 0$	6	I
(5)	(10, 25)	14	$\frac{38}{3}$	$\frac{A^2}{456b}$	6	$\frac{A^2}{384b}$	$-\frac{A^2}{2432b} < 0$	6	I

が成立し「内点解」の条件を満たし，生産者余剰は $\tilde{PS}_h^S = \frac{A^2}{384b}$ となる。他方 $\tilde{n}_h^I = 6 < n_h^{**}$ も「内点解」であり，生産者余剰は $\tilde{PS}_h^I = \frac{A^2}{384b}$ で同一水準である。そのため輸入国にとって 2 種類の異なる産業構造（企業数）が無差別となる。

次に第 2 輸出国の企業数が増加し領域 D となるケース（4）で $n_1 = 10$, $n_2 = 20$ とすると $n_h^{**} = 9$ となる。このとき $\tilde{n}_h^S = 11 > n_h^{**}$ であり，生産者余剰は $\tilde{PS}_h^S = \frac{A^2}{396b}$ に低下する。他方 $\tilde{n}_h^I = 6 < n_h^{**}$ で，生産者余剰は $\tilde{PS}_h^I = \frac{A^2}{384b}$ に留まる。よって輸入国は実際 $\tilde{n}_h^I = 6$ の産業構造（企業数）を選択し，結果的に第 1 輸出国先導者逐次手番の均衡を誘発することでその生産者余剰水準を維持する。

さらに第 2 輸出国の企業数が増加して領域 E となるようなケース（5）では同時手番を予想した輸入国最適企業数は $\tilde{n}_h^S = \frac{38}{3} < n_h^{**} = 14$ となって「内点解」の条件を満たさないし，生産者余剰も低水準である。したがって最終的な最適企業数は第 1 輸出国先導者逐次手番の手番として実現する。以上と対称的なケース（2）およびケース（1）も同様にして考察可能である。

参考文献

[1] Brander, J.A. and B.J. Spencer (February 1985), "Export Subsidies and International Market Share Rivalry," *Journal of International Economics*, Vol.18, No.1/2, pp.83-100.

[2] Collie, D.R. (November1991), "Export Subsidies and Countervailing Tariffs," *Journal of International Economics*, Vol.31, No.3/4, pp.309-324.

[3] Collie, D. R. (1994), "Endogenous Timing in Trade Policy Games: Should Government Use Countervailing Duties ?," *Weltwirtschaftliches Archiv*, Vol.130, No.1, pp.191-209.

[4] Collie, D. R. (February 2003), "Mergers and Trade Policy under Oligopoly," *Review of International Economics*, Vol.11, No.1, pp.55-71.

[5] Dixit, A. (March 1984), "International Trade Policy for Oligopolistic Industries," *Economic Journal Supplement*, Vol.94, No.3, pp.1-16.

[6] Grossman, G. M., and E. Helpman (September 1994), "Protection for Sale," *American Economic Review*, Vol.84, Issue.4, pp.833-850.

[7] Grossman, G. M., and E. Helpman (2002), *Interest Groups and Trade Policy*, Princeton: Princton University Press.

[8] Hamilton, J.H. and S. M. Slutsky (March 1990), "Endogenous Timing in Duopoly Games: Stackelberg or Cournot Equilibria," *Games and Economic Behavior*, Vol.2, No.1, pp.29-46.
 [9] Hillman A.L. (1989), *The Political Economy of Protection,* London: Harwood Academic Publishers.
[10] Horn, H. and J. Levinsohn (March 2001), "Merger Policies and Trade Liberalization," *The Economic Journal*, Vol.111, Issue 470, pp.244-276.
[11] Jensen, P.E. and K. Krishna (1996), "Entry Policy in an Open Economy," *Indian Economic Review*, Vol.31, Issue 1, pp.41-56.
[12] Nomura, R., M. Okamura and M. Hayashibara (December 2007), "Market Structure and Welfare under Endogeneus Timing of Trade Policy in a Two Country-Model," *Indian Development Review*, Vol.5, No.1, pp.341-354.
[13] Ohkawa T., Okamura M. and M. Tawada (2002), "Endogenous Timing and Welfare in the Game of Trade Policies under International Oligopoly," in Woodland, A. D., ed. *Economic Theory and International Trade: Essays in honour of Murray C. Kemp*, Cheltenham: Edward Elgar.
[14] Wong, K. (1995), *International Trade in Goods and Factor Mobility,* Cambridge: The MIT press.
[15] 林原正之 (2007a),「輸出補助金政策のタイミングの内生的決定と世界厚生水準の比較分析：拡張された3国モデルでの考察」『追手門経済論集』第42巻第1号，追手門学院大学経済学会，2007年9月，pp.94-116.
[16] 林原正之 (2007b),「競争政策，輸出補助金政策および経済厚生」『国際経済』第58号，日本国際経済学会，2007年10月，pp.90-113.

第 10 章

品質改善投資補助金, Minimum Quality Standards と経済厚生

1 はじめに

　財やサービスの品質水準はそれらの数量とともに消費および生産を通じて厚生水準に影響をもたらす。例えば消費面では消費量の増加や品質水準の向上は直接的に消費からの効用水準の上昇に寄与する。また食品の安全性，健康リスクや品質水準（例えば，牛海綿状脳症 1996 年，ホルモン牛肉 2003 年，遺伝子組み替えトウモロコシ 2000 年，中国産農産物残留農薬 2002 年，中国産冷凍ギョウザ 2008 年など），あるいは航空機，乗用車や電化製品など製品の安全性（例えば，トヨタ自動車リコール 2009 年）などが厚生水準に影響をおよぼす。さらに中間財・部品の品質が最終製品の生産性を通じて厚生水準に影響する。以上の例示は消費者にとっての安全性の向上や中間財の品質向上による生産性への効果である。また必ずしも安全性や品質向上と直接関係しない場合の例として繊維製品などでは品質水準の格差を拡大することにより差別化が図られ，それが利潤や厚生水準に影響することもありえる。品質水準の向上には費用が必要であるからである。さらに費用負担が大きい場合には必ずしも高品質の製品を指定するのが最適とはかぎらない。品質水準の社会的評価と費用との関連が重要となる。例えば，食料品に関して「途上国の中には安全性よりも必要量の食糧確保・栄養供給を重要視する国があるのは当然であり，低い水準に設定することを否定すれば，これらの国の主権的権利を阻害しかねないという問題がある」[1]。さらに日本あるいは日本企業に潜む「強すぎる品質への呪縛」への警告記事も散在している[2]。

　ではどの程度の品質水準が最適であろうか。本章では複占企業を想定して，内生的な品質水準の決定と経済厚生の関連を考察する。この分野で垂直的差別化（vertically differentiations）モデルの典型例は高品質と低品質の区分を所与として，複占モデルで第 1 段階は Minimum Quality Standards（MQS）導入政策，第 2 段階は品質決定競争，第 3 段階が価格（Bertrand）あるいは数量（Cournot）競争のモデルで，2 企業のうち第 1 企業が高品質財を，第 2 企業が

---

[1] 山下一仁編著 (2008), p.114
[2] 日本経済新聞（2010 年 3 月 16 日付，「経済教室」），日本経済新聞（2010 年 8 月 25 日付，「十字路」）など。

第10章　品質改善投資補助金，Minimum Quality Standards と経済厚生

低品質財を供給するとされる。第2企業の品質水準に対して不介入の場合を上回る下限を設定する政策の効果は以下のとおりである。(1) ベルトラン競争では第2企業の利潤と消費者余剰が増加し，第1企業の利潤は減少する，しかし前者の効果が後者を凌駕し厚生水準は上昇する [Ronnen (1991)]。(2) クールノー競争では消費者余剰が増加し，両企業の利潤は減少するが，後者の効果が前者を凌駕するため，厚生水準は低下する [Valletti (2000)][3]。

　本章では Sutton (1998) で展開された対称的な水平的・垂直的差別化財モデル，すなわち効用関数は対称的であり企業の費用条件も同一であるようなモデルを想定する。そのため，均衡では生産量，品質水準とも両企業間で同一水準となる。複占企業がクールノー競争を展開するとし，いくつかの品質決定のケースを考察する。第1は財の品質水準の決定を複占企業が独立的に行うケースで，それを細分して政府は不介入の場合と政府が厚生水準を最大化する目的で品質改善投資に次善最適補助金を提供する場合を考察する。第2は政府が補助金は提供せず品質水準に Minimum Quality Standards を導入するケースである，すなわち政府は厚生水準を最大化する目的で両企業に品質水準（の下限）を指定する。

　本章で得られる結果は以下のようなものである。(1) 複占企業が独立的に財の品質水準を決定するケースでは，不介入に比較して政府による品質改善投資への次善補助金政策均衡で，品質水準，生産水準，消費者余剰および経済厚生は高水準となり，代替財の場合には補助金を控除した利潤は低水準となる。(2) 政府が品質改善投資に補助金を提供するケースと政府が両企業に品質水準（の下限）を指定するケースとで，品質水準，生産水準，消費者余剰，補助金を控除した利潤および経済厚生は同一水準となる。(3) 以上で得られる品質水準，生産水準，消費者余剰および経済厚生は最善最適政策の場合に比較して低水準である。さらに (1) と (2) を利用すると，(4) 不介入ケースから，政府が両企業に品質水準（の下限）を指定するケースに移行すると，品質水準，生産水準，消費者余剰および経済厚生は高水準となり，代替財の場合に利潤の水準は低水準となる。よってクールノー競争のもとで経済厚生に関する部分は垂直的差別

---

[3] その後の展開として，例えば Jinji (2003) あるい Toshimitsu (2003) などを参照のこと。

化モデルの Valletti (2000) の結果と相違する。

本章の構成は以下のとおりである。第 2 節で基本モデルを提示した後，第 3 節では複占企業が同時・独立的に財の品質水準を決定するケースで，不介入の場合と政府が品質改善投資に次善最適補助金を提供する場合とを比較する。第 4 節では政府が補助金は提供せず品質水準（の下限）を指定するケースを考察する。そして第 5 節では結果の要約と展望を述べる。

2　基本モデル

この節は閉鎖経済複占モデルの基本点を要約する。複占企業それぞれが生産する財は差別化された財とし，意思決定・実行の順序は以下のとおりである。3 段階ゲームとして考察し，第 1 段階で政府は品質改善投資へ補助金（不介入の場合にはゼロ）を提供する。第 2 段階では各企業による同時・独立的な品質改善投資の実行，あるいは政府による次善最適品質水準の指定がなされる。そして第 3 段階では 2 企業間でクールノー競争による生産と供給の決定がなされる。均衡は部分ゲーム完全均衡であり後段階から解く。

2.1　需要

x_i および u_i で第 i 企業の生産量および品質水準を表示する。代表的家計（消費者）は x_i，および競争的に生産される価値尺度財が M 消費可能として，その効用関数を

$$U(x_1, x_2) = x_1 + x_2 - \frac{x_1^2}{u_1^2} - \frac{x_2^2}{u_2^2} - \frac{kx_1}{u_1}\frac{x_2}{u_2} + M, \quad k \in (-2, 2),$$

とする[4]。家計の効用最大化の 1 階条件より次の逆需要関数

$$p_i = 1 - \frac{2x_i}{u_i^2} - \frac{kx_j}{u_i u_j}, \quad i, j = 1, 2, \quad i \neq j, \tag{10.1}$$

が得られる，ここで p_i は第 i 財価格を表示する。これらより通常の需要関数は

$$x_i = \frac{2(1-p_i)u_i^2 - k(1-p_j)u_i u_j}{4 - k^2}, \quad i, j = 1, 2, \quad i \neq j, \tag{10.2}$$

---
[4] ただし k の範囲は以下の各ケースで，最大化の 2 階条件や「安定条件」により一層制約される。

第10章 品質改善投資補助金，Minimum Quality Standards と経済厚生

であり，数量で表現すると消費者余剰 CS は

$$CS = \frac{x_1^2}{u_1^2} + \frac{x_2^2}{u_2^2} + \frac{kx_1}{u_1}\frac{x_2}{u_2},$$

となる。

2.2 生産・供給

第2段階で決定される品質改善投資水準とそれがもたらす財の品質水準 u_i を所与として，第3段階における企業の粗（市場）利潤関数は

$$\pi_i = (p_i - c)x_i, \quad i = 1, 2,$$

であり，c は両企業共通の限界費用を示している。以下では $c = 0$ と簡素化する。また純利潤関数は

$$\Pi_i = \pi_i - (1-s)R_i, \tag{10.3}$$

ここで s は両企業に共通の補助金率，R_i は品質改善投資費用を表示する。パラメーターを $v_0 > 1$，$v > 0$，品質水準の定義域を $v \leq u_i$ として，

$$R_i(u_i) = v_0 - vu_i + \frac{1}{2}u_i^2 = \frac{1}{2}(u_i - v)^2 + v_0 - \frac{1}{2}v^2, \quad \frac{1}{2} \leq \frac{v_0}{v^2},$$

と仮定する。なお補助金率が両企業で共通と想定しているが，企業ごとの率 s_i，$i = 1, 2$ としても対称的想定により同じ結果が得られる。ただし計算過程は複雑になる。この投資費用関数について補足しよう。Sutton (1998) で展開されている水平的・垂直的差別化財モデルにおいて，品質改善投資費用関数は，(1) 企業間 spillover effects は存在せず，(2) 当該企業の品質水準 u の2次より大の関数とされている。すなわち $\epsilon_0 u^\beta$，$\beta > 2$ とされる。またそのモデルに spillover effects を導入しクールノー競争とベルトラン競争との厚生比較を行ったSymeonidis (2003) は4次の品質投資費用を想定している。これは品質改善にともなう粗利潤の増加に比較し，品質改善投資費用の増加の程度が凌駕し，純利潤最大化の2階条件を確保する目的と思われる。例えばクールノー競争での利潤を考える，他企業の品質水準 $u_j > 0$ を所与とすると，$4u_i - ku_j > 0$ の領域で，粗利潤は当該企業の品質水準 u_i の2次凸増加関数である。本章で上記

の2次投資費用関数を想定する理由は，第1に投資費用関数を簡略化して非対称的均衡にも展開が容易なように計算上の負担を軽減し，特に林原 (2011b) にて2国貿易モデルで展開して，輸入財の品質の導出に応用するためである。なおこの投資費用関数ではそのままでは減少部分が存在する。どのような産業を想定するかというよりも品質には経済的に決定される水準とは別に，基本的な下限があり，それ以下は対象としないと想定して品質の定義域を $v \leq u_i$ としている。なお代替的な解釈として，投資費用を最小化するという意味で効率的な品質水準が存在し，そこから離れるとより高い費用がかかる，とも解釈可能である。この場合には最小化に対応する品質からより低水準への変更にも費用が必要であるが，いったん低品質となったものを再度もとの品質水準にもどす場合には不可逆性や非対称性が存在すると想定できる。たとえば，自然から比較的低費用で採取した水をより高品質にするには追加的な費用が必要である。ところが自然の水を汚染して低品質にするにも「費用」がかかる。その汚染された水をもとの自然の水にもどすにはより多くの追加的費用が必要である。

2.3 厚生水準

厚生水準 W を消費者余剰と利潤および財政収支の単純な合計で定義して

$$W = CS + \Pi_1 + \Pi_2 - s(R_1 + R_2) = CS + \pi_1 - R_1 + \pi_2 - R_2, \quad (10.4)$$

である。よって消費者余剰と補助金を控除した利潤の合計に帰着する。

3 クールノー競争の第3段階：生産量・価格の決定と厚生水準

両国企業による粗（市場）利潤最大化の1階条件を連立し生産水準に関して解くことにより，各企業のクールノー生産水準の値が品質 (u_1, u_2) の関数として得られる。$c = 0$ のもとで，

$$x_i^Q = \frac{(4u_i - ku_j)u_i}{16 - k^2}, \quad i = 1, 2, \quad i \neq j, \quad (10.5)$$

である。$4u_i - ku_j > 0$ を仮定し，上付き添字 Q は第3段階でのクールノー均衡の値を表示する。また価格水準は

第 10 章　品質改善投資補助金，Minimum Quality Standards と経済厚生

$$p_i^Q = \frac{2(4u_i - ku_j)}{(16-k^2)u_i}, \quad i=1,2, \quad i \neq j, \tag{10.6}$$

となる。$k=0$ の場合は両財は独立財であり，$u_i = u_j$ のもとで $k \to 2$ の場合には完全代替財である。k の値が増大すると両財間の差別化の程度は減少する。さらに粗利潤，消費者余剰，厚生水準が品質の関数として得られる，すなわち，

$$\pi_i^Q = \frac{2(4u_i - ku_j)^2}{(16-k^2)^2} = \frac{2(x_i^Q)^2}{u_i^2}, \quad i,j=1,2, \quad i \neq j, \tag{10.7}$$

$$CS^Q = \frac{(16-3k^2)(u_1^2 + u_2^2) + k^3 u_1 u_2}{(16-k^2)^2} \tag{10.8}$$

$$W^Q = \frac{(48-k^2)(u_1^2 + u_2^2) - k(32-k^2)u_1 u_2}{(16-k^2)^2} - (R_1 + R_2), \tag{10.9}$$

である。これらの各変数に品質水準を代入すると均衡値が得られる。以下では品質水準を確定する 3 ケースを順に考察する。第 1 は不介入のケース，すなわち複占企業が利潤最大化を目的に品質水準を決定する場合である。第 2 は次善最適補助金のケース，すなわち複占企業に利潤最大化による品質水準決定を委ねるが，政府が次善投資補助金を提供する場合である。そして第 3 は Minimum Quality Standards のケース，すなわち政府が厚生水準を最大化する目的で品質水準を指定する場合である。

4　品質改善投資水準の決定 1：企業が独立的に決定するケース

第 1 段階での補助金水準を所与とし，第 3 段階の結果を熟知して，第 2 段階にて各企業は可変的開発費用 R_i を投入して，純利潤を最大化するようにその製品の品質水準を非協力的に決定する。純利潤の (10.3) 式より，

$$\Pi_i^Q(u_i, u_j, s) = \frac{2(4u_i - ku_j)^2}{(16-k^2)^2} - (1-s)R_i, \quad i,j=1,2, \quad i \neq j, \tag{10.10}$$

純利潤最大化の 1 階条件は

$$\frac{\partial \Pi_i^Q}{\partial u_i} = \frac{16(4u_i - ku_j)}{(16-k^2)^2} - (1-s)(u_i - v) = 0, \quad i,j=1,2, \quad i \neq j, \tag{10.11}$$

となる。純利潤最大化の 2 階条件

$$\frac{\partial^2 \Pi_i^Q}{\partial u_i^2} = -\frac{(8-k^2)(24-k^2)}{(16-k^2)^2} + s < 0,$$

および「安定条件」が成立する必要がある，すなわち，

$$\frac{\partial^2 \Pi_1^Q}{\partial u_1^2}\frac{\partial^2 \Pi_2^Q}{\partial u_2^2} - \frac{\partial^2 \Pi_1^Q}{\partial u_1 \partial u_2}\frac{\partial^2 \Pi_2^Q}{\partial u_2 \partial u_1} > 0,$$

あるいは

$$\frac{\{\Delta_1^C - (16-k^2)(4+k)s)\}\{\Delta_2^C - (16-k^2)(4-k)s\}}{(16-k^2)^3} > 0,$$

ここで

$$\Delta_1^C = (4-k)(4+k)^2 - 16 = 48 + 16k - 4k^2 - k^3 > 0, \quad for\ k \in (-2,\ 2),$$
$$\Delta_2^C = (4-k)^2(4+k) - 16 = 48 - 16k - 4k^2 + k^3 > 0, \quad for\ k \in (-2,\ 2),$$

である。品質投資段階での各企業の反応関数は，

$$u_i(u_j) = \frac{-16ku_j + (1-s)(16-k^2)^2 v}{(8-k^2)(24-k^2) - s(16-k^2)^2}, \quad i,j=1,2, \quad i \neq j, \qquad (10.12)$$

であり，代替財（補完財）のケースでは傾きは負（正）となる。純利潤最大化の 1 階条件を解くことにより，（対称的）品質水準が

$$u_i^C = \frac{(1-s)(4-k)(4+k)^2}{\Delta_1^C - s(4-k)(4+k)^2} v, \qquad (10.13)$$

と得られる。もし $v=0$ ならば反応関数は原点を通ることになり，品質水準もゼロとなることに注意しよう。この u_i^C の値を第 2 段階の (10.9) に代入すると

$$W^C = \left[\alpha_w^C - \frac{2v_0}{v^2}\right]v^2, \qquad (10.14)$$

が得られる，ここで

$$\alpha_w^C(s) = \frac{\{56 + 14k - 5k^2 - k^3 - (k^2 + 9k + 22)(4-k)s\}(1-s)(4-k)(k+4)^2}{\{\Delta_1^C - s(4-k)(4+k)^2\}^2},$$

と定義している。

第 10 章　品質改善投資補助金, Minimum Quality Standards と経済厚生

4.1　不介入のケース

　対称的想定の結果, 出現する均衡では各企業の製品の品質が等しくなるように決定される対称的均衡である。第 1 段階で政府が設定する補助金率を $s = 0$ とする。このとき利潤最大化の 2 階条件および「安定条件」は $k \in (-2, 2)$ の範囲で成立し,（対称的）品質水準が

$$u_i^{CF} = \frac{(4-k)(4+k)^2}{\Delta_1^C} v > v, \quad for \quad k \in (-2, 2), \tag{10.15}$$

と得られる, 上付き添字 CF は不介入のクールノー均衡の変数であることを示す。この u_i^{CF} の値を第 3 段階での各変数に代入すると, 第 1 に投資費用は

$$R_i^{CF} = \left[\frac{v_0}{v^2} - \alpha_R^{CF}\right] v^2,$$
$$\alpha_R^{CF} = \frac{(32 + 16k - 4k^2 - k^3)(k+4)^2(4-k)}{2(\Delta_1^C)^2} \leq \frac{45}{98},$$

であり, 第 2 に各生産量と価格は

$$x_i^{CF} = \frac{(4-k)^2(4+k)^3}{(\Delta_1^C)^2} v^2 = \frac{1}{4+k}(u_i^{CF})^2, \quad p_i^{CF} = \frac{2}{4+k}, \tag{10.16}$$

となる。さらに, 消費者余剰, 企業純利潤, 厚生水準はそれぞれ以下のように得られる, すなわち,

$$CS^{CF} = \frac{(2+k)(4-k)^2(k+4)^2}{(\Delta_1^C)^2} v^2 = \frac{(2+k)(u_i^{CF})^2}{(4+k)^2},$$
$$\Pi_i^{CF} = \pi_i^{CF} - R_i^{CF} = \left[\alpha_\pi^{CF} - \frac{v_0}{v^2}\right] v^2,$$
$$\alpha_\pi^{CF} = \frac{(12-k^2)(4-k)(k+4)^3}{2(\Delta_1^C)^2} \geq \frac{27}{49},$$
$$W^{CF} = \left[\alpha_w^{CF} - \frac{2v_0}{v^2}\right] v^2,$$
$$\alpha_w^{CF} = \frac{(56 + 14k - 5k^2 - k^3)(4-k)(k+4)^2}{(\Delta_1^C)^2} \geq \frac{9}{7}, \tag{10.17}$$

である。よって品質投資費用, 純利潤および厚生水準が正となるためには, $k \in (-2, 2)$ のすべての k に対して,

$$\frac{1}{2} \leq \frac{v_0}{v^2} \leq \frac{27}{49}, \tag{10.18}$$

が十分条件である，例えば $v_0 = 27$, $v = 7$ なら (10.18) 式を満たす．しかし k の値により α_π^{CF} は変化するので，例えば $k = 1$ に対しては，$v_0 = 29$, $v = 7$ もまた正値をもたらすことは可能である．詳細は図 10.1 のとおり α_π^{CF} は $-2 < k < 2$ の区間で k の単調な減少関数であり，特に $k = 0$ なら $\alpha_\pi^{CF} = 2/3 \approx 0.667$, $k = 1$ なら $\alpha_\pi^{CF} = 4125/6962 \approx 0.592$, そして $k = 2$ なら最小値の $\alpha_\pi^{CF} = 27/49 \approx 0.551$ である．

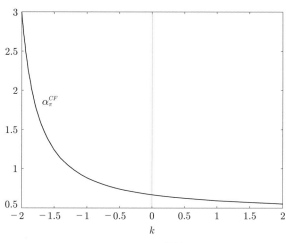

図 **10.1** α_π^{CF}

4.2 次善最適補助金のケース

第 1 段階の補助金率を導出する．(10.14) より，1 階条件は

$$\frac{\partial W^C}{\partial s} = -\frac{32\{(6+k)(4-k)s - (2-k)(4+k)\}(k+4)^2(4-k)v^2}{\{\Delta_1^C - s(4-k)(4+k)^2\}^3} = 0, \tag{10.19}$$

であり，2 階条件として

第 10 章　品質改善投資補助金，Minimum Quality Standards と経済厚生

$$\frac{\partial^2 W^C}{\partial s^2}$$
$$= -\frac{64\{(k+6)(k+4)^2(4-k)s-(k^2+6k+12)(4-4k-k^2)\}(16-k^2)^2v^2}{\{\Delta_1^C - s(4-k)(4+k)^2\}^4},$$

が負となることが必要である．1 階条件より次善最適補助金率は，

$$s^{CS} = \frac{(k+4)(2-k)}{(k+6)(4-k)} \geq 0, \tag{10.20}$$

と得られるため，これを代入して実際 2 階条件の成立が確認できる，

$$\left.\frac{\partial^2 W^C}{\partial s^2}\right|_{s=s^{CS}} = -\frac{(k+6)^4(16-k^2)^2v^2}{128(k+5)^3(k+2)^3} < 0. \tag{10.21}$$

なお上付き添字 CS は次善最適補助金でのクールノー均衡の変数を示す．最適補助金率に関して次の結果を得る．

[補題 1]　次善最適補助金率は (10.20) および図 10.2 で与えられ，両財が補完財のケースでは比較的高水準であり，代替財のとき代替の程度が上昇すると低下する．

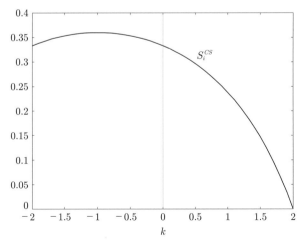

図 10.2　最適補助金率

厚生水準は消費者余剰と企業利潤の合計であり，補助金供与がもたらす各品質水準向上が厚生に与える効果は以下のとおりである。(a) 消費者余剰の上昇を通じて厚生水準を上昇させる，(b) 品質改善費用の上昇を通じて厚生水準を低下させる，(c) 先の (10.7) 式を参照すると，u_i の上昇は常に粗利潤 π_i を上昇させる。しかし，u_j の上昇は補完財（代替財）の場合には粗利潤 π_i を上昇（低下）させ，その程度は k が大きくなると一貫して低下する。すなわち

$$\frac{\partial \pi_i^Q}{\partial u_i} = \frac{16(4u_i - ku_j)}{(16-k^2)^2} > 0, \qquad \frac{\partial \pi_i^Q}{\partial u_j} = -\frac{4(4u_i - ku_j)k}{(16-k^2)^2},$$

であり，さらに対称的 $u_1 = u_2$ から出発すると

$$\frac{\partial^2 \pi_i^Q}{\partial u_i \partial k} = -\frac{16(4-3k)u_i}{(4+k)^3(4-k)^2}, \qquad \frac{\partial^2 \pi_i^Q}{\partial u_j \partial k} = -\frac{8(8-2k+k^2)u_i}{(4+k)^3(4-k)^2} < 0,$$

を得る。u_i の上昇は常に粗利潤 π_i を上昇させるが，その程度は k が小さく $-2 < k < 4/3$ の範囲までは低下し，それが大きくなり両財間の代替性が増して $4/3 < k < 2$ となると上昇する。以上より補助金率は補完財では比較的高水準となり，代替財のとき代替の程度が上昇すると低下する。このように最適補助金率は品質水準が他企業利潤に及ぼす効果をも反映して決定される。

このとき品質水準，投資費用，生産水準および価格は以下のようになる，すなわち

$$u_i^{CS} = \frac{(k+4)^2}{(k+5)(2+k)}v \tag{10.22}$$

$$R_i^{CS} = \left[\frac{v_0}{v^2} - \alpha_R^{CS}\right]v^2, \qquad \alpha_R^{CS} = \frac{(k^2+6k+4)(k+4)^2}{2(5+k)^2(2+k)^2} \leq \frac{45}{98} < \frac{1}{2},$$

$$x_i^{CS} = \frac{(4+k)^3}{(5+k)^2(2+k)}v^2 = \frac{1}{4+k}(u_i^{CS})^2, \qquad p_i^{CS} = \frac{2}{4+k}, \tag{10.23}$$

である。また消費者余剰は

$$CS^{CS} = \frac{(k+4)^2}{(5+k)^2(2+k)^2}v^2 = \frac{(2+k)(u_i^{CS})^2}{(4+k)^2},$$

であり，補助金を控除した場合の利潤

第 10 章　品質改善投資補助金，Minimum Quality Standards と経済厚生

$$\Pi_i^{CS} - s^{CS} R_i^{CS} = \pi_i^{CS} - R_i^{CS} = \left[\alpha_{\pi 0}^{CS} - \frac{v_0}{v^2}\right] v^2,$$

$$\alpha_{\pi 0}^{CS} = \frac{(k+4)^3}{2(5+k)^2(2+k)} \geq \frac{27}{49},$$

および，補助金を含む利潤が

$$\Pi_i^{CS} = \left[\alpha_\pi^{CS} - \frac{v_0}{v^2}\right] \frac{16v^2}{(k+6)(4-k)}, \qquad \alpha_\pi^{CS} = \frac{2(3k+10)(4+k)^3}{16(k+5)^2(k+2)^2},$$

となる。最後に厚生水準は

$$W^{CS} = \left[\alpha_w^{CS} - \frac{2v_0}{v^2}\right] v^2, \qquad \alpha_w^{CS} = \frac{(k+4)^2}{(k+5)(k+2)} \geq \frac{9}{7}, \qquad (10.24)$$

と得られる。よってここでも品質投資費用，純利潤および厚生水準が正となるためには，(10.18) 式が十分条件である。

4.3　不介入と補助金ケースの比較

以上の 2 つのケースを比較すると次の命題を得る。

[命題 1]　クールノー複占企業が独立的に財の品質水準を決定し，$-2 < k < 2$ と想定する。不介入の場合に比較して次善品質改善投資補助金均衡で，品質，生産，消費者余剰および経済厚生は高水準となるが，代替財のとき補助金を控除した利潤は低水準となる。さらに価格は両ケースで同一水準である。（証明は Appendix III）

命題 1 について補足しよう。先ず補助金率が正であるため，品質は補助金ケースでより高水準となる。補完財の程度が高い場合には，補助金ケースで品質は著しく高水準で格差も拡大する。代替財の場合にはその程度が上昇すると格差は縮小する。これを反映して対称生産量（市場利潤 π_i）も補助金ケースで高水準となる。しかし同時に投資費用水準も補助金均衡で高水準であるため補助金を控除した利潤 $\pi_i - R_i$ は代替の程度を経由して両者の相対的大きさに依存する。市場利潤の格差 $\pi_i^{CS} - \pi_i^{CF} > 0$ は品質の 2 乗の格差にも依存し，補完財の程度が大きい場合には，補助金ケースで著しく高水準で格差も拡大するが，代

替財の場合にはその程度が上昇すると格差は縮小する。よって前者の場合には市場利潤の格差が費用格差 $R_i^{CS} - R_i^{CF} > 0$ を凌駕するが，後者の場合には費用格差の影響が大である。特に品質水準を比較したのが図 10.3 である。

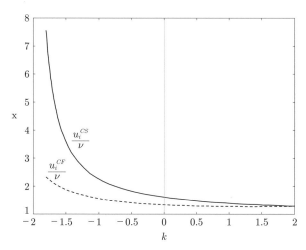

図 10.3　品質水準の比較

次に価格は同一水準となることを理解するため，第 3 段階の企業の反応関数を考察する。生産量平面および価格平面ではそれぞれ

$$x_i = \frac{\{(1-c)u_i u_j - kx_j\}u_i}{4u_j}, \quad p_i = c + \frac{2\{2(1-c)u_i - ku_j(1-p_j)\}}{u_i(8-k^2)},$$

となる，ただし簡単化のため $c = 0$ とする。さらに対称均衡ではそれぞれは

$$x_i = \frac{(1-c)u_i^2 - kx_j}{4}, \quad p_i = c + \frac{2\{2(1-c) - k(1-p_j)\}}{8-k^2},$$

に帰着する。補助金のもとでは高品質を反映して，生産平面の反応曲線は上方（外側）にシフトし，均衡点も 45 度線上を上方にシフトする。すなわち均衡生産量は補助金ケースで高水準となる。他方対称ケースでは価格平面で反応関数は品質水準から独立的であり，均衡価格も両ケースで同一水準となる。これは効用関数の性質と対称性の想定に依存している。すなわち効用関数の性質から，(10.6) 式のようにクールノー価格は u_i の相違から影響を受けるが，対称均衡で

第 10 章　品質改善投資補助金，Minimum Quality Standards と経済厚生

は第 3 段階にてクールノー価格はすでに u_i 水準から独立になる。したがって補助金の水準からも独立となる。

この点をさらに補足しよう。そのため効用関数を例えば

$$U(x_1, x_2) = (1+u_1)x_1 + (1+u_2)x_2 \\ - \frac{x_1^2 + x_2^2 + 2kx_1x_2}{2} + M, \quad k \in (-1,\ 1),$$

のように変更してみよう。この場合品質改善投資費用は

$$R_i(u_i) = u_i^2,$$

が可能であり，対応して価格の比較は

$$p_i^{CS} - p_i^{CF} = \frac{(1-k)(2+k)^2}{(6+4k-2k^2-k^3)(5+2k)(1+k)} > 0,$$

となる。すなわち補助金ケースで価格は高水準となる。

5　品質改善投資水準の決定 2：次善最適 Minimum Quality Standards の導入ケース

この節では財の品質（安全性を含め）の最低水準基準（Minimum Quality Standards: MQS）導入の影響を分析する。第 1 段階で品質改善投資への補助金はゼロとし，第 2 段階で政府が次善最適品質水準を指定し，第 3 段階で両企業は生産量を決定する。このとき前節と同一水準の品質水準を得ることが可能である。先の (10.9) を u_i で微分して 1 階条件は，

$$\frac{\partial W^Q}{\partial u_i} = -\frac{(k^4 - 30k^2 + 160)u_i + (32-k^2)ku_j}{(16-k^2)^2} + v = 0, \\ i,\ j =\ 1,\ 2,\ i \neq j, \tag{10.25}$$

と得られる。これらを連立して解くと対称的な次善最適品質水準が

$$u_i^{CM} = \frac{(k+4)^2}{(k+5)(2+k)}v \tag{10.26}$$

のように得られるが，ちょうど先の (10.22) に等しい。なお 2 階条件は

$$\frac{\partial^2 W^Q}{\partial u_i^2} = -\frac{k^4 - 30k^2 + 160}{(16-k^2)^2} < 0, \quad i = 1, 2,$$

および

$$\frac{\partial^2 W^Q}{\partial u_1^2}\frac{\partial^2 W^Q}{\partial u_2^2} - \frac{\partial^2 W^Q}{\partial u_1 \partial u_2}\frac{\partial^2 W^Q}{\partial u_2 \partial u_1} = \frac{(25-k^2)(4-k^2)}{(16-k^2)^2} > 0,$$

で成立している，ただし

$$\frac{\partial^2 W^Q}{\partial u_i \partial u_j} = -\frac{(32-k^2)k}{(16-k^2)^2}, \quad i = 1, 2,$$

である。第3段階での (10.5)～(10.9) の u_i に (10.26) を直接代入すると以下の結果を得る。

[補題2] 政府が品質改善投資に次善最適補助金を提供するケースと政府が厚生水準を最大化する目的で両企業に品質水準の次善最適な下限を指定するケースとで，品質水準，生産水準，消費者余剰，補助金を控除した利潤および経済厚生は同一水準となる。

すなわち一方では生産の決定は企業に委ねるが補助金は提供しないで，政府が次善最適な品質水準を指定し生産がなされるとする。他方で生産と品質水準の決定を両企業に委ねて政府は次善最適補助金を提供するとしよう。その場合に両ケースで品質水準，生産水準，消費者余剰，補助金を控除した利潤および経済厚生は同一となる。したがって厚生水準の最大化の目的に対して少なくとも 2 種類の政策パッケージが利用可能である。ただし以下の点に注意しよう。第 1 に，品質水準，生産水準といった資源配分面では，両者は同一の結果をもたらしている。他方補助金を提供する場合には企業は実際には補助金を含む利潤を得るため，2 種類の政策で分配上の結果は異なることになる。第 2 に，2 つの政策の優劣の比較は行政実行費用の格差にも注意をはらう必要がある。第 3 に，簡単な計算によりこれらの品質水準，生産水準および厚生水準は最善 (First Best) のケースでのそれぞれの値を下回ることも明らかである，以上の考察より

[命題2] 不介入でクールノー複占企業が独立的に財の品質水準を決定するケー

第 10 章　品質改善投資補助金，Minimum Quality Standards と経済厚生

スから，政府が厚生水準を最大化する目的で両企業に品質の次善最適（下限）水準を指定するケースに移行すると，品質水準，生産水準，消費者余剰および経済厚生は高水準となる。他方で代替財の場合に利潤は低水準となる。

　垂直的差別化財の複占モデルで低品質財を供給する企業の品質水準に対して不介入の場合を上回る下限を設定する政策介入のとき，クールノー競争では消費者余剰が増加し，両企業の利潤は減少して総厚生水準は低下する［Valletti (2000)］。他方，本章ではクールノー競争で対称的水平的・垂直的差別化財モデルで，厚生水準に関する結果が逆転すること示された。本章では政府が厚生水準を最大化する目的で両企業の品質に次善最適な共通の下限水準を設定して，産業の品質水準を指定することになっているからである。

　以上の品質決定の議論を図示しよう。図 10.4 は代替財のケースで対称企業のうち，不介入の場合の第 2 企業の品質反応曲線を F_2 で示し，対称均衡は点 E となる（対称企業のため第 1 企業のものは省略している）。もし次善最適補助金が提供されると F_2 は F_2' へとシフトし，新たな均衡は点 S に移動する，すなわち次善最適補助金のもとで品質水準は上昇することになる。他方補助金は提供しないで，政府が次善最適品質水準を決定し，その品質水準を予め指定して

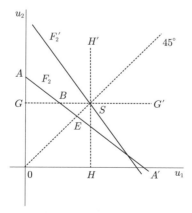

図 10.4　第 2 企業品質反応曲線と品質水準の比較，クールノー競争・代替財のケース

供給がなされるときには，企業の反応曲線は点 B で屈折して，本来の反応曲線 F_2 は AB 間のみであとは BSG' と水辺線になる．すなわち $ABSG'$ となる．第 1 企業も対称的に考察すると，この場合の均衡は水平線 $G'G$ と垂直線 $H'H$ との交点で決まり，やはり点 S が達成されている．反応関数 F_2 と F_2' の関連は (10.12) 式を参照して，

$$F_2(u_1)' - F_2(u_1) = \frac{(4v - ku_1)(2-k)(4-k)(4+k)^2}{(40 + 12k - 4k^2 - k^3)(8-k^2)(24-k^2)},$$

のとおりで分母の符号は正である．なお補完財のケースも同様にして図示することが可能である．

6 結論と展望

財やサービスの品質水準はそれらの数量とともに消費および生産を通じて厚生水準に影響をもたらす．本章では，Sutton (1998) で展開された対称的水平的・垂直的差別化財モデルを利用して，複占企業が独立的に財の品質水準を決定するケースと政府が品質に Minimum Quality Standards を導入するケースを考察した．

得られた結果は以下のようなものである．(1) 複占企業が独立的に財の品質水準を決定するケースでは，不介入の場合に比較して政府が品質改善投資に次善最適補助金を提供する政策均衡で品質，生産，消費者余剰および経済厚生は高水準となる．(2) 政府が品質改善投資に次善最適補助金を提供するケースと政府が厚生水準を最大化する目的で両企業に品質水準の次善最適な下限を指定するケースとで，品質，生産，消費者余剰，（補助金を控除した）利潤および経済厚生は同一水準となる．(3) 以上で得られる品質，生産，消費者余剰および経済厚生は最善の政策の場合に比較して低水準である．また (1) と (2) を利用すると，不介入で複占企業が独立的に財の品質水準を決定するケースから，政府が厚生水準を最大化する目的で両企業に品質水準の次善最適な下限を指定するケースに移行すると，品質，生産，消費者余剰および経済厚生は高水準となる．他方で代替財の場合には利潤が低水準となる．

最後にいくつかのコメントと展望を示しておこう．先ず，第 3 段階でクールノー競争をベルトラン競争に置き換えても基本的な結果は成立する．第 2 に，

第 10 章　品質改善投資補助金，Minimum Quality Standards と経済厚生

品質改善のスピル・オーバー効果を捨象していることもあって，補助金政策のもとでクールノー競争に比較し，ベルトラン競争でより高い厚生水準を得る（林原 (2011a) を参照）。ただし政策の順序を入れ替えた国際貿易の 3 国モデルを利用し，Hayashibara (2011) では第 1 段階で企業の R&D 投資，第 2 段階で輸出国政府の生産（輸出）補助金政策，そして第 3 段階で企業競争とするとスピル・オーバー効果を捨象しても，クールノー競争でベルトラン競争に比較してより高い世界厚生水準を得ることを示している。第 3 に林原 (2011b) のように；輸入国内市場で競争する輸出国・輸入国からなる 2 国複占モデルを用いて各財の品質水準の次善最適値が相違するケースを示すことが可能である。

Appendix

Appnedix I.　First Best 解ケース

参照基準として，ファーストベスト（最善最適解）ケースの結果を要約する。政府は厚生水準を最大化する上で生産量と品質水準を同時に操作可能とする。最大化の 1 階条件

$$\frac{\partial W}{\partial u_i} = \frac{(2u_j x_i + k u_i x_j) x_i}{u_i^3 u_j} - (u_i - v) = 0,$$

$$\frac{\partial W}{\partial x_i} = \frac{-2x_i u_j - k u_i x_j + u_i^2 u_j}{u_j u_i^2} = 0,$$

より，最適品質，生産，価格および厚生水準はそれぞれ以下のようになる。すなわち

$$u_i^{FB} = \frac{2+k}{1+k} v > v \quad for\ k\ \in (-1,\ 2),$$

$$x_i^{FB} = \frac{2+k}{(1+k)^2} v^2 = \frac{v}{1+k} u_i^{FB} = \frac{1}{2+k}(u_i^{FB})^2, \qquad p_i^{FB} = 0,$$

$$W^{FB} = \left[\alpha_w^{FB} - \frac{2v_0}{v^2}\right] v^2, \quad \alpha_w^{FB} = \frac{2+k}{1+k} > \frac{4}{3},$$

である，上付き添字 FB はファーストベストの変数であることを示す。なお 1 階条件の最初のものは品質の限界貢献と限界費用の均等を意味するが，得られているように最適品質は v を超える水準となることを示唆している。また価格および企業の粗利潤はゼロ，よって純利潤は負であるが，本文の (10.18) 式か

ら厚生水準は正である。

Appnedix II. 正値解の存在例

$k = 1$ とし，(10.18) 式の下限に対応する $v_0 = 49/2$，$v = 7$ のもとで正値解の例を考える，このとき均衡値は (10.15) 式より $u_i^{CF} = 525/59 \approx 8.89$ である。$u_2 = 525/59$ への第 1 企業の利潤最大化（最適対応）を図示しよう。粗利潤は

$$\pi_1^Q = \frac{2(4u_1 - u_2)^2}{225},$$

よって，$u_2 = 525/59$ を代入して

$$\pi_1^Q = \frac{2(236u_1 - 525)^2}{7832252},$$

となる。他方，費用関数は

$$R_1 = \frac{(u_1 - 7)^2}{2},$$

となるので，両者は図 A.1 に描かれたとおりであり，第 1 企業の最適対応は，

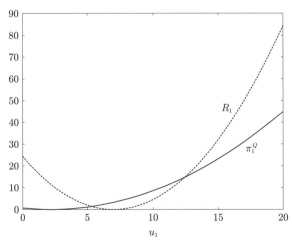

図 A.1 第 1 企業の品質反応 $k = 1$, $v_0 = \frac{49}{2}$, $v = 7$ のケース

第10章 品質改善投資補助金，Minimum Quality Standards と経済厚生

均衡値の $u_1^{CF} = 525/59$ に帰着する．もし $v = 7$ を維持しながら v_0 を増加させると，費用関数 R_1 は上方にシフトし純利潤が正となる領域は縮小していく．

Appnedix III. ［命題1］の証明

証明は以下のとおり簡単な比較の計算で得られる．

品質： $u_i^{CS} - u_i^{CF} = \dfrac{(2-k)(k+4)^3}{\Delta_1^C(5+k)(2+k)}v > 0,$

補完財 $k < 0$ の程度が高い場合には，補助金ケースで品質は著しく高水準で格差も拡大する．代替財の場合にはその程度が上昇すると格差は縮小する．

生産： $x_i^{CS} - x_i^{CF} = \dfrac{(-2k^3 - 7k^2 + 34k + 88)(2-k)(k+4)^4}{\{\Delta_1^C(5+k)(2+k)\}^2}v^2$

$= \dfrac{(u_i^{CS})^2 - (u_i^{CF})^2}{4+k} > 0,$

価格： $p_i^{CS} - p_i^{CF} = 0,$

消費者余剰： $CS^{CS} - CS^{CF}$
$= \dfrac{(-2k^3 - 7k^2 + 34k + 88)(2-k)(k+4)^3}{(\Delta_1^C)^2(5+k)^2(2+k)}v^2 > 0,$

経済厚生： $W^{CS} - W^{CF} = \dfrac{(2-k)^2(k+4)^4}{(\Delta_1^C)^2(5+k)(2+k)}v^2 > 0.$

補助金を含めた利潤の比較は

$\Pi_i^{CS} - \Pi_i^{CF} = \left[\dfrac{v_0}{v^2} - \delta_\pi\right]\dfrac{(k+4)(2-k)}{(k+6)(4-k)}v^2,$

δ_π
$= \dfrac{(k^7 + 10k^6 - 3k^5 - 272k^4 - 504k^3 + 1648k^2 + 4944k + 2880)(4-k)(k+4)^4}{2(\Delta_1^C)^2(16-k^2)(5+k)^2(2+k)^2},$

であり，(a) $-2 < k < 1.54$ なら $\delta_\pi < \frac{1}{2} \leq \frac{v_0}{v^2}$ となって，$\Pi_i^{CS} > \Pi_i^{CF}$ が成立する．他方，(b) $1.55 < k < 2$ なら $\frac{1}{2} < \delta_\pi < \frac{351}{686} < \frac{27}{49}$ となり，$\frac{1}{2} \leq \frac{v_0}{v^2} < \frac{27}{49}$

とあわせて，$\Pi_i^{CS} - \Pi_i^{CF}$ は不確定となる．以上より代替性の程度が極めて高水準でないとき利潤は増加する．

他方，補助金を控除した利潤の比較は，

$$
\begin{aligned}
(\Pi_i^{CS} - s^{CS} R_i^{CS}) - \Pi_i^{CF} &= (\pi_i^{CS} - R_i^{CS}) - (\pi_i^{CF} - R_i^{CF}) \\
&= (\pi_i^{CS} - \pi_i^{CF}) - (R_i^{CS} - R_i^{CF}) \\
&= \frac{2\{(u_i^{CS})^2 - (u_i^{CF})^2\}}{(4+k)^2} \\
&\quad - \left[\frac{(u_i^{CS})^2 - (u_i^{CF})^2}{2} - (u_i^{CS} - u_i^{CF})v \right] \\
&= - \frac{(-k^3 + 36k + 48)(2-k)(k+4)^3}{2(\Delta_1^C)^2(5+k)^2(2+k)} v^2,
\end{aligned}
$$

であるから，(a) $-2 < k < -1.41$ なら $-k^3 + 36k + 48 < 0$ が成立して，$\Pi_i^{CS} - s^{CS} R_i^{CS} > \Pi_i^{CF}$ となり，(b) $-1.42 < k < 2$ のとき $-k^3 + 36k + 48 > 0$ となり，$\Pi_i^{CS} - s^{CS} R_i^{CS} < \Pi_i^{CF}$ が成立する．よって代替性の程度に依存するが，代替財の場合には介入により補助金を控除した利潤の水準は低下する．
Q.E.D.

参考文献

[1] Hayashibara, M. (2011), "Product R&D, Export Subsidies and the Efficiency of the Cournot Equilibrium in an Open Economy," presented at the IEFS Japan Annual Meeting held in April 2009 (Kyoto University).

[2] Jinji, N. (November 2003), "Strategic Policy for Product R & D with Symmetric Costs," *Canadian Journal of Economics*, Vol.36, No.4, pp.993-1006.

[3] Ronnen, U. (Winter 1991), "Minimum Quality Standards, Fixed costs, and Competition," *Rand Journal of Economics*, Vol.22, No.4, pp.490-504.

[4] Singh, N. and X. Vives (Winter 1984), "Price and Quantity Competition in a Differentiated Duopoly," *Rand Journal of Economics,* Vol.15, No.4, pp.546-554.

[5] Sutton, J. (1998), *Technology and market structure: theory and history,* Cambridge, Mass. MIT Press.

[6] Symeonidis, G. (January 2003), "Comparing Cournot and Bertrand equilibria in a differentiated duopoly with product R & D," *International Journal of Industrial Organization,* Vol. 21, Issue 1, pp.39-55.

第 10 章 品質改善投資補助金, Minimum Quality Standards と経済厚生

- [7] Toshimitsu, T. (October 2003), "Optimal R & D Policy and Endogenous Quality Choice," *International Journal of Industrial Organization*, Vol.21, No.8, pp.1159-1178.
- [8] Valletti, T. M. (November 2000), "Minimum Quality Standards Under Cournot Competition," *Journal of Regulatory Economics*, Vol.18, No.3, pp.235-245.
- [9] 林原正之 (2011a),「品質改善投資, Minimum Quality Standards と経済厚生：ベルトラン競争のケース」mimeo.
- [10] 林原正之 (2011b),「戦略的品質差別化戦略と厚生分析：「過剰品質」はどうして発生するのか？」mimeo.
- [11] 山下一仁編著 (2008),『食の安全と貿易　WTO・SPS 協定の法と経済分析』東京, 日本評論社

第 11 章

輸入国政府部門間の政策決定に関する分析

1 はじめに

本章では国際貿易理論のモデルにおける輸入国政府の政策実施部門と政策目標に関して試論的に展開する。自国内市場でクールノー競争のもと外国からの輸出に直面する輸入国にとっては，国民的厚生水準を最大化する最適政策が国内的歪み（domestic distortion）を矯正する生産補助金と交易条件の歪み（terms of trade distortion）を是正する関税の組み合わせであることは周知の事柄である[1]。しかしながらこうした複数の政策手段の実行主体は明示的ではない。そこで本章では第1に輸入国政府は2つの部門あるいはセクションからなると明示的に想定する。一つは生産補助金を設定する部門（Production Subsidy Setting Section, PSS）であり，他は関税率を設定する部門（Tariff Setting Section, TSS）とする。他方で輸入国の政策目標が国民厚生以外に企業利潤，生産者余剰あるいは関税収入の最大化とされる場合の分析もしばしばなされている[2]。そこで本章では第2に各部門はそれぞれ独自の目標を有すると想定する。生産補助金を設定する部門（PSS）の目標は関連する産業の生産者余剰の最大化とし，関税率を設定する部門（TSS）の目標は関税収入最大化であるとする。そのうえで両部門間の政策的相互依存性や政策のタイミング（先手・後手関係）などを考察する。

政策手番（タイミング）の内生的決定分析は以下のように多段階ゲームとしてモデル化される。すなわち，(1) 自国市場に同質財をクールノー複占的に供給する自国1企業と外国1企業を想定し，(2) ゲームの構造は以下の4段階，すなわち，第0段階で両部門による政策手番の決定，第1段階と第2段階はそれぞれ先導者あるいは追随者となる部門の政策水準決定段階，そして第3段階は両国企業のクールノー競争の段階である。

このとき本章では以下のような主要な結果を得ることができる。第1に，輸

---

[1] 例えば Dixit (1984) あるは Cheng (1988) を参照のこと。
[2] 「保護の政治経済学」において為政者は国民的厚生のみでなく関連する産業での特殊要素所得（からの献金）など自らの利己的関心事項も考慮するとしている。例えば Hillman (1989), Grossman and Helpman (2002) 等を参照。また，関税収入を最大化する関税率の議論については，例えば Johnson (1951-2), Collie (1991) そして最近の議論として Wang and Lee (2012) などを参照。

第 11 章　輸入国政府部門間の政策決定に関する分析

入国で政策手番が内生的に決定可能なとき生産者余剰を最大化する PSS が先手を採用し，関税収入を最大化する TSS は後手で対応する DP 均衡と呼ぶ結果が内生的に実現する．第 2 に，この内生的に成立する DP 均衡では自由貿易に比較して，輸入国厚生はより高水準であるが，輸出国厚生と世界厚生は低水準となる．

2　基本モデル

2.1　セットアップ

2 国モデルの部分均衡分析により，輸入国である自国の国内市場にて競争する自国 1 企業と外国（輸出国）1 企業を対象とする．それぞれが生産する財は完全代替財であり，クールノー複占競争市場である．自国企業は輸出しないと想定する．自国政府の各部門は輸入品に関税を課したり，自国企業に生産補助金を供与する．ゲームの構造は以下の 4 段階である．

第 0 段階：両部門による政策手番の決定
第 1 段階：先導者部門の政策水準決定
第 2 段階：追随者部門の政策水準決定
第 3 段階：両国企業のクールノー競争

第 0 段階以降の政策のタイミングの問題は Hamilton and Slutsuky (1990) により提案された observable delay を有する展開ゲームを用いて分析可能である．第 0 段階での選択後，その意思決定結果は共有知識（common knowledge）となり，輸入国政府の両部門はこの選択にコミットする．そうすると 3 ケースが出現可能である．両部門がともに同一段階での実行を選択すると同時政策手番の DS 均衡が出現する．他方 PSS（TSS）が第 1 段階，TSS（PSS）が第 2 段階での実行を選択すると，PSS（TSS）を先導者とする逐次シュタッケルベルグ DP 均衡（DT 均衡）となる．選択された各段階で，各部門はその目的関数を最大化する政策水準を決定する．均衡は部分ゲーム完全均衡であり，後段階から解いていく．

自国（輸入国）家計は完全代替財を総量 Q および価値尺度財 Z を消費可能と

して，その効用関数を，

$$U(Q,Z) = aQ - \frac{bQ^2}{2} + Z, \quad 0 < a, \quad 0 < b,$$

とする．財の価格を p として，効用最大化の 1 階条件より財に対する（逆）需要関数

$$p = a - bQ, \tag{11.1}$$

を得る．消費者余剰を $CS = U - (pQ + Z)$ と定義し，代入により $CS = \frac{bQ^2}{2}$ となる．

次に両部門による政策水準，生産補助金 s，関税 t の水準を所与とする第 3 段階における企業の利潤最大化行動を考察する．自国企業と外国企業の生産量をそれぞれ x, y で表示すると $Q = x + y$ である．またそれぞれの限界費用を c_x, c_y（ただし $c_x > c_y$）とすると，自国企業，外国企業の利潤関数はそれぞれ

$$\pi_x = (p - c_x + s)x, \qquad \pi_y = (p - c_y - t)y,$$

となる．クールノー競争での利潤最大化の 1 階条件（反応関数）である

$$p - c_x + s - bx = 0, \qquad p - c_y - t - by = 0,$$

を連立して解くことにより，クールノー供給量が

$$x = \frac{a - 2c_x + 2s + c_y + t}{3b}, \quad \text{and} \quad y = \frac{a + c_x - 2c_y - s - 2t}{3b}, \tag{11.2}$$

と得られ，総供給量は

$$Q = \frac{2a - c_x + s - c_y - t}{3b},$$

であり，利潤と生産量との間に $\pi_x = bx^2$, $\pi_y = by^2$ の関連が存在する．自国厚生は消費者余剰，企業利潤および純税収の単純な（同一ウエイトでの）合計であると定義する．すなわち PS と T がそれぞれ生産者余剰および関税収入

$$PS(s,t) = \pi_x - sx = (p - c_x)x, \qquad T(s,t) = ty, \tag{11.3}$$

第 11 章 輸入国政府部門間の政策決定に関する分析

を表示するとして，輸入国厚生は

$$W_h = CS + \pi_x - sx + ty = CS + PS + T, \tag{11.4}$$

他方，外国の厚生水準は純利潤額であるので

$$W_f = \pi_y = (p - c_y - t)y, \tag{11.5}$$

となり，最後に，両国厚生の単純な合計で定義された世界厚生は

$$W = W_h + W_f = CS + (p - c_x)x + (p - c_y)y = U - Z - (c_x x + c_y y), \tag{11.6}$$

と定義される。

2.2 輸入国の最適政策の再解釈

ここで輸入国政府内の生産補助金を設定する部門と関税を設定する 2 部門を明示する。輸入国政府は少なくとも 2 つの部門からなり，それぞれ独自の目標を有すると想定可能である。第 1 は生産補助金を設定する部門（Production Subsidy Setting Section, PSS）であり，他は関税を設定部門（Tariff Setting Section, TSS）である。輸入国の最適政策として，各部門が同時・独立的に国民的厚生 W_h を最大化する目的を有してその政策変数の値を設定すると想定しよう。各部門の最大化の 1 階条件はその反応関数と解釈できる，すなわち

$$\frac{\partial W_h}{\partial s} = \frac{a - c_x - s - t}{3b} = 0, \quad \text{すなわち} \quad s^{RO} = a - c_x - t, \tag{11.7}$$

および

$$\frac{\partial W_h}{\partial t} = \frac{a - c_y - s - 3t}{3b} = 0, \quad \text{すなわち} \quad t^{RO} = \frac{a - c_y - s}{3}, \tag{11.8}$$

である。これらを連立して s と t に関して解くと，最適政策は

$$s^O = \frac{2a - 3c_x + c_y}{2}, \quad t^O = \frac{c_x - c_y}{2}, \tag{11.9}$$

となるので，これらを生産，余剰および厚生に代入することにより各変数の値を得ることができる，ここで上付き添字 O は最適政策均衡での変数であること

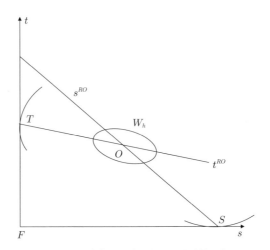

図 11.1　各部門反応関数と最適政策均衡

を表示する．図 11.1 はこの最適政策均衡を両部門の反応曲線 s^{RO} と t^{RO} の交点 O で表示しており，曲線は等厚生曲線の一部を表している．国際交渉による貿易自由化の進展により，関税の賦課が不可能な場合には均衡点は S となり，他方，例えば財源の問題から補助金提供が不可能な場合には，国民厚生を最大化する最適関税のもとで均衡は点 T となる．さらに生産補助金と関税がともに不可能な場合には自由貿易均衡の F 点が成立している．

2.3　自由貿易均衡

ここでは，参照基準として自由貿易での生産量，余剰と厚生水準を明示する．上付き添字 FT は自由貿易均衡での変数であることを表示する．$s=0$，$t=0$ とすると

$$x^{FT} = \frac{a-2c_x+c_y}{3b}, \quad y^{FT} = \frac{a+c_x-2c_y}{3b}, \quad Q^{FT} = \frac{2a-c_x-c_y}{3b},$$

$$PS^{FT} = \frac{(a-2c_x+c_y)^2}{9b}, \quad T^{FT} = 0,$$

$$W_h^{FT} = \frac{2(a-c_x)^2+(c_x-c_y)^2}{6b}, \quad W_f^{FT} = \frac{(a+c_x-2c_y)^2}{9b},$$

および
$$W^{FT} = \frac{4(a-c_x)^2 + 4(a-c_y)^2 + 7(c_x-c_y)^2}{18b},$$
を得ることができる。

3 輸入国政府2部門の目的関数の変更と明示：D-均衡

　ここでは輸入国政府内で生産補助金を設定する部門と関税を設定する2部門を明示した上で，国民的厚生の最大化とは異なる独自の目標を有すると想定しよう。第1の生産補助金設定部門（PSS）は関連する産業の生産者余剰の最大化を目的とし，他の関税設定部門（TSS）は関税収入最大化が目的であるとする。PSSは関連する産業の維持や振興を目指してその生産量（利潤）に関心を有するが，同時に財源として補助金も考慮するため両者の純額である生産者余剰を最大化すると想定する。他方TSSが関税収入を最大化するとの想定はMaxmum revenue tariffなどの伝統的な問題設定によることができる。

　例えば日本ではPSSが関連する産業へ補助金を提供する経済産業省や農林水産省であり，TSSは関税収入の割合は低いけれども関税を設定する財務省のようなものを想定することが可能かもしれない。なおこの点に関するより詳細な考察はHayashibara, Ohkawa, Nomura and Okamura (2013)でなされている。

　こうした2部門の政策の相互作用やそのタイミングを考察すると3種のサブゲームが可能である。第1はDS均衡で輸入国の両部門が同時手番ゲームをプレーするものである。第2はDP均衡でPSSが先手，TSSが後手を選択するケースである。そして第3はDT均衡で逆にTSSが先手，PSSが後手を選択するケースである。

　各部門の行動を順に考察しよう。第1は生産補助金をsを利用して関連する産業の生産者余剰$PS(s,t)$を最大化するPSSであり，sの上昇はxを増加させPSを高めるが，他方でpを低下させてPSを減少させる，すなわち

$$\frac{\partial PS}{\partial s} = (p-c_x)\frac{\partial x}{\partial s} + x\frac{\partial p}{\partial s} = \frac{a-2c_x+c_y-4s+t}{9b},$$

であり，両者のバランスする最大化の1階条件より関税tの増加関数としてそ

の反応関数

$$s^{RD}(t) = \frac{a - 2c_x + c_y + t}{4}, \qquad (11.10)$$

が得られる。それは t の上昇は x を増加させ限界的 PS を低下させるが，p を上昇させてそれを上昇させる効果が上回るためである。その反応関数上では

$$x(s^{RD}, t) = \frac{a - 2c_x + c_y + t}{2b}, \quad y(s^{RD}, t) = \frac{a + 2c_x - 3c_y - 3t}{4b},$$

$$Q(s^{RD}, t) = \frac{3a - 2c_x - c_y - t}{2b}, \quad PS(s^{RD}, t) = \frac{(a - 2c_x + c_y + t)^2}{8b},$$

そして

$$\frac{dPS(s^{RD}, t)}{dt} = \frac{a - 2c_x + c_y + t}{4b} = \frac{x(s^{RD}, t)}{2} > 0, \quad \text{for } x > 0, \quad (11.11)$$

が成立するので次の Lemma を得る。

Lemma 1. 生産補助金設定部門（PSS）の反応関数は関税の増加関数であり，その反応関数上では輸入量と総供給量は関税の減少関数であるが，輸入国生産量と生産者余剰は関税の増加関数となる。

第 2 に関税率 t により関税収入 $T(s,t)$ を最大化する TSS の最大化条件は

$$\frac{\partial T}{\partial t} = y + t\frac{\partial y}{\partial t} = \frac{a + c_x - 2c_y - s - 4t}{3b},$$

のバランスするところで，生産補助金 s の減少関数としてその反応関数

$$t^{RD}(s) = \frac{a + c_x - 2c_y - s}{4}, \qquad (11.12)$$

が得られる。s の上昇は y を減少させ限界的 T を低下させるからである。その上では

$$x(s, t^{RD}) = \frac{5a - 7c_x + 2c_y + 7s}{12b}, \quad y(s, t^{RD}) = \frac{a + c_x - 2c_y - s}{6b},$$

$$Q(s, t^{RD}) = \frac{7a - 5c_x - 2c_y + 5s}{12b}, \quad T(s, t^{RD}) = \frac{(a + c_x - 2c_y - s)^2}{24b},$$

第 11 章　輸入国政府部門間の政策決定に関する分析

および
$$\frac{dT(s, t^{RD})}{ds} = -\frac{a + c_x - 2c_y - s}{12b} = -\frac{y(s, t^{RD})}{2} < 0, \quad \text{for} \quad y > 0, \tag{11.13}$$

が成立する。よって次の Lemma を得る。

Lemma 2. 関税設定部門（TSS）の反応関数は生産補助金の減少関数となりその上では，輸入国生産量と総供給量は生産補助金の増加関数，輸入量と関税収入は生産補助金の減少関数である。

以上の議論（Lemma 1 および Lemma 2）からは輸入国の生産補助金設定部門（PSS）が先導者となり関税設定部門（TSS）が追随者となる均衡が成立することが判明するが（図 11.2 を参照），以下では数式によりそれを確認するとともに比較のために各変数を明示的に求める。

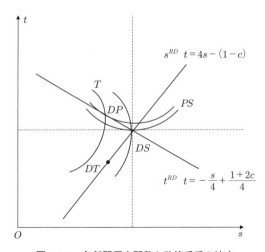

図 **11.2**　各部門反応関数と政策手番の決定

3.1 DS 均衡：両部門の同時手番ゲーム

両部門の政策実行が同一の段階のとき，反応関数 (11.10) と (11.12) を連立して s と t に関して解くと

$$s^{DS} = \frac{5a - 7c_x + 2c_y}{17} > 0, \quad t^{DS} = \frac{3(a + 2c_x - 3c_y)}{17} > 0, \qquad (11.14)$$

となるので，これらを代入して

$$x^{DS} = \frac{2(5a - 7c_x + 2c_y)}{17b}, \quad y^{DS} = \frac{2(a + 2c_x - 3c_y)}{17b},$$

$$Q^{DS} = \frac{2(6a - 5c_x - c_y)}{17b},$$

$$PS^{DS} = \frac{2(5a - 7c_x + 2c_y)^2}{289b} \quad T^{DS} = \frac{6(a + 2c_x - 3c_y)^2}{289b}, \qquad (11.15)$$

$$W_h^{DS} = \frac{2\{59(a - c_x)^2 + 5(a - c_y)^2 + 27(c_x - c_y)^2\}}{289b}, \qquad (11.16)$$

$$W_f^{DS} = \frac{4(a + 2c_x - 3c_y)^2}{289b}, \qquad (11.17)$$

を得ることができる。

3.2 DP 均衡：PSS が先手，TSS が後手を選択する逐次手番ゲーム

TSS の反応関数を読み込んだ生産者余剰

$$PS(s, t^{RD}) = \frac{(5a - 72c_x + 2c_y + 7s)(5a - 72c_x + 2c_y - 5s)}{144b},$$

の最大化より

$$\frac{dPS(s, t^{RD})}{ds} = \frac{5a - 7c_x + 2c_y - 35s}{72} = 0,$$

を得るが生産補助金に関して解き，さらに代入すると関税率も

$$s^{DP} = \frac{5a - 7c_x + 2c_y}{35} > 0, \quad t^{DP} = \frac{3(5a + 7c_x - 12c_y)}{70} > 0, \qquad (11.18)$$

と得られる。これらより生産量，生産者余剰および厚生などは

$$x^{DP} = \frac{5a - 7c_x + 2c_y}{10b}, \quad y^{DP} = \frac{2(5a + 7c_x - 12c_y)}{35b},$$

226

第 11 章　輸入国政府部門間の政策決定に関する分析

$$Q^{DS} = \frac{9a - 7c_x - 2c_y}{14b},$$

$$PS^{DP} = \frac{(5a - 7c_x + 2c_y)^2}{140b}, \qquad T^{DP} = \frac{3(5a + 7c_x - 12c_y)^2}{2450b}, \qquad (11.19)$$

$$W_h^{DP} = \frac{3605(a - c_x)^2 + 470(a - c_y)^2 + 1638(c_x - c_y)^2}{289b}, \qquad (11.20)$$

$$W_f^{DP} = \frac{(5a + 7c_x - 12c_y)^2}{1225b}, \qquad (11.21)$$

となる。

3.3　DT 均衡：TSS が先手，PSS が後手を選択する逐次手番ゲーム

前ケースとは逆に PSS の反応関数を読み込んだ関税収入

$$T(s^{RD}, t) = \frac{(a + 2c_x - 3c_y - 3t)t}{4b},$$

の最大化より

$$\frac{dT(s^{RD}, t)}{dt} = \frac{a + 2c_x - 3c_y - 6t}{4b} = 0,$$

であるので

$$t^{DT} = \frac{a + 2c_x - 3c_y}{6} > 0, \qquad s^{DT} = \frac{7a - 10c_x + 3c_y}{24} > 0, \qquad (11.22)$$

を得る。これらより

$$x^{DT} = \frac{7a - 10c_x + 3c_y}{12b}, \qquad y^{DT} = \frac{a + 2c_x - 3c_y}{8b},$$

$$Q^{DT} = \frac{17a - 14c_x - 3c_y}{24b},$$

$$PS^{DT} = \frac{(7a - 10c_x + 3c_y)^2}{288b}, \qquad T^{DT} = \frac{(a + 2c_x - 3c_y)^2}{48b}, \qquad (11.23)$$

$$W_h^{DT} = \frac{470(a - c_x)^2 + 39(a - c_y)^2 + 222(c_x - c_y)^2}{1152b}, \qquad (11.24)$$

$$W_f^{DT} = \frac{(a + 2c_x - 3c_y)^2}{64b}, \qquad (11.25)$$

を得ることができる。

3.4 2部門間の政策タイミングの内生的決定

前節までは所与の政策順序で，各部門が第1段階あるいは第2段階で，それぞれ政策を実行したと想定したときの生産や両部門の利得および国民的厚生水準を示した。本節ではそれらの利得を比較して，第0段階で各部門間で政策実行の手番が内生的にいかに決定されるかをみる。各部門の可能な政策選択と利得は表11.1で表される。

表 11.1 各部門の手番と利得

	TSS が第 1 段階	TSS が第 2 段階
PSS が第 1 段階	$(PS^{DS},\ T^{DS})$	$(PS^{DP},\ T^{DP})$
PSS が第 2 段階	$(PS^{DT},\ T^{DT})$	$(PS^{DS},\ T^{DS})$

第1にPSSの利得を比較すると

$$PS^{DS} - PS^{DT} = \frac{(239a - 338c_x + 99c_y)(a + 2c_x - 3c_y)}{83232b} > 0,$$

および

$$PS^{DP} - PS^{DS} = \frac{9(5a - 7c_x + 2c_y)^2}{40460b} > 0,$$

が成立するので，生産者余剰を最大化するPSSにとって先手を採用するのが支配戦略である。他方関税収入を最大化するTSSの利得比較は

$$T^{DS} - T^{DP} = -\frac{9(155a + 259c_x - 414c_y)(5a - 7c_x + 3c_y)}{708050b} < 0,$$

および

$$T^{DT} - PS^{DS} = \frac{(a + 2c_x - 3c_y)^2}{13872b} > 0,$$

であるため，TSSはPSSが採用する先手戦略に対して後手で対応する。以上より次のPropositionを得る。

Proposition 1. 輸入国で生産者余剰を最大化する生産補助金設定部門（PSS）と関税収入を最大化する関税設定部門（TSS）を想定する。このときPSSが先

手を採用し，TSS は後手で対応するので，内生的に DP 均衡が実現する．

この命題を考察するために逐次手番均衡 DP と同時手番均衡 DS の各変数を比較しよう．第 1 に政策変数に関して

$$s^{DS} - s^{DP} = \frac{18(5a - 7c_x + 2c_y)}{595} > 0,$$

$$t^{DS} - t^{DP} = -\frac{9(5a - 7c_x + 2c_y)}{1190} < 0,$$

$$(s^{DS} + t^{DS}) - (s^{DP} + t^{DP}) = \frac{27(5a - 7c_x + 2c_y)}{1190} > 0,$$

となり，生産量（供給量）の比較については

$$x^{DS} - x^{DP} = \frac{3(5a - 7c_x + 2c_y)}{170b} > 0,$$

$$y^{DS} - y^{DP} = -\frac{3(5a - 7c_x + 2c_y)}{595b} < 0,$$

$$Q^{DS} - Q^{DP} = \frac{3(5a - 7c_x + 2c_y)}{238b} > 0,$$

となる．PSS は先導者としてその生産補助金を低下させて，TSS に高関税の誘因を提供するが，TSS の反応関数に沿って 1 単位生産補助金の低下により関税は 4 分の 1 単位上昇することになる．したがって総保護水準 $s+t$ は低下し，(11.2) 式を参照しても輸入量が増加するので関税収入も増加する．他方，そのとき国内生産量は減少するが，総供給量が減少して価格上昇の効果が上回り，生産者余剰も上昇する．こうして，両部門とも同時手番均衡から逐次手番均衡 DP へ移行することで，より多くの利得を得ることになる．このとき輸入国厚生水準は

$$W_h^{DS} - W_h^{DP} = \frac{3(5115a - 8113c_x + 2998c_y)(5a - 7c_x + 2c_y)}{2832200b} > 0,$$

であり，先に見たとおり DP 均衡では DS 均衡に比較して関税収入および生産者余剰は高水準であるが，総供給の低下による消費者余剰の減少分が圧倒するため輸入国厚生は低水準となっている．輸出国厚生はその生産量の比較と同じ順序で，$W_f^{DS} < W_f^{DP}$ であり輸入国厚生の順序とは逆である．両国厚生の合計である世界厚生水準の比較は，

$$W^{DS} - W^{DP} = \frac{3\{775(a-c_x) - 1262(c_x - c_y)\}(5a - 7c_x + 2c_y)}{566440b},$$

となり不確定である。DS 均衡では総供給量 Q が多く世界厚生が高水準となる作用を有するが，DP 均衡では低限界費用である輸入量 y が多く，高限界費用の国内生産量 x が少ないため供給の平均的な効率性は高い。両企業間の限界費用格差が小さいときには前者が優越して $W^{DS} > W^{DP}$ となるが，それが拡大すると後者が支配的となるため $W^{DS} < W^{DP}$ となる。

3.5　自由貿易との比較

今度は内生的に実現する DP 均衡と参照基準としての自由貿易均衡と比較しよう。各国生産量と総供給量の比較は

$$x^{FT} < x^{DP}, \quad y^{DP} < y^{FT}, \quad Q^{DP} - Q^{FT} = -\frac{a + 7c_x - 8c_y}{42b} < 0,$$

となる。輸入国厚生水準の比較は

$$W_h^{DP} - W_h^{FT} = \frac{1015(a-c_x)^2 + 1410(a-c_y)^2 + 14(c_x - c_y)^2}{29400b} > 0,$$

となり，自由貿易に比較して DP 均衡では，消費者余剰は低水準であるが生産者余剰の増加と関税収入の発生により輸入国厚生は高水準となる。他方，輸出国厚生水準はここでも輸入量 y の比較と同一順序であるから，$W_f^{DP} < W_f^{FT}$ である。最後に世界厚生に関しては，ここでは生産量の比較からも推測可能なように

$$W^{DP} - W^{FT}$$
$$= -\frac{145(a-c_x)^2 + 4420(a-c_x)(c_x - c_y) + 4912(c_x - c_y)^2}{17640b} < 0,$$

となって確定する。以上の考察より次の Proposition を得る。

Proposition 2. 内生的に成立する DP 均衡では自由貿易に比較して，輸入国厚生は高水準であるが，輸出国厚生と世界厚生は低水準となる。

4 要約と展望

本章では輸入国政府は2つの部門すなわち，生産補助金を設定する部門（PSS）と関税率を設定する部門（TSS）からなるとし，PSS の目標は関連する産業の生産者余剰の最大化，TSS の目標は関税収入最大化であると想定した。このとき以下のような結果が得られた。第1に，輸入国で PSS が先手を採用し，TSS は後手で対応する（DP 均衡）が内生的に実現する。第2に，内生的に実現する DP 均衡では自由貿易に比較して，輸入国厚生は高水準であるが，輸出国厚生と世界厚生は低水準となる。

ところで，輸入国政府の各部門はそれぞれ単一の目標を有するとは限らない。例えば各部門は少なくとも表向きには国民的厚生の最大化を標榜する可能性がある。このように各部門が複数の目標を選択する場合の詳細な考察は Hayashibara, Ohkawa, Nomura and Okamura (May 2013) で行われている。そこでは各部門がともに自己の利得を最大化する政策および国民的厚生を最大化する政策から選択する場合に，国民的厚生を最大化するように政策を決定する方が結果的に自らの利得を高める可能性があるという結果を示している。また輸入国政府の各部門が上記のようにそれぞれ複数の目標を選択すると同時にそれぞれの組みのサブゲームにおいても内生的に政策順序（タイミング）を決定する場合の考察が Hayashibara (May 2013) でなされている。そこでは上記の文献とは逆に各部門はそれぞれ自己の利得を最大化する政策を選択することが示される。

参考文献

[1] Aoki, M. (1988), *Information, Incentives, and Bargaining in the Japanese Economy*, Cambridge; New York : Cambridge University Press.

[2] Auaten-Smith, D. (1997), "Interest Groups: Money, Information, and Influences," in Mueller Dennis C. ed. (1997), *Perspectives on Public Choice: a Handbook*, New York: Cambridge University Press.

[3] Cheng, L.K. (1988), "Assisting Domestic Industries under International Oligopoly: The Relevance of the Nature of Competition to Optimal Policies," *American Economic Review*, Vol.78, No.4, pp.746-758.

[4] Collie, D. R. (1991), "Optimum Welfare and Maxmum Revenue Tariffs under Oligopoly," *Scottish Journal of Political Economy*, Vol.38, No.4, pp.398-401.

[5] Dixit, A. (1984), "International Trade Policy for Oligopolistic Industries," *Economic Journal Supplement*, Vol.94, No.3, pp.1-16.
[6] Grossman, G.M. and E. Helpman (2002), *Interest Group and Trade Policy*, Princeton and London: Princeton University Press.
[7] Hamilton, J.H. and S. M. Slutsky (March 1990), "Endogenous Timing in Duopoly Games: Stackelberg or Cournot Equilibria," *Games and Economic Behavior*, Vol.2, No.1, pp.29-46.
[8] Hayashibara, M. (May 2013), "Endogenous Determination of Trade Policy Decisions under Bureaucratic Sectionalism," mimeo.
[9] Hayashibara, M., Ohkawa, T., Nomura, R., and M. Okamura (May 2013), "Endogenous Objective Selection under Bureaucratic Sectionalism," mimeo.
[10] Hillman A.L. (1989), *The Political Economy of Protection*, London: Harwood Academic Press.
[11] Johnson, H. G. (1951-2), "Optimum Welfare and Maximum Revenue Tariffs," *Review of Economic Studies*, Vol.19, pp.28-35.
[12] Larue, B. and J-P. Gervais (2002), "Welfare-maximizing and Revenue-maximizing Tariffs with a Few Domestic Firms," *Canadian Journal of Economics*, Vol.35, No.4, pp.786-804.
[13] Shibata, H. and Shibata, A. (1997), "The Budget-Minimizing Bureaucrat: The Japanese Case of the Invisible Hand," in *Macroeconomic Dimensions of Public Finance, Essays in Honor of Vito Tanzi*, Edited by Blejer, M. I. and T. Ter-Minassian, New York: Routledge.
[14] Wang, L.F.S. and J. Y. Lee (2012), "Domestic Entry, Optimum-Welfare and Maximum-Revenue Tariffs," *Research in Economics*, Vol.66, Issue 1, pp.106-109.

初出一覧

第 1 章 「国際貿易と直接投資 II」日本国際経済学会編『IT 時代と国際経済システム：日本国際経済学会の成果を踏まえて』有斐閣, 2002 年 12 月所収　共著者　寺町信雄（京都産業大学）

第 2 章 「窮乏化的資本移動について」『世界経済評論』25 巻 9 号, 世界経済協会, 1981 年 6 月

第 3 章 「直接投資とリカード貿易モデル―小島理論について―」『追手門経済論集』第 38 巻 1 号, 追手門学院大学, 2003 年 9 月　共著者　寺町信雄（京都産業大学）

第 4 章 「数量制約理論と変動相場制」『経済評論』34 号, 日本評論社, 1986 年 4 月

第 5 章 "On the rationalization effects under asymmetric oligopoly: production subsidy versus tariff," Otemon Economic Studies, Vol.31, 追手門学院大学, 1998 December.

第 6 章 「複占企業の供給契約, 生産補助金政策および国民厚生」『追手門経済論集』第 40 巻 2 号, 追手門学院大学, 2005 年 12 月

第 7 章 「競争政策, 輸出補助金政策および経済厚生」『国際経済』58 号, 日本国際経済学会, 2007 年 10 月

第 8 章 "Industrial and Trade Policies in a Developing Country under Endogenous Timing of Trade Policy," Indian Development Review, Vol.5, No.1. December 2007, 共著者　野村良一（立命館大学）, 岡村誠（広島大学）

第 9 章 「輸入国の競争政策が経済厚生におよぼす効果分析」『追手門経済・経営研究』第 17 号,追手門学院大学,2010 年 3 月

第 10 章「品質改善投資補助金,Minimum Quality Standards と経済厚生」『追手門経済論集』第 46 巻 1 号,追手門学院大学経済学会,2011 年 9 月

第 11 章「輸入国政府部門間の政策決定に関する分析」『追手門経済論集』第 48 巻 1 号,追手門学院大学経済学会,2013 年 9 月

あとがき

　本書は「初出一覧」に掲げる論文に対して加筆・修正を加えたものである。転載をご承諾いただいた各機関および関係各位にお礼申し上げる。

　本書は筆者の2冊目の単著である。前著『戦略的通商政策理論の展開』は博士論文として統一的な内容に基づいていた。本書は全11章のうち前著を展開した部分を7章含むものであり，前著の続編・展開としての側面もあるが戦略的通商政策のみでなく，より広範囲の話題も含んでいる。従って「国際貿易理論の展開」と題した次第である。

　本書の作成に至るまでには多くの方々のお世話になった。第1に三邊信夫教授には大阪市立大学大学院で国際経済学の理論的分析を初歩からご指導いただいた。同教授はまた理論的業績の貢献に基づき2011年秋には瑞宝中綬章を受章された。改めてお祝いとお礼を申し上げる。1988年4月〜1989年3月にはアメリカロチェスター大学で海外研修の機会を得ることができ，R.W. Jones教授には共同論文に至るまでのご指導を頂いた。1998年4月〜1999年3月の期間，神戸大学経済・経営研究所にて国内研修の機会を得て，同研究所井川一宏教授（当時）および経済学研究科の中西訓嗣教授から多くの助言を頂いた。また2008年4月〜2009年3月には京都大学経済研究所での国内研修の機会も得た。その折には西村和雄教授，矢野誠教授からも多くの有益な示唆を頂いた。共同研究者の寺町信雄教授には第1章および第3章の論文の共著者として，また大川孝夫，岡村誠，野村良一の3氏からは第8章の論文の共著者としてまた他の多くの章で有益な助言を頂いた。以上の方々にこの場をお借りしてお礼申し上げる。

　さらに各章の元論文作成に際しては日本国際経済学会および日本経済学会の会員各位をはじめ多くの方々から有益な示唆やコメントを頂いた。失礼ではあ

るがご芳名は再掲はしないけれども改めてお礼申し上げたい。
　本書の出版に関して追手門学院大学出版会から2014年度出版助成を頂いた。また出版の実務面では丸善プラネット株式会社坂本真一氏および丸善株式会社小原慎一郎氏をはじめ関係各位にもお世話になった。記して謝意を表したい。
　本書の各章はまだ改善や発展の余地のある部分を含んでいる。今後はよりいっそうの展開に努めたい。

2014年12月15日　　林原　正之

索引

欧文数字

allocation effect	86
asymmetric oligopoly	77, 78, 85–87
countervailing duties	136
Cournot competition	79
Distortion 論	10
domestic industrial policy	137
Dual Decision Hypothesis	55
endogenous timing of trade policy	136, 151
Hahn Stability Condition	80, 81
homogeneous commodity	137
Kemp 基準	11
Minimum Quality Standards	193, 207, 210
producer surplus	147
Product Life Cycle 論	5
rationalization effect	85–87
rationalization effects	77, 78
resource allocation effect	85
subgame perfect	79
terms of trade effect	85, 86
timing of trade policy	138, 143
volume effect	85

あ 行

宇沢・浜田命題	13, 20, 29
売手国通貨	54, 61
鬼木・宇沢モデル	5

か 行

海外直接投資	13, 14
買手国通貨	53
外部経済	7, 11
価格契約	90, 92, 95
価格調整機能	53
拡張された第3国市場モデル	113, 115, 131, 159, 187
価値貯蔵手段	53, 61
為替安定分析	53
為替切下げ分析	53
雁行形態論	5, 6
関税	218
完全代替財	115, 219
技術移転	36
規模の経済	4–6, 8, 10, 11
逆貿易志向型	43, 44
逆貿易志向型 FDI	15
逆貿易志向型直接投資	34, 38, 46
窮乏化成長	23, 26, 28, 46
窮乏化成長のケース	46
窮乏化的資本輸出	30
競争政策	112, 113, 131, 159, 161
均衡企業数	118, 119, 128–130
クールノー競争	90, 159, 195

237

クールノー競争均衡	118
クールノー均衡	95, 99, 100
クールノー的寡占産業	9
クールノー複占競争	219
経営資源	35
ケインズ的失業	61
ケインズ的失業領域	54, 56, 64, 67
ゲームの理論	11
限界費用	132
合意的国際分業論	7, 8
交易条件	10, 16
交易条件の歪み	218
購入国通貨	61
国際資本移動	13, 60
国際資本移動と貿易が完全代替的	13
国際資本移動と貿易は補完的	13
国内競争政策	112
国内的歪み	218
小島理論	34–36, 43, 46, 48
固定費用	114, 117
古典的失業	61
古典的失業領域	53, 54, 56, 65, 67

さ 行

最適企業数	164, 165, 176, 179, 182
最適政策	112, 218
最適生産補助金	92, 102
最適生産補助金率	92
差別化財	4, 5, 8, 90, 91, 93
産業間貿易	2, 4, 5
産業内貿易	2, 4, 5, 8
三辺命題	20
自国市場モデル	12
市場の失敗	10
支配戦略	100
弱支配戦略	105
自由参入	9

自由参入条件下	113
自由貿易均衡	164
自由貿易論	6, 7
順貿易志向型	43, 44
順貿易志向型 FDI	15
順貿易志向型直接投資	34, 38, 43, 46, 48
垂直的差別化	194
垂直的差別化財	209
水平的・垂直的差別化財モデル	195, 197, 209
数量契約	90, 92, 95
数量制約	52
数量（制約）調整機能	53
政策タイミング	113, 116, 122
政策のタイミング	182
政策反応関数	119
生産者余剰	158
生産フロンテイア	40, 45
生産補助金	91, 218
生産補助金と関税	112
絶対優位	36
折衷理論	14
線型の需要関数	91
潜在的比較生産費	15, 34, 35, 37–39, 41, 43–45, 48
潜在的貿易利益	7
先導者	113
戦略的貿易政策	12
戦略的貿易政策論	11, 12
相互貿易	4

た 行

対称的水平的・垂直的差別化財モデル	210
代替財	90
第 3 国市場モデル	12
逐次シュタッケルベルグ DP 均衡	219
逐次シュタッケルベルグ均衡	116

逐次手番均衡	132, 160, 167, 170	部分ゲーム完全均衡	93, 116, 120, 196, 219
逐次手番シュタッケルベルグ均衡	162	分割された世界市場モデル	12
直接投資	2, 6, 34, 35	ヘクシャー・オリーン的モデル	29
追随者	113	ヘクシャー＝オリーン・モデル	3
動学的安定性	56	ベルトラン競争	90, 195
動学的外部経済性	11	ベルトラン均衡	95, 96, 99, 100
動学的内部経済	11	貿易政策	10
同時均衡	132	貿易利益	7, 9, 10
同時政策手番	219	報復関税	10
同時手番均衡	114–116, 120, 121, 160, 162, 167, 170	補完財	90
		補償原理	7
特殊要素モデル	16		
独占企業	9	ま 行	
独占的競争	9		
独占的競争市場	4, 5	マーシャル的な外部経済	8
取引制約	61	マーシャル的な外部経済下	7
取引動機	53, 61		
取引費用	14	や 行	

な 行

内部化	14	有効保護理論	10
内部的な規模の経済	9	輸出補助金	115, 161
日本国際経済学会	2, 16	輸出補助金政策タイミング	161
根岸基準	11	幼稚産業保護論	11

は 行

ら 行

比較優位	3, 16	リカード貿易モデル	3, 34, 39, 46, 48
比較利潤率	15, 43	利潤移転効果	11
非対称的な均衡	91	リプチンスキー線	22, 23, 30
非ワルラス均衡	52, 54		
品質改善投資	195, 196	わ 行	
品質水準	195, 196	ワルラス的均衡	56, 67

著者紹介

林原　正之（はやしばら　まさゆき）

追手門学院大学 経済学部 経済学科 教授
追手門学院大学 大学院 経済学研究科 教授
神戸大学大学院 博士（経済学）
1946年生まれ。1976年3月大阪市立大学大学院経済学研究科博士課程単位取得満期退学の後、同年4月より札幌大学経済学部講師、1984年4月札幌大学経済学部教授を経て、1994年4月より現職

主著

『現代経済理論の研究』（1995年）共著　同文館
『戦略的通商政策理論の展開』（2005年）昭和堂

国際貿易理論の展開

2015年2月10日初版発行

著作者　林原　正之

発行所　追手門学院大学出版会
　　　　〒567-8502
　　　　大阪府茨木市西安威2-1-15
　　　　電話（072）641-7749
　　　　http://www.otemon.ac.jp/

発売所　丸善出版株式会社
　　　　〒101-0051
　　　　東京都千代田区神田神保町2-17
　　　　電話（03）3512-3256
　　　　http://pub.maruzen.co.jp/

編集・制作協力　丸善株式会社

©Masayuki HAYASHIBARA, 2015　　　　Printed in Japan

組版・印刷／三美印刷株式会社
製本／株式会社星共社
ISBN978-4-907574-06-2 C3033